Tobias Geigenmüller
Ihr Schokohase hatte keine Eier!

W0189674

PIPER

Zu diesem Buch:

Dies ist eine Sammlung von frei erfundenen Beschwerdebriefen und den Antworten darauf.

Mal soll sich eine Schimmelkäsefirma zu dem verschimmelten Käse äußern. Mal muss eine Supermarktkette erläutern, dass Hot Dogs nicht aus Hundefleisch sind. Und mal erhält die Bundeskanzlerin eine Beschwerde wegen mehrfacher Ruhestörung am 31. Dezember.

Dabei ist jeder einzelne Briefwechsel eine Überraschung für sich. Denn die Antworten fallen so unterschiedlich aus wie die Beschwerden selbst.

Tobias Geigenmüller ist ein 93-jähriger Waffenhändler aus Turkmenistan. Er hat erfolgreich die Grundschule abgeschlossen und trägt ein künstliches Bein aus Gold. Als geheimer Strippenzieher hinter Modern Talking machte er in den 80er-Jahren Millionen und lebt seitdem zurückgezogen in seinem Schloss in Versailles, Frankreich.

So zumindest die offizielle Version für die Presse.

Denn dass er in Wirklichkeit ein Texter, Konzeptioner und Autor aus Berlin ist, werden Sie ihm wahrscheinlich eh nicht glauben. Dass er seit über 10 Jahren für Firmen wie Volkswagen, Allianz und Getränke Hoffmann arbeitet, kann nur fernab der Realität liegen. Und die Veröffentlichung dieses Buches ist ebenfalls so dermaßen abgehoben, dass man sich schon beim Lesen dieses Textes kopfschüttelnd mit dem Finger an die Stirn tippen muss.

Tobias Geigenmüller

IHR SCHOKOHASE HATTE KEINE EIER!

Frei erfundene Beschwerden und die Antworten darauf

Piper München Zürich

Mehr über unsere Autoren und Bücher:
www.piper.de
www.tobias-geigenmueller.de

MIX
Papier aus verantwor-
tungsvollen Quellen
FSC® C083411

Originalausgabe
1. Auflage April 2015
2. Auflage April 2015
© Piper Verlag GmbH, München/Berlin 2015
Umschlaggestaltung: Nurten Zeren
Satz: Kösel Media GmbH, Krugzell
Papier: Munken Print von Arctic Paper Munkedals AB, Schweden
Druck und Bindung: CPI books GmbH, Leck
Printed in Germany   ISBN 978-3-492-30589-1

DAS INHALTS-VERZEICHNIS

DIE BRIEFWECHSEL

BESCHWERDEN, auf die ich niemals eine Antwort erhielt

DAS VORWORT

Auf dieser Welt gibt es jede Menge Begebenheiten, über die man sich mit Fug und Recht beschweren könnte. In diesem Buch finden Sie keine einzige davon. Denn die hier gesammelten Beschwerden sind nicht nur ungerechtfertigt, sondern dummdreist, weltfremd, an den Haaren herbeigezogen und vollkommen absurd. Kurzum: Sie sind alle frei erfunden.

Angeschrieben wurden zumeist namhafte Firmen, Personen und Behörden. Eine Gastgeberin beschwert sich bei einer Schimmelkäsefirma darüber, dass der Käse verschimmelt war. Eine Feministin macht ihrem Ärger über den Stadtnamen bei der Bezirksverwaltung von Wixhausen Luft. Und ein Teenie beklagt sich bei Clearasil über einen riesigen Pickel, der seine Freundin zu verjagen droht.

Die Antworten auf die erfundenen Beschwerden fielen ganz unterschiedlich aus. Und genau das machte den Reiz dieses Experiments aus: herauszufinden, wie die angeschriebenen Empfänger mit diesen vollkommen sinnentleerten Beschwerden umgehen. Die Reaktionen reichen von amüsant amüsiert über beleidigend erbost bis hin zu überraschend verständnisvoll.

Selbstverständlich schrieb ich die meisten Briefe nicht unter meinem eigenen Namen. Nur so ließ sich vermeiden, dass ich in Zukunft auf sämtlichen schwarzen Listen der Republik geführt werde.

Ich hoffe, Sie werden dieses Buch genauso spannend finden wie ich meinen täglichen Gang zum Briefkasten. Denn jeder einzelne Brief ist wie ein kleines Überraschungsei.

Ich wünsche Ihnen viel Freude beim Lesen!

Tobias Geigenmüller

DIE BRIEFWECHSEL

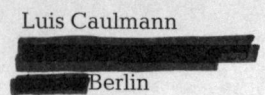

Luis Caulmann
▬▬▬▬▬▬
▬▬▬▬ Berlin

Reckitt Benckiser Deutschland GmbH
Theodor-Heuss-Anlage 12
68165 Mannheim

Liebes Team von Clearasil,   15. 5. 2013

meine superheiße Freundin Anna und ich wollten uns heute Abend
eigentlich ganz swag ein paar romantische Stunden machen.

Aber daraus wird wohl leider nichts. Denn eben im Badezimmer
entdeckte ich ihn. Er ist allerdings auch krass schwer zu übersehen.
Vermutlich könnte ihn selbst Stevie Wonder klar erkennen. Er ist so
dermaßen groß, dass er als eigener Kontinent auf der Weltkarte ein-
gezeichnet werden müsste. Man kann kaum sagen, dass ich einen
Pickel habe – nein: Vom Größenverhältnis hat der Pickel eher mich.
Er ist so gigantisch, dass wahrscheinlich selbst Reinhold Messner
eine Besteigung meines Mount Nase zu riskant wäre. Ich glaube
übrigens nicht, dass meine Arme überhaupt lang genug sind, um
diesen Pickel auszudrücken. Das wäre aber sowieso gefährlich aufgrund der Überschwemmungsgefahr.

Und nun frage ich Sie: Wie kann trotz meiner gewissenhaften Clea-
rasil-Pflege ein derartiger Hyper-Mega-Monster-Godzilla-Pickel in
meinem Gesicht gedeihen? Immerhin benutze ich schon seit einigen
Monaten Ihr Produkt. Ich nehme Waschgel und Gesichtswasser. So
langsam bekomme ich allerdings den Eindruck, ich könnte mir genauso gut Schuhcreme ins Gesicht schmieren. Oder Wurstwasser.
Ihre Firma hat definitiv meinen heutigen Abend auf dem Gewissen.
Vielleicht sogar meine komplette Beziehung. Ich sehe schlimmer
aus als das Kind von Cindy aus Marzahn und Alice Cooper. Es ist,
als hätte ich zwei Nasen.

Dafür verlange ich eine Wiedergutmachung von Ihnen.

Mit pickligen Grüßen,

Luis Caulmann

Reckitt
Benckiser
HEALTH · HYGIENE · HOME

Herr
Luis Caulmann
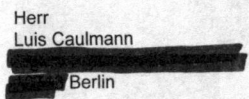
Berlin

Mannheim, den 22. Mai 2013
Verbraucherberatung
Tel. 0621-3246-570

Clearasil

Sehr geehrter Herr Caulmann,

vielen Dank für Ihre Zusendung.

Wir bedauern, dass Sie diese Unannehmlichkeiten hatten.

Alle Produkte, wie auch das Clearasil Waschgel und Gesichtswasser, wurden vor der Einführung im Labor und zusammen mit Verbrauchern im Hinblick auf Wirksamkeit, Materialverträglichkeit und sichere Anwendung mit guten Ergebnissen umfangreich getestet.

Bitte prüfen Sie, ob es sich bei der von Ihnen beschriebenen Dimension tatsächlich um einen Mitesser und nicht um eine Mutation handelt.

Bei Hautveränderungen, welche durch atomare Katastrophen oder das T-Virus entstanden sind, kann leider keiner Clearasil Produkt entgegen wirken.

Gerne senden wir Ihnen anbei einen automatischen Clearasil Perfecta Wash Dosier-Spender.

Sicherlich wird auch Ihre Freundin davon angetan sein.

Wir wünschen Ihnen eine gute Besserung und in diesem Sinne: You only Live Once.

Mit freundlichen Grüßen,

Reckitt Benckiser Deutschland GmbH
Verbraucherberatung

Reckitt Benckiser
Deutschland GmbH

Theodor-Heuss-Anlage 12
68165 Mannheim, Germany

Postfach 100 448
68004 Mannheim

Tel. +49 (0)621 32460
Fax +49 (0)621 32460-500
Mail: info.de@rb.com

www.reckittbenckiser.com

Amtsgericht Mannheim – HRB 9552 – Geschäftsführer: Frank Hofs, Mebus Rajhek
USt-IdNr. DE811193908 – Steuernr. Finanzamt Mannheim-Stadt 3818660572 – WEEE-Reg.-Nr DE 15423033
Bankverbindung: Deutsche Bank Mannheim (BLZ 670 700 10) Kontonr. 015 93 01
BIC: DEUTDESMXXX – IBAN: DE87 6707 0010 0015 9301 00

12/13

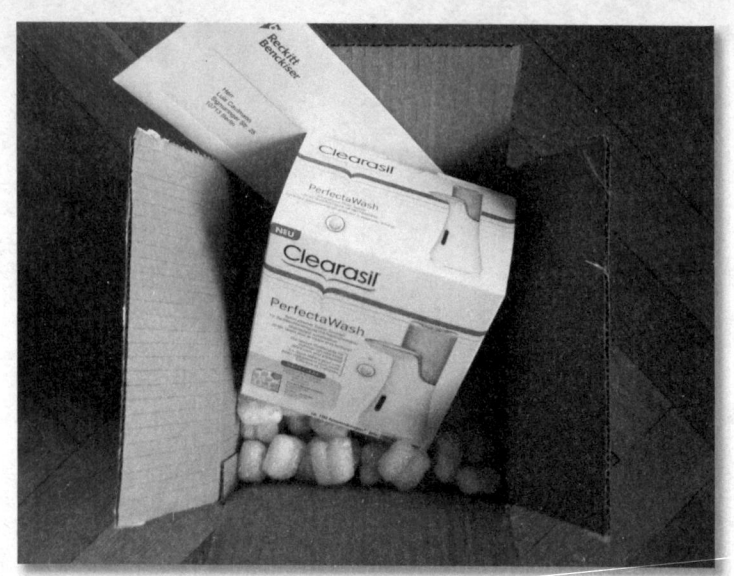

Dies war die erste Beschwerde im Rahmen des Projekts, auf die ich eine Antwort erhielt. Und sie motivierte mich dazu, das Experiment fortzuführen.

Vor der Tür stand ein DHL-Bote mit zwei Paketen. Das für »Geigenmüller« nahm ich dankend entgegen. Daraufhin erkundigte sich der Bote, ob ich einen »Caulmann« kenne. Ich antwortete: »Ja, das bin auch ich.« Leicht irritiert, überreichte mir der Bote das zweite Paket – mit einem verstohlenen Blick aufs Klingelschild, auf dem keiner der beiden Namen zu finden war.

Vielen Dank an Reckitt Benckiser und den wohl coolsten Verbraucherberater der Welt. Ich bin mir sicher: Hätte ich den geschenkten Dosierspender für Gesichtsreinigung wirklich gebraucht, wäre er mir ganz bestimmt eine große Hilfe gewesen.

Werner & Regina Caulmann   Berlin, den 28. 08. 2013

████████████████
████ Berlin

Kroatische Zentrale für Tourismus
Stephanstraße 13
60313 Frankfurt am Main

Kroatien ist als Land verbesserungswürdig

Sehr geehrtes Team der Kroatischen Zentrale für Tourismus,

meine Frau und ich haben vor Kurzem unseren Urlaub in Ihrem Land verbracht.
Leider waren wir von unserem Aufenthalt zutiefst enttäuscht – und zwar aus folgenden Gründen:

1. Kaum jemand spricht Deutsch. Über ein »Guten Tag« reichen die Fähigkeiten
   meist nicht hinaus. Da ist es ziemlich schwer für uns Touristen, uns zu verstän-
   digen. Mallorca beispielsweise ist in dieser Beziehung viel weltoffener.
2. Unser Strandbesuch ließ insgesamt ebenfalls stark zu wünschen übrig. Es waren
   doch sehr viele Einheimische dort und kaum andere Deutsche. Außerdem gab
   es viele Fische im Meer und die Wellen waren uns persönlich zu hoch.
3. Es war ziemlich heiß. Vor allem an der Sonne. Da ist es bei uns zu Hause doch
   angenehmer – gerade in den kühlen Altbauwohnungen.
4. Vom Essen her ist Kroatien gewöhnungsbedürftig. Schnitzel und Currywurst
   gibt es zum Beispiel kaum. Wir haben dann sehr viel Fertigpizza gegessen.
5. Es rauchen doch sehr viele Kroaten. Wir haben kaum noch das Fenster geöffnet,
   weil so oft Leute rauchend vorbeigingen.
6. Die kroatischen Spezialitäten mögen wir eigentlich als exotischen Kontrast zu
   unseren deutschen – aber der Schinken dort war auch nicht besser als der vom
   LIDL.

Schade, dass Ihr Land nicht schöner ist. Vielleicht können Sie ja den einen oder
anderen Verbesserungsvorschlag von uns berücksichtigen.

Mit freundlichen Grüßen,

Werner & Regina Caulmann

KRO**A**TIEN
Zeitlose mediterrane Schönheit

Kroatische Zentrale für Tourismus Frankfurt/M, den 29.08.2013

████████████

████ Frankfurt am Main

Tel. 069 2385350

Sehr geehrte Familie Caulmann,

vielen Dank für Ihren Brief. Wir werden Ihre Anmerkungen auf jeden Fall berücksichtigen.

Für weitere Fragen und Informationen stehen wir Ihnen natürlich gerne (auch telefonisch) zur Verfügung.

Mit freundlichen Grüßen

████████████

Ich bin mir ganz sicher, dass unsere Anmerkungen »auf jeden Fall« berücksichtigt werden. Unsicher bin ich mir allerdings darüber, ob die Kroatische Zentrale für Tourismus jemals zuvor einen Brief verschickt hat. Zumindest wirkt der Zustand des Antwort-Briefkuverts, als ob es schon vor der Gründung Kroatiens dort herumgelegen hätte. Es wäre aber auch durchaus möglich, dass der Umschlag vor dem Versand ganz zufällig noch mal ins Klo gefallen ist.

Cornelia Caulmann   Berlin, den 15.07.2013

██████████ Berlin

██████████

Bezirksverwalter Wixhausen
Falltorstraße 11
64291 Darmstadt

Ihr Bezirksname

Sehr geehrter Herr ██████,

mir würden zahlreiche Namen einfallen, die für einen
Bezirk passend wären. Sich aber für den Titel »Wixhausen«
zu entscheiden – und das auch noch in »Darmstadt« – ist
nicht nur unglücklich, sondern abwertend, respektlos und
chauvinistisch. Und eine blanke Kriegserklärung an jede
halbwegs emanzipierte Frau!

Scheinbar möchten Sie in wirtschaftlich schwierigen Zeiten mit dieser billigen Masche auf Touristenfang gehen,
aber das ist keine Entschuldigung für eine derartig sinnentleerte sexuelle Erniedrigung der Frau. Mir will es
einfach nicht in den Kopf, wie offizielle Bürgervertreter
sich ernsthaft Namen wie »Fickmühlen«, »Eichelhardt« und
»Rammelburg« ausdenken können, sodass diese sich im Anschluss auf der Deutschlandkarte wiederfinden. Halten Sie
als Frau mal am Wegesrand an, und erfragen Sie den Weg
nach »Möse«. Oder nach »Poppendorf«. Oder nach »Petting«.
Da wird auch Ihnen das Lachen vergehen.

Ihr Bezirksname »Wixhausen« fördert die seit Jahrhunderten andauernde Verachtung, Ausbeutung und Vergewaltigung
des weiblichen Geschlechts.

Können Sie zum Wohle der Frauen eine Namensänderung
durchsetzen? Ich bitte Sie in dieser Angelegenheit um
eine Stellungnahme.

Vielen Dank.

Mit freundlichen Grüßen,

Cornelia Caulmann

Neue Sprechzeiten
mo., di. und fr. von 8.30 Uhr bis 12.00 Uhr
mittwochs von 14.00 Uhr bis 18.00 Uhr
mi. vormittag und donnerstag geschlossen

Wissenschaftsstadt
Darmstadt

Bezirksverwaltung
Wixhausen

Postfach 11 10 61
64225 Darmstadt

Frau
Cornelia Caulmann

▓▓▓▓▓▓

▓▓▓▓Berlin

Bezirksverwaltung Wixhausen
Falltorstraße 11
64291 Darmstadt
Zimmer-Nummer 3
Ansprechpartner/-in: ▓▓▓▓▓▓
Telefon: 06150/184974-0
Telefax: 06150/184974-20
E-mail: bv.wixhausen@darmstadt.de

Ihr Zeichen	Unser Zeichen	Datum
		29.07.2013

Ihr Schreiben vom 15.07.2013

Sehr geehrte Frau Caulmann,

mit großer Verwunderung habe ich Ihr o.g. Schreiben zur Kenntnis genommen.

Völlig absurd und nicht nachvollziehbar sind Ihre Vermutungen, wie unser Stadtteil zu seinem Namen gekommen ist.
Natürlich liegt es nicht an einer Einzelperson oder gar einer Verwaltung, sich einen Ortsnamen „auszudenken" und einem
6000-Einwohner-Stadtteil überzustülpen.
Wie bei den meisten Gemeinden hat auch der Name Wixhausen eine geschichtliche Bedeutung und existiert bereits seit
vielen Jahrhunderten.
Insofern sollten Sie sich, vor Verfassen eines solchen Briefes, erst einmal mehr über Hintergründe informieren.

Vermutlich ist Ihnen auch entgangen, dass sich Wixhausen mit „x" schreibt und schon von daher mit Ihren schlüpfrigen
Ausdrücken rein gar nichts zu tun hat.
Im Namen der Wixhäuser Einwohner möchte ich mir eine derartige Herabwürdigung Ihrerseits deutlichst verbitten.

Letztendlich möchte ich Sie auffordern, einmal in sich zu gehen und über Ihren doch recht unverschämten und provokanten
Schreibstil nachzudenken.

Die Frage am Ende Ihres Briefes möchte ich mit einem deutlichen „Nein" beantworten.

Mit freundlichem Gruß

Leider wies auch der Ortsbürgermeister von Eichelhardt meine Bitte
um eine Namensänderung freundlich zurück, da niemand sonst Anstoß
an der Ortsbezeichnung nähme. Angeblich setze sich die Bedeutung
des Namens aus der Frucht des Baumes »Eiche« und dem Wort
»Hardt« (bewaldeter Hang) zusammen und sei nicht frauenfeindlich.
Aber der Mann ist Politiker. Ich weiß nicht, ob man ihm trauen kann.

Auf meinen dritten Brief erhielt ich hingegen überhaupt keine Reaktion.
Wahrscheinlich ist der Empfänger nicht umsonst der Bürgermeister
von Leck.

Werner Caulmann 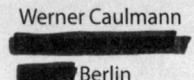 Berlin, den 08.03.2014

██████████████
█████ Berlin

EDEKA ZENTRALE AG & Co. KG
New-York-Ring 6
22297 Hamburg

Hot Dogs sollten verboten werden!

Sehr geehrtes EDEKA-Team,

ich finde es geradezu pervers, dass Sie mit den »Gut & Günstig Hot Dog«-Würstchen mitten in Deutschland ungestört zum Verkauf von Hundefleisch beitragen. Da kann man als Hundehalter seinen Vierbeiner ja kaum noch von der Leine lassen, ohne Angst zu haben, dass er an der nächsten Straßenecke in den Fleischwolf gerät.

Es ist absolut skrupellos, wenn der beste Freund des Menschen als sogenannter »Hot Dog« zwischen zwei Brötchenhälften endet. Das ist ein waschechter Skandal!

Ich würde mir wünschen, die von Ihnen verarbeiteten Hunde könnten noch zurückbeißen.

Das kann doch nicht angehen: Sie bewachen unsere Häuser, sie retten uns aus Lawinen, sie geleiten unsere Blinden – und wir Menschen machen Würste aus ihnen? Haben Sie denn gar kein Herz? Was kommt als Nächstes? Frittieren Sie Eichhörnchenbabys?

Mir ist sehr wohl bewusst, dass das Hot-Dog-Essen in China und anderen asiatischen Ländern eine lange Tradition hat. Aber dort isst man seine Haustiere wohl auch nur im größten Ausnahmefall. Zum Beispiel, wenn die Reisernte schlecht ausfiel oder die Frühlingsrollen alle sind. Die Lebensumstände dort sind einfach völlig andere als hier. Ich denke aber nicht, dass der durchschnittliche Deutsche auf Hundefleisch angewiesen ist.

Schauen Sie doch mal wieder »Snoopy«, »Lassie« oder »Kommissar Rex« – und überlegen Sie sich, ob Sie Ihr Geschäftsmodell wirklich mit Ihrem Gewissen vereinbaren können.

Mit freundlichen Grüßen,

Werner Caulmann

EDEKA
Kunden- und Ernährungsservice

EDEKA Kunden- und Ernährungsservice
Postfach 76 03 48 | 22053 Hamburg

Herrn
Werner Caulmann
██████████
██████Berlin

Ein Service der
EDEKA ZENTRALE AG & Co. KG

Bitte nutzen Sie unser Kontaktformular unter:
www.edeka.de/service
Mo-Sa von 8 - 20 Uhr

Kunden- und Ernährungsservice
Telefon: 0800 333 52 11*

*(kostenfrei aus dem dt. Fest- und Mobilfunknetz)

13.03.2014

GUT&GÜNSTIG Hot Dog Würstchen 685 g
Anliegen 689281
Ihr Brief vom 08.03.2014

Sehr geehrter Herr Caulmann,

danke schön für Ihren Hinweis zu der Namensgebung der Hot Dog Würstchen.

Natürlich ist in den Hot Dog Würstchen (auch Hot Dogs genannt) kein Hundefleisch enthalten. Das Produkt besteht ausschließlich aus Schweinefleisch, dies können Sie auch anhand der Zutatenliste auf der Rückseite des Glases erkennen.

Die Bezeichnung „Hot Dogs" ist ein gängiger Begriff, der vom Verbraucher gelernt und akzeptiert wurde und auch bei anderen Artikeln, wie zum Beispiel GUT&GÜNSTIG Hot Dogs 200 g, verwendet wird. Auch diese bestehen ausschließlich aus Schweinefleisch.

Ein anderes Beispiel für eine solche Produktbezeichnung sind Nürnberger Rostbratwürstchen oder Hamburger, in denen natürlich keine Nürnberger oder Hamburger verarbeitet werden.

Bitte wenden Sie sich mit Fragen und Anregungen gerne wieder an uns. Sie erreichen uns von Montag bis Samstag zwischen 8 und 20 Uhr unter 0800 333 52 11.

Mit freundlichen Grüßen nach Berlin

Ihr EDEKA Kunden- und Ernährungsservice

Ich finde es absolut unmoralisch, Schweinefleisch als Hundefleisch zu verkaufen. Zudem bin ich ziemlich schockiert darüber, dass in Nürnbergern angeblich auch gar keine Nürnberger und in Hamburgern keine Hamburger enthalten sind. Wie bitte schön soll man da als Verbraucher noch den Durchblick behalten?

Gisela Caulmann   Berlin, den 13.05.2014

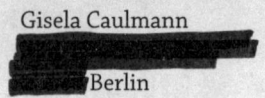

██████████████
██████Berlin

HORNBACH-Baumarkt-AG
Hornbachstraße 11
76879 Bornheim

Ihr Verkauf von Müttern

Sehr geehrtes HORNBACH-Team,

vor Kurzem erfuhr ich davon, dass Sie in Ihrem Geschäft Mütter
verkaufen.

ICH FINDE DAS ABSOLUT UNGEHEUERLICH!!!

Leute, die gezwungen sind, ihre eigene Mutter zu verscherbeln, können einem nur leidtun. Dass Sie als namhaftes Unternehmen aber diesen perversen Menschenhandel zum Geschäftsmodell machen, ist geradezu unmenschlich.

Und dann auch noch zu einem solch absurden Preis. WER KAUFT
DENN BITTE SCHÖN 100 MÜTTER FÜR 1,30 €? DA IST JA EINE
TÜTE MILCH KAUM TEURER! Das kann beim besten Willen keine
Qualitätsware sein. Oder es handelt sich um sehr alte Mütter, eher
schon Großmütter.

Wozu in aller Welt braucht man überhaupt 100 Mütter? Mein Mann
sagt, ihm hätte schon eine mehr als gereicht.

Ich bitte Sie in dieser Angelegenheit um Stellungnahme. Vielleicht tue
ich Ihnen ja Unrecht, und dieses Angebot richtet sich ausschließlich
an Waisenhäuser, oder Sie haben ansonsten eine schlüssige Rechtferti-
gung Ihres Angebots.

Ich bin gespannt auf Ihre Antwort.

Mit freundlichen Grüßen

Gisela Caulmann

Korrespondenzanschrift:
Hornbach-Baumarkt-AG
Hornbachstraße 11
D-76879 Bornheim
Abteilung: Kundenservice
Tel.:   +49 (0) 6348-606060
Fax: +49 (0) 6348 982060999
E-Mail: service@hornbach.com
Internet: www.hornbach.com

Hornbach-Baumarkt-AG · Hornbachstraße 11 · D-76879 Bornheim

Frau
Gisela Caulmann

▬▬▬ Berlin

19.05.2014

Ihr Schreiben vom 13.05.2014 / Referenz: #4298299

Sehr geehrte Frau Caulmann,

es tut uns ausgesprochen Leid, dass wir Sie erschreckt haben, aber dass wir Mütter für 1,30 EUR ab 100 Stück verkaufen ist - Tatsache!

Und – Sie haben es sicher schon vermutet - analog zu unserer Aktion „Mach was gegen Hässlich" bekommen Sie diese auch noch in unterschiedlichen Farben, Ausführungen und Größen!

So haben wir z.B. Mütter mit Hut oder auch mit Flügeln! Und die Größen sind sogar genormt, denn somit fördern wir den weltweiten Handel und dienen der Rationalisierung, der Qualitätssicherung, dem Schutz der Gesellschaft sowie der Sicherheit und Verständigung.
Zudem ist uns bewusst, dass wir die Mütter an alle Kunden frei verkaufen, denn wir wollen keinen Kundenkreis benachteiligen!

Aber - um Ihnen doch noch die Angst zu nehmen - es sind keine Mütter, sondern Muttern.
Die „Mutter" ist das mit einem Innengewinde versehene Gegenstück einer Schraube oder eines Gewindebolzens. Der Name ist analog zu dem des Gegenstücks, zum sogenannten Schraubenvater oder zur sogenannten Vaterschraube, gebildet. (Quelle: wikipedia.de)

Hornbach-Baumarkt-AG	Vorsitzender des Aufsichtsrats: Albrecht Hornbach	Sparkasse SÜW Landau:	BHF-Bank Frankfurt:	Commerzbank AG (vormals Dresdner
Hornbachstraße 11	Vorstand: Steffen Hornbach (Vorsitzender),	Konto 5223, BLZ 548 500 10,	Konto 29033, BLZ 500 202 00,	Bank AG) Mannheim:
D-76879 Bornheim	Roland Pelka (stellv. Vorsitzender),	IBAN: DE26 5485 0010 0000	IBAN: DE77 5002 0200 0000	Konto 272270700, BLZ 670 800 50
Registergericht Landau HRB 2311	Frank Brunner, Susanne Jäger,	0052 23	0290 33	IBAN: DE42 6708 0050 0272 2707 00
USt-IdNr. DE 151 116 749	Wolfger Ketzler, Ingo Leiner	BIC: SOLADES1SUW	BIC: BHFBDEFF500	BIC: DRESDEFF670

22
23

Muttern gibt es als Hutmuttern, Flügelmuttern, Nutmuttern etc. dies in verschiedenen Farben bzw. Materialen (Messing, Edelstahl, Verzinkt) und Normgrößen erhältlich sind.

Sollten Sie noch weitere Fragen und Anregungen haben, können Sie sich gerne nochmals bei uns melden.

Viele Grüße aus Bornheim

Ihr HORNBACH Kundenservice

HORNBACH-Baumarkt AG

Bitte geben Sie bei Ihrer Korrespondenz mit uns die im Betreff genannte Referenznummer **#4298299** an - dies ermöglicht Ihnen sowie uns eine schnellere Abwicklung Ihres Anliegens.

Liebe Mama,

ich hoffe, du kannst diesen Text lesen und bist nicht bei HORNBACH
in der 100er-Packung gelandet. Falls doch, schick mir bitte eine SMS.
Ich kaufe dich zurück, falls Papa es noch nicht getan hat.

Bis dann.

Liebe Grüße
dein Tobias

Werner Caulmann 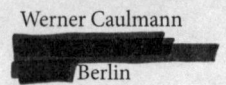Berlin   Berlin, den 02.04.2014

Berliner Stadtreinigungsbetriebe
Anstalt des öffentlichen Rechts
Ringbahnstraße 96
12103 Berlin

Entwendetes Eigentum von unserem Innenhof

Sehr geehrtes Team der Berliner Stadtreinigungsbetriebe,

ich wurde am 17.3.2014 Zeuge eines skandalösen Vorfalls, in den mehrere Mitarbeiter Ihrer Firma verwickelt waren. Folgendes ereignete sich: Ich beobachtete,
wie sich einige durch ihre Uniformen deutlich der BSR zuordenbare Männer
Zutritt zu unserem Innenhof in Berlin-Steglitz verschafften. Von dort entwende-
ten sie zielstrebig verschiedene Tonnen aus Kunststoff und luden ihren Inhalt vor
dem Haus mit Hilfe einer eigens dafür entwickelten Konstruktion in ein orange-
farbenes Fluchtfahrzeug.

Die Männer gingen dabei ausgesprochen organisiert und psychologisch versiert
vor. Durch die Selbstverständlichkeit ihres Handelns sollte wohl der Eindruck
einer völlig legalen Tätigkeit entstehen. Um ihre Spuren zu verwischen, stellten
sie die Tonnen zudem nach der Tat sogar wieder im Hof ab – so, als hätte der
Vorfall nie stattgefunden. Wie es bei derlei Überfällen üblich ist, wartete währenddessen ein Komplize mit laufendem Motor am Steuer.

Das Geschehen ereignete sich im frühen Morgengrauen. Wahrscheinlich hofften
Ihre Mitarbeiter, zu dieser Uhrzeit nähme noch niemand Notiz von ihrem
schamlosen Raubzug. Systematisch wiederholten sie ihr Vorgehen auch in den
anliegenden Häusern und entluden allein in unserer Straße zahlreiche Tonnen
in ihren Wagen. Die Männer müssen Millionen erbeutet haben!

Ganze Wohnblöcke voll schlafender Menschen auf solch perfide Weise zu
bestehlen ist eine bodenlose UNVERSCHÄMTHEIT! Diese Männer ziehen
Ihren guten Namen in den Schmutz!

Ich vermute, Sie sind bisher nicht über die kriminellen Machenschaften Ihrer
Mitarbeiter in Kenntnis gesetzt worden. Noch habe ich mich mit meinen Beob-
achtungen nicht an die Polizei gewandt, da ich hoffe, so finden wir ohne lange
Ermittlungen und Gerichtsverhandlungen eine gütliche Einigung.

Ich bitte Sie in dieser Angelegenheit um Stellungnahme.

Mit freundlichen Grüßen

Werner Caulmann

Berliner Stadtreinigung

BSR · Postfach 42 01 52 · 12061 Berlin

Herrn
Werner Caulmann
████████████████
████Berlin

Müllabfuhr

Ringbahnstraße 96
12103 Berlin

Telefon 030 7592-4900
Telefax 030 7592-2262

Ihre Ansprechpartnerin:
████████████████

Telefon 030 7592-4900
Service@BSR.de

08. April 2014

Ihr Schreiben vom 02.04.2014

Sehr geehrter Herr Caulmann,

der Zuständigkeit halber wurde ihr detailliertes Schreiben an uns, die Geschäftseinheit Müllabfuhr weitergeleitet. Einigermaßen irritiert haben wir Ihr Schreiben zur Kenntnis genommen und möchten Ihrem Wunsch nach einer Stellungnahme gern nachkommen.

Unsere Mitarbeiter, die Sie dank unserer einheitlichen Arbeitskleidung problemlos als solche erkennen konnten, haben mit Hilfe des von Ihnen als Fluchtfahrzeugs identifizierten Fahrzeuges (in Fachkreisen auch: Abfallsammelfahrzeug) den uns vom Land Berlin übertragenen Entsorgungsauftrag offensichtlich so ordnungsgemäß und professionell durchgeführt, dass Ihnen die regelmäßige Entleerung der Abfallsammelbehälter vorher nicht aufgefallen ist. Diese erfolgt an Ihrer Ladestelle planmäßig zweimal pro Woche für die Hausmüllentsorgung (graue Behälter) und einmal pro Woche für die Entsorgung des Bioabfalls (braune Tonne).

Die für die Sammlung dieser Abfallarten benötigten Kunststoffbehälter werden Ihnen von unserem Unternehmen zur Verfügung gestellt. Die Entsorgung direkt von Ihrem Müllstandplatz sowie das Zurückstellen der Behälter auf diesen gehören zu unserem mit Ihrer Hausverwaltung vertraglich vereinbartem Komfortservice. Vor dem Hintergrund einer möglichst störungsfreien Entsorgung wurden unserem Unternehmen von Ihrer Hausverwaltung entsprechende Hausschlüssel zur Verfügung gestellt.

Die in Rede stehenden Kunststoffbehälter fungieren ausschließlich als Sammel- und Transportmedium für Abfälle. Von einer Nutzung als Aufbewahrungs- bzw. Lagergefäß für persönliche Wertgegenstände ist aufgrund dessen in jedem Falle abzusehen. Nachträgliche Reklamationen, möglich-

Berliner Stadtreinigungsbetriebe
Anstalt öffentlichen Rechts
HRA 33 292
AG Berlin-Charlottenburg
USt-IdNr. DE 136 630 343

Hauptverwaltung
Ringbahnstraße 96
12103 Berlin
Telefon 030 7592-4900
Telefax 030 7592-2262
www.BSR.de

Vorstand
Vera Gäde-Butzlaff (Vorsitzende)
Michael Theis
Andreas Scholz-Fleischmann

Aufsichtsrat
Dr. Ulrich Nußbaum (Vorsitzender)

Bankverbindung
Berliner Sparkasse
Konto-Nr. 66 000 50 550
BLZ 100 500 00
IBAN DE34 1005 0000 6600 0505 50
BIC BELADEBEXXX

Zertifizierter Entsorgungs-
fachbetrieb

Berliner Stadtreinigung

erweise auch in Millionenhöhe, können aufgrund der auf die Sammlung folgenden Verwertung leider nicht berücksichtigt werden.

Gern bieten wir Ihnen die Möglichkeit sich im Rahmen einer Besichtigung des Müllheizkraftwerkes in Berlin Ruhleben von dem Verbleib und der Unwiederbringlichkeit des Inhalts „Ihres" Abfallsammelbehälters zu überzeugen. Hierzu und auch zu Fragen zur Tätigkeit der BSR im Allgemeinen steht Ihnen unser Service-Center unter der Rufnummer (030) 7592-4900 sehr gern zur Verfügung.

Sollten Sie Fragen haben die sich direkt auf die Rahmenbedingungen an Ihrer Ladestelle beziehen, wenden Sie sich bitte vertrauensvoll an Ihre Hausverwaltung.

Freundliche Grüße

i. A.

Unerhört, dass die BSR versucht, ihre »Mitarbeiter« mit diesen faden-scheinigen Argumenten zu decken! Aber es wäre wohl auch eine echte Bankrotterklärung, zugeben zu müssen, dass hier Vorgesetzte auf der-art fahrlässige Weise die Kontrolle über ihr eigenes Unternehmen verlieren.

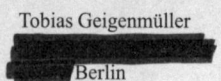

Tobias Geigenmüller

Berlin, den 02.01.2014

██████████ Berlin

Bundeskanzleramt
Bundeskanzlerin
Angela Merkel
Willy-Brandt-Straße 1
10557 Berlin

Schamlose Lärmbelästigung durch zahlreiche Nachbarn am 31.12.2013

Sehr geehrte Frau Merkel,

in der Nacht vom 31.12.2013 auf den 01.01.2014 kam es im Umfeld meiner Wohnung mehrfach zu erheblicher Ruhestörung. Zahlreiche Nachbarn, zum Teil aber auch ortsfremde Personen, verursachten auf der Straße sowie in den anliegenden Wohnräumen unzumutbaren Lärm durch Knallkörper, Feuerwerk, Musik, Stimmen und Gelächter. So wurde bspw. im Innenhof kurz vor Mitternacht zehn Sekunden lang laut »runtergezählt«, wodurch meine Frau und ich aus dem Schlaf gerissen wurden. Aber damit nicht genug: Im Anschluss entkorkten die Barbaren Sektflaschen und stießen lautstark mit Gläsern an. Nach meiner Aufforderung, dies zu unterlassen, wurde ich ausgelacht. Ich solle mich nicht so aufregen, es sei schließlich Silvester – als sei dies ein Freifahrtschein für jegliches Fehlverhalten dieser Vergnügungssüchtigen!

Frau Merkel, es kann nicht angehen, dass Silvester in Deutschland nach wie vor legal ist. Das ist eine Bankrotterklärung unseres Rechtsstaats und widerspricht sämtlichen Artikeln des Grundgesetzes. Eine derartige Beeinträchtigung der Lebensqualität friedliebender Bürger ist absolut inakzeptabel. Ich bitte Sie, diesen menschenfeindlichen Brauch mit sofortiger Wirkung zu verbieten und das Verbot notfalls mit Hilfe erhöhter Polizeipräsenz und Gefängnisstrafen durchzusetzen.

Es wäre alternativ aber auch denkbar, von nun an gar keinen Jahreswechsel mehr stattfinden zu lassen – das Jahr 2014 könnte einfach wieder und wieder verlängert werden, sodass es keinen Grund zum Feiern gäbe.

Zumindest muss diesem uferlosen Vergnügen endlich Einhalt geboten werden. Es reicht ja wohl völlig aus, dass man beispielsweise seine Hochzeit und CDU-Wahlveranstaltungen feiern darf. Auch die Geburtstagsfeierei nimmt Überhand und sollte auf runde Geburtstage begrenzt werden – vor allem, wenn gesungen wird. Es ist schließlich laut genug, dass die Bürger immer noch gemeinschaftlich Fußballspiele ansehen dürfen.

Ich bitte Sie in dieser Angelegenheit um Stellungnahme.

Mit freundlichen Grüßen,

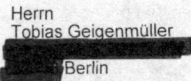

Bundeskanzleramt, 11012 Berlin

Herrn
Tobias Geigenmüller
█████ Berlin

HAUSANSCHRIFT Willy-Brandt-Straße 1, 10557 Berlin
POSTANSCHRIFT 11012 Berlin

TEL +49 30 18 400-0
FAX +49 30 18 400-2357
E-MAIL poststelle@bk.bund.de

012-K-200 146/14/0001   Berlin, 14. Januar 2014

Sehr geehrter Herr Geigenmüller,

die Bundeskanzlerin hat mich gebeten, Ihnen den Eingang Ihres Schreibens vom
02. Januar 2014 zu bestätigen und Ihnen zu antworten. Ihre Ausführungen und
Bewertungen wurden hier zur Kenntnis genommen.

Gleich vorweg: Ich akzeptiere Ihre Position, wenn Sie die Art und Weise, wie
weltweit der Jahreswechsel gefeiert wird, ablehnen. Dies Ablehnung heißt aber
nicht, dass sich die feiernde Weltbevölkerung rechtswidrig verhält.

Da Sie die Bundeskanzlerin bemühen wollen, lassen Sie mich zunächst ihre Auf-
gabenstellung kurz darlegen: Die Bundeskanzlerin bestimmt die Richtlinien der
Politik, Art. 65 GG, sie trifft die Führungsentscheidungen in allen politischen Fragen, die in der fachlichen Zuständigkeit der 14 Bundesressorts bearbeitet werden.

Die Bundeskanzlerin und ihr Haus sind *keine* Behörde der Strafverfolgung und der
Rechtsprechung. Das Polizeiwesen ist Angelegenheit der Bundesländer, es ist
nicht den Weisungen der Bundesregierung unterworfen.

Ergo: Die Bundeskanzlerin ist für Ihr Anliegen die falsche Ansprechpartnerin. Sollten Sie sich in Ihren Rechten verletzt fühlen, so können Sie alle Maßnahmen er-
greifen, die Ihnen das gültige Recht zur Verfügung stellt und Ihnen zielführend erscheinen.

Dessen ungeachtet, erlauben Sie mir ein paar allgemeine Betrachtungen zu Ihren
Ausführungen.

Feiernde Menschen kriminalisieren zu wollen, das ausgelassene Begrüßen des
neuen Jahres der Bürgerinnen und Bürger mit Polizeigewalt unterdrücken und mit
Gefängnis ahnden zu wollen, die Geburtstagsfeierkultur revolutionieren zu wollen
(kein junger Mensch könnte mehr seine Volljährigkeit feiern mit Ihrem Modell), die
integrative Kraft von Sportveranstaltungen leugnen und diese abschaffen zu wollen, für unser Land einseitig das Jahresintervall zur Disposition zu stellen, wäh-

...

rend der Rest der Welt normal die Jahre weiterzählt, all das bewerte ich – und da sage ich Ihnen nichts Überraschendes – als Extrempositionen.

Extrempositionen haben bestimmte Eigenschaften – sie polarisieren, provozieren, verschärfen, konfrontieren, eskalieren, grenzen aus (Sie mussten es selbst erfahren, als man Sie ausgelacht hatte, 1. Absatz Ihres Briefes). Nur eines tun sie nicht: Sie lösen nicht! Sie verhindern Lösungen und unterdrücken Kompromisse, sie verweigern sich, sind destruktiv statt konstruktiv.

In einem Land, in dem Brauchtums- und Traditionsträger als Straftäter abgeführt, fröhlich feiernde Menschen mit Polizeigewalt auseinander getrieben und inhaftiert werden und der Gesetzgeber dies deckt und fördert, möchte ich nicht leben. Das – und nichts anderes – wäre die „Bankrotterklärung unseres Rechtsstaates", um mit Ihren Worten zu sprechen.

Die Art und Weise, wie in Deutschland und weltweit der Jahreswechsel am Sylvesterabend begangen wird, ist mit überdeutlicher Mehrheit gesellschaftlicher Konsens. Aufmerksamer, kritischer und engagierter Staatsbürger in einer westlichen Demokratie zu sein – ich habe keinen Grund anzunehmen, dass dies für Sie nicht zutrifft – heißt auch souveräner Umgang mit Mehrheiten, denen man punktuell nicht angehört.

Da es sich – wie dargelegt – nicht um eine Angelegenheit der Bundesregierung handelt, rege ich an, dass Sie den öffentlichen Dialog zu diesem Thema suchen, um sich konstruktiv (!) in den historisch-gesellschaftlichen Entwicklungsprozess im Bereich von Brauchtum, Tradition und Feierkultur einzubringen. Pluralismus und Meinungsvielfalt sowie das Spiel der gesellschaftlichen Kräfte sind tragende und erwünschte Elemente unserer Gesellschaftsordnung, deshalb dürfen Sie gerne partizipieren.

Mit freundlichen Grüßen

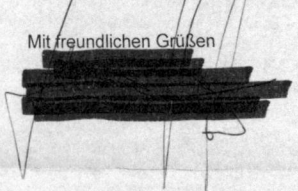

Dies ist der erste Brief an mich, den die Bundeskanzlerin höchstpersönlich in Auftrag gegeben hat. Vielleicht entwickelt sich daraus ja eine lange Brieffreundschaft, liebe Angela.

Nichtsdestotrotz: Da man im Bundeskanzleramt bezüglich des von mir beschriebenen Strafbestands anscheinend nichts unternehmen möchte, fordere ich hiermit sämtliche ordentlichen Bürger auf, am nächsten Silvesterabend bei jedem einzelnen Böller konsequent die Polizei zu rufen.

Heiner Caulmann

Berlin, den 10. 03. 2014

 Berlin

Norddeutscher Rundfunk
Rothenbaumchaussee 132 – 134
20149 Hamburg

Komaähnliche Schlafzustände durch Reinhold Beckmann

Sehr geehrtes Team vom Norddeutschen Rundfunk,

ich möchte mich über den gedankenlosen Einsatz Ihres Moderators Reinhold
Beckmann beschweren. Er stellt ein erhebliches gesundheitliches Risiko für
mich dar. Herr Beckmann hat auf mich nämlich exakt dieselbe Wirkung wie eine
hochdosierte Schlaftablette – ich verfalle völlig unkontrolliert abrupt in einen
komaähnlichen Schlaf. Und ich bin mit Sicherheit nicht der einzige Betroffene
des Beckmann-Syndroms. Falls Herr Beckmann nach wie vor zufriedenstellende
Einschaltquoten erreichen sollte, liegt es mit großer Wahrscheinlichkeit daran,
dass die meisten versehentlichen Zuschauer versehentlich einschlafen, bevor
sie umschalten können.

Schon während ich diesen Text verfasse und nur an ihn denke, muss ich mir
große Mühe geben, nicht wegzunicken.

Aber ganz besonders bei Radiomoderationen während Autofahrten birgt der
Einsatz Herrn Beckmanns lebensbedrohliche Gefahren. Ohne Sicherheitsvor-
kehrungen besteht jederzeit die Möglichkeit, dass man als Fahrer augenblick-
lich in einen Sekundenschlaf verfällt. Insofern sollte Beiträgen von Herrn
Beckmann zum Wohle aller Bürger ein deutlicher Warnhinweis vorangehen –
unterlegt mit einem lauten Piepsignal.

Ich möchte jedoch an dieser Stelle nicht einfach nur Kritik üben, sondern zudem einen innovativen Lösungsweg aufzeigen. Man sollte Herrn Beckmann zukünftig statt als Moderator als Narkotikum vor Operationen zum Einsatz kommen lassen. Auf diese Weise ließe sich die Medizin von Grund auf
revolutionieren.

Ich hoffe, Sie können dieses Schreiben bei vollem Bewusstsein lesen und sind
nicht selbst vom Beckmann-Syndrom betroffen.

Mit freundlichen Grüßen

Heiner Caulmann

P.S.: Können Sie mir bitte ein Autogramm von Herrn Beckmann schicken?
Ich würde es mir gern zum Einschlafen ansehen.

Norddeutscher Rundfunk

Rothenbaumchaussee 132
20149 Hamburg
Telefon (040) 41 56-0
E-Mail info@ndr.de
www.ndr.de

Norddeutscher Rundfunk | 20140 Hamburg

Herrn
Heiner Caulmann

▮▮▮▮▮ Berlin

Ihr Zeichen	Unser Zeichen	Durchwahl	Fax	E-Mail …@ndr.de	Datum
1800/14	▮▮▮▮	▮▮▮▮	3787	info	12.03.2014

Ihre Zuschrift

Sehr geehrter Herr Caulmann,

vielen Dank für Ihre Zuschrift vom 10.03.2014 und die damit verbundene Kritik an der Sendung „Beckmann".

Das Team des Hörer- und Zuschauerservice hat sich über Ihre Zuschrift, Ihre Formulierungen und Umschreibungen sehr gefreut. Anbei das Autogramm des Herrn Beckmanns.
Leider können wir Ihnen keine andere Lösung bieten, als zum Programm des NDR Fernsehens umzuschalten.
Selbstverständlich leiten wir Ihre Kritik auch an die Redaktion „Beckmann" weiter.

Wir wünschen dennoch weiterhin gute Unterhaltung mit dem NDR.

Mit freundlichen Grüßen

i.A. ▮▮▮▮
Hörer- und Zuschauerservice

Sportschau
Reinhold Beckmann
Das Erste®

Es wird Herrn Beckmann sicherlich hocherfreuen, dass das gesamte Team der Öffentlich-Rechtlichen dermaßen geschlossen hinter ihm steht. An dieser Stelle möchte ich mich herzlich beim NDR für das Einschlaf-Autogramm bedanken. Auch wenn ich allein beim Gedanken daran schon wieder sehr, sehr müde werde. So müde, dass ich diesen Text kaum noch zu Ende sch

Tobias Geigenmüller

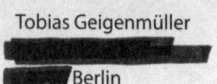

Berlin

Berlin, den 25.04.2014

Ihr Platz FÜR SIE GmbH
An der Münze 12 – 18
50668 Köln

Beschwerde: Keins Ihrer Deos wirkt länger als 72 Stunden!

Sehr geehrtes IhrPlatz-Team,

ich bin ausgesprochen enttäuscht darüber, dass Sie kein Deo führen, das länger als 72 Stunden wirkt. DIE MEISTEN FUNKTIONIEREN SOGAR NUR 48 STUNDEN!

Zu meiner Situation: Ich habe oft Wichtigeres zu tun als zu duschen und möchte mir von meinem Körper in dieser Hinsicht nichts vorschreiben lassen. Trotzdem finde auch ich übermäßigen Schweißgeruch irgendwann unangenehm. Deswegen würde ich mir ein Deo wünschen, das bis zu 168 Stunden wirkt. Das wären umgerechnet 7 Tage. Und einmal pro Woche müssten die meisten Menschen schon die Zeit finden, sich zumindest mal kurz unter den Achseln zu waschen. Noch einfacher wäre es natürlich, das Deo funktioniert gleich 8760 Stunden lang. So könnte man sich ganz unkompliziert einen bestimmten Tag im Jahr als Dusch-Tag im Kalender eintragen und hätte die restlichen 364 Tage seine Ruhe.

Ich denke aber, schon in naher Zukunft wird irgendein gewiefter Wissenschaftler sowieso das »Lebens-Deo« erfinden: einmal auftragen und bis zu 100 Jahre Wirksamkeit. Auf diese Weise müsste sich beispielsweise selbst auf längeren Reisen niemand mehr mit ausländischem Wasser waschen. Und wer es übertrieben hygienisch mag, kann sich ja trotzdem alle paar Jahrzehnte duschen.

Aber nun meine Frage: Wie kann es sein, dass die Deo-Entwicklung momentan derartig stagniert? Ich meine: 48 Stunden – das ist so kurz, da lohnt es sich ja kaum, die Dusche überhaupt zu verlassen. Wenn man sich vorstellt, dass es in den 80er-Jahren Deos gab, die nur EINEN Tag wirkten! Unglaublich! Da müssen die Leute ja genauso gerochen haben, wie sie sich anzogen.

Nun meine Frage: Wird es in Ihrem Sortiment demnächst zumindest ENDLICH das 168-Stunden-Deo geben?

Ich bitte Sie in dieser Angelegenheit um Stellungnahme.

Mit freundlichen Grüßen

 **IhrPlatz**

Ihr Platz FÜR SIE GmbH · Postfach 10 14 41 · 50454 Köln

Herrn
Tobias Geigenmüller

▓▓▓▓▓▓ Berlin

Ihr Platz FÜR SIE GmbH
An der Münze 12-18
50668 Köln
Telefon: +49 221 16041-0
Telefax: +49 221 16041-800
www.ihr-platz.de
Geschäftsführer:
Artur Rogoszynski
Mark Stephen Pohl

Ihr Zeichen	Ihre Nachricht vom	Durchwahl	Unser Zeichen	Datum
		▓▓▓▓	▓▓▓▓	01.05.2014

Deo Wirksamkeit

Sehr geehrter Herr Geigenmüller,

wir haben Ihr Schreiben vom 25.04.2014 erhalten und stimmen Ihnen voll und ganz zu. Insbesondere in Hinblick auf steigende Energiekosten und Ressourcenschonung ist es wünschenswert, dass Deos tage-wochen- monate und evtl. sogar jahrelang ihre Wirksamkeit behalten. Gleichzeitig wird das Thema ja auch von anderer Seite angegangen, dass wir als Menschheit auch unserem Eigengeruch gegenüber toleranter werden, ja diesen sogar forcieren. Sicherlich haben auch Sie in den Medien gesehen, dass Popstar Madonna sich wieder Achselhaar stehen läßt.
Ein ganz klares Statement für Körperlichkeit und dem damit verbundenen Geruch.
Wir sind allerdings sehr erfreut, dass Sie als Berliner, der weit und breit keinen Ihr Platz Markt zur Verfügung hat, anscheinend weite Reisen unternehmen, um unser Sortiment kennenzulernen und hoffentlich auch bei uns einzukaufen.

Nun zu Ihrem Schreiben wie ich es zwischen den Zeilen lese, dass Sie nämlich überzogene und aus Ihrer Sicht unnütze Werbeversprechen anprangern. Wir alle - sicherlich die werbende Industrie einbezogen- gehen natürlich davon aus, dass die meisten Menschen sich häufiger waschen und niemand das Deo tatsächlich kauft, um 48 oder gar 72 Stunden ungewaschen zu bleiben. Diese Wirksamkeitsdauer soll eben dem Kunden eine Sicherheit geben, dass auch bei stärkeren Belastungen das Deo wirkt und dass man auch nach einem Arbeitstag noch bspw. problemlos ins Restaurant oder zum Sport gehen kann, ohne dort unangenehm aufzufallen. Schneller - weiter - höher ist in allen Branchen das Prinzip. Und ich kann Ihnen versichern, dass bei diesen Deos tatsächlich ein Fortschritt erzielt wurde.
Im Gegensatz zu den Produkten in den 80 Jahren, die Sie zitieren - hier wurde Geruch meist einfach nur mit dem Deo-Duft übertüncht - haben die neuen Produkte Frischemoleküle, die sich bspw. erst bei einer gewissen Wärementwicklung öffnen und Wirkstoff freisetzen.
In wie weit man solche Produkte nutzen möchte muss jeder aufgeklärte Verbraucher für sich entscheiden. Wir freuen uns Ihnen dazu selbstverständlich auch Alternativen anbieten zu können, wie bspw. Deokristalle oder Artikel aus der Naturkosmetik.

Sitz der Gesellschaft: Köln
Registergericht: Amtsgericht Köln HRB 77410
USt-Id-Nr.: DE 287 452 324
Steuer-Nr.: 215/5940/3906

Bankverbindung:
Sparkasse KölnBonn
BLZ 370 501 98 / BIC: COLSDE33
Kto. 19 311 579 68 / IBAN: DE66370501981931157968
1

Ich hoffe, Sie haben wirklich bald einmal Gelegenheit einen Ihr Platz Drogeriemarkt zu besuchen.

Mit den besten Grüßen aus Köln

Category Management

Sehr geehrtes IhrPlatz-Team,

ich habe meine 365-Tage-Deo-Suche mittlerweile auf ganz Deutschland ausgeweitet und schaue mich schon lange nicht mehr nur in Berliner Drogerien um. Da ich allerdings immer noch nicht fündig geworden bin, denke ich darüber nach, stattdessen nun meine Achselhöhlen beidseitig operativ entfernen zu lassen – vor allem auch als Protestaktion gegen die Deo-Industrie, die uns Verbraucher mit unserem Achselschweiß allein lässt.

Werner Caulmann
████████████████
████ Berlin

COSY-WASCH
Autoservice Betriebe GmbH
Wilhelm-Kabus-Straße 9
10829 Berlin

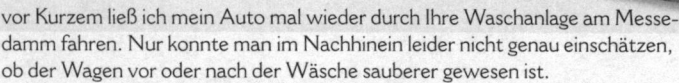

Ihre » Waschanlage «

Sehr geehrtes COSY-WASCH-Team,

vor Kurzem ließ ich mein Auto mal wieder durch Ihre Waschanlage am Messedamm fahren. Nur konnte man im Nachhinein leider nicht genau einschätzen,
ob der Wagen vor oder nach der Wäsche sauberer gewesen ist.

Das Fahrzeug war von oben bis unten mit weißlichen Sprenkeln übersät. Ich
kann leider nur vermuten, was im Inneren der Waschstraße mit meinem Auto
vorgefallen ist. Es wirkte, als würden Sie dort Tausende kleine Magen-Darm-
kranke Vögel halten. Als befände sich darin ein Sexkino für eine Horde puber-
tierender Zwerge. Als säße dort ein riesiger Dinosaurier mit Heuschnupfen auf
einem Berg Mehl.

Vielleicht wäre das ja ein ganz neues Geschäftskonzept für Sie: die COSY-
WASCH-Schmutzanlage. Wer genug hat von seinem blitzblanken Auto, kann
jederzeit vorbeikommen. Es gibt folgende Programme:

Basis-Pflege und Express-Verunreinigung: Der Wagen wird mit schmutzigem
Wasser bespritzt und erhält anschließend eine schmierige Biomüll-Schicht.
Superschmutz-Pflege: Hier wird der Wagen zusätzlich mit dem erwähnten
Vogeldurchfall besprenkelt.
Rundum-Verunreinigung: Das Fahrzeug wird erst in einen Film aus Gülle
gehüllt und im Anschluss trockengeföhnt, sodass der Schmutz richtig schön hart
verkrustet.
Exklusiv-Verschmutzung mit Unterboden-Dreckschleuder: Ein paar stark
alkoholisierte Jugendliche bekotzen den gesamten Wagen und pinkeln anschlie-
ßend sogar in den Innenraum. Danach wird Schimmelkäse zwischen die Sitze
geschmiert. Gratis dazu: ein Stinkbäumchen für den Rückspiegel aus toten
Mäusen.

Bitte lassen Sie mich wissen, was Sie von meiner Geschäftsidee halten. Falls sie
Ihnen nicht zusagen sollte, würde ich mich freuen, wenn Ihre Waschanlage
künftig auch wirklich wieder waschen würde.

Mit freundlichen Grüßen

Werner Caulmann

COSY-WASCH GmbH – Postfach 620168 – 10791 Berlin

COSY WASCH

Herrn
Werner Caulmann

███████ Berlin

Tel.: 030 / 354 79 112
Fax: 030 / 354 79 110
E-Mail: info@cosy-wasch.de
Homepage: www.cosy-wasch.de

Berlin, 17. Juni 2014/JH

Ihre Beschwerde – Berlin, Messedamm

Sehr geehrter Herr Caulmann,

herzlichen Dank für Ihr Schreiben vom 16. Juni 2014.

Leider erhielten Sie Ihre Wäsche nicht in der gewohnten COSY-WASCH Qualität - wofür wir uns vielmals entschuldigen möchten.

Nach Rücksprache mit den Mitarbeitern vor Ort gab es ein wassertechnisches Problem, das zu den weißen Punkten geführt hat und leider von unserem Personal bei den täglichen Sicherheits- und Qualitätskontrollen so nicht erkannt werden konnte.

Selbstverständlich hätte unser Mitarbeiter Ihnen bei einer sofortigen Reklamation nochmals eine entsprechende Wäsche angeboten – offensichtlich haben Sie Ihre Beschwerde jedoch nicht sofort vor Ort vorgetragen, was wir bedauern.

Als Anlage erhalten Sie nunmehr einen Gutschein für eine Gratis-Wäsche verbunden mit der Hoffnung, Sie auch weiterhin als zufriedenen Kunden unserer Waschanlagen begrüßen zu können.

Ihre neue Geschäftsidee werden wir nicht verfolgen - sind aber dankbar für jede neue Anregung ☺

Mit freundlichen Grüßen

COSY-WASCH
Autoservice Betriebe GmbH

ppa. ███████

Anlage: GS 001793

COSY-WASCH
Autoservice Betriebe GmbH
Steuer-Nr. 18/254/50657

Sitz der Gesellschaft:
Wilhelm-Kabus-Str. 9
10829 Berlin

Geschäftsführer
Andre Dujardin

Amtsgericht
Berlin-Charlottenburg
HRB 7349

Commerzbank vorm. Dresdner Bank
Kto.-Nr. 947 792.500
BLZ 100 800 00
IBAN: DE82100800000947792500
BIC: DRESDEFF100

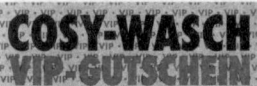 **COSY-WASCH**
VIP-GUTSCHEIN

 Ihre Experten
für pflegende
Auto-Wäsche!

N° 001799

über 1 COSY-SOFT-TEX Qualitätswäsche

GÜLTIG BIS

3 1. DEZ. 2014

wenn nicht anders vermerkt:
gültig bis 31.12.2010

✕ Informieren Sie sich bitte
über unsere Pflege-Angebote!

Zur Verteidigung von COSY-WASCH muss ich sagen: Der Sprenkel-Vorfall ereignete sich gar nicht in einer ihrer Waschanlagen, sondern vielmehr bei Shell. Leider haben die mir aber nie geantwortet – vermutlich setzen sie meine Geschäftsidee stattdessen längst heimlich um.

Tobias Geigenmüller

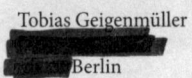

Berlin

Berlin, den 04.07.2014

Deutsche Post AG
Frank Appel
Charles-de-Gaulle-Straße 20
53113 Bonn

Ihre Briefmarken nehmen Männern ihre Würde

Sehr geehrter Herr Appel,

trotz einer Erinnerung inkl. frankiertem Rückumschlag hat mir Ihr Team auf mein Schreiben vom 25.04.2014 bisher leider nicht geantwortet. Deswegen wende ich mich nun direkt an Sie.

Zu meiner Beschwerde: Verschickt man derzeit einen Brief mit Ihrem Unternehmen, wird man gezwungen, seine Männlichkeit gleich mit in den Briefkasten zu werfen.

Die Briefmarken-Serie »Tierkinder« spiegelt nicht nur auf beschämende Weise die allgemeine Verweichlichung unserer Gesellschaft wider – sie sorgt auch dafür, dass der Empfänger bereits jedweden Respekt vor dem Absender verliert, bevor er den Brief überhaupt öffnet.

Die von Ihnen ausgewählten Motive sind in etwa so männlich wie die Beifahrerseite eines rosafarbenen smarts.

Ich meine – stellen Sie sich bitte mal folgenden durchschnittlichen Tagesablauf eines Mannes vor: Morgens verprügelt man ein paar Killer, die es fälschlicherweise auf einen abgesehen haben. Dann liefert man sich eine wilde Verfolgungsjagd mit korrupten Polizisten. Daraufhin lässt man aus Rache die halbe Stadt in die Luft fliegen. Und zu guter Letzt verschickt man einen Brief mit Ihrer Igel-Briefmarke. UN-MÖG-LICH! Es muss schon eine sehr große halbe Stadt gewesen sein, wenn man da als Mann nicht die Glaubwürdigkeit verlieren möchte. Man müsste den nach Whiskey stinkenden Brief EXTREM männlich mit einem ironischen Lächeln und einem trockenen Spruch abgeben und im Anschluss mindestens zwei vollbusige Postbeamtinnen mit nach Hause nehmen.

Ich fordere von Ihnen als Ausgleich für Männer die Serie »Böse Tiere«: mit den Motiven »Hyäne«, »Vogelspinne« und »Gorilla«. Alternativ wäre auch eine thematisch offenere Serie möglich. Denkbar wären hier die Motive »Wurst«, »Pin-up«, »Fernseher« und »Fußballverletzung«.

SO KANN ES JEDENFALLS NICHT WEITERGEHEN! Ich meine: Was kommt als Nächstes? Eine Briefmarke ohne Zacken, damit sich niemand wehtun kann? Oder das Motiv »Karrierefrau«? ODER GUIDO WESTERWELLE? Nein. Ich denke, so weit möchten auch Sie nicht gehen.

Ich bitte Sie in dieser Angelegenheit um Stellungnahme.

Mit freundlichen Grüßen

Deutsche Post AG · Kundenservice Konzernleitung · 53246 Bonn

Herrn
Tobias Geigenmüller
██████████ Berlin

Seite 1 von 2

Ihr Zeichen	
Unser Zeichen	2014/07-9213669
Telefon	+49 228 182-0
E-Mail	kundenservice.konzernleitung@deutschepost.de
E-POSTBRIEF	
Datum	11.07.2014
Betrifft	Ihr Schreiben vom 04.07.2014; Briefmarkenmotive

Sehr geehrter Herr Geigenmüller,

vielen Dank für Ihren Brief. Herr Dr. Appel hat uns beauftragt, Ihnen zu antworten.

Es tut uns sehr leid, dass Sie zu Ihrem Schreiben vom 25.04.2014 die ersehnte Antwort nicht erhalten haben. Für den dadurch entstandenen Ärger bitten wir Sie vielmals um Entschuldigung.

Mit Sicherheit hat auch der Bundesfinanzminister als Herausgeber der Briefmarken kein Interesse an einem womöglich sogar flächendeckenden Verlust der Männlichkeit in Deutschland.

Bei genauem Hinsehen ist die Motivauswahl deshalb tatsächlich alles andere als nur niedlich. So zieren beispielsweise diverse Burgen und Schlösser, das Völkerschlachtdenkmal oder auch die Bundeswehr und die Varusschlacht einige Marken. Für Männer die auch mal Blut sehen können gibt es das Motiv „Rotes Kreuz". Selbst die Blumenabbildungen haben es in sich, wie die „Kaiserkrone", aus der Familie der Liliengewächse, die für ihren strengen Moschus-Geruch bekannt ist.

Ihre Wunschabbildung „Wurst" gab es selbstverständlich auch schon und zwar in Form einer Currywurst in der Reihe „In Deutschland Zuhause –Einfallsreichtum".

Wenn Sie sich darüber hinaus für die Gestaltung von Briefmarken interessieren, wenden Sie sich

Deutsche Post DHL
The Mail & Logistics Group

Deutsche Post AG
Kundenservice Konzernleitung
53246 Bonn

Hausadresse
Charles-de-Gaulle-Str. 20
53113 Bonn

Telefon +49 228 182-0
Telefax +49 228 182-6921
E-Mail kundenservice.konzernleitung@
deutschepost.de

www.deutschepost.de

Kontoverbindung
Postbank
Köln
Konto 16503
BLZ 370 100 50

IBAN
DE49 3701 0050
0000 0165 03
SWIFT BIC
PBNKDEFF

Vorstand
Dr. Frank Appel, Vorsitzender
Ken Allen
Roger Crook
Jürgen Gerdes
John Gilbert
Lawrence Rosen

Vorsitzender des
Aufsichtsrates
Prof. Dr.
Wulf von Schimmelmann

Sitz Bonn
Registergericht Bonn
HRB 6792

USt-IdNr. DE 169 838 187

Deutsche Post DHL

11.07.2014

bitte – möglichst mit einigen Arbeitsproben (beispielsweise Plakatentwürfen, Buchumschlägen, Illustrationen oder Grafiken) – an das:

Bundesministerium der Finanzen
Referat PWZ
Wilhelmstraße 97
10117 Berlin

Wir freuen uns, sehr geehrter Herr Geigenmüller, wenn diese Informationen hilfreich für Sie sind.

Mit freundlichen Grüßen

i.A.

Nach diesem Hinweis habe ich mich sofort ans Werk gemacht und selbst einige Briefmarkenreihen entworfen: die Serien »Ausschnitte«, »Anmachsprüche« und »Fertiggerichte«. Ich gehe davon aus, dass sich der Bundesfinanzminister schon sehr bald persönlich für mein Engagement bedanken wird.

Gisela Caulmann

Berlin, den 11.03.2014

███████████
██████ Berlin

Bad Heilbrunner Naturheilmittel GmbH & Co. KG
Tim Schwertner
Am Krebsenbach 5–7
83670 Bad Heilbrunn

Ihr »Bad Heilbrunner Kopf-EntspannungsTee« wirkt nicht!

Sehr geehrter Herr Schwertner,

vor Kurzem kaufte ich das oben erwähnte Produkt in einem
Supermarkt in meiner Nähe.
Der »Kräutertee für ein entspanntes Gefühl« versprach, gegen
Anspannungen durch Stress, Zeitdruck, schlecht gelüftete
Räume und Fehlhaltungen zu helfen und auf sanfte Art zu
stimulieren.

Aber eins kann ich Ihnen sagen: MICH NICHT!!!!!!!!!!!

ICH HABE GERADE FAST ZWEI KANNEN VON DIESER
PLÖRRE IN MICH REINGESCHÜTTET UND BIN ALLES
ANDERE ALS AUSGEGLICHEN! ICH FÜHLE MICH UNGE-
FÄHR SO ENTSPANNT WIE KLAUS KINSKI VOR DER ZIEL-
SCHEIBE EINES MESSERWERFER-PRAKTIKANTEN, WÄH-
REND ER MIT EINER FEDER AM OHR GEKITZELT WIRD UND
EIN VOGEL IHM KURZ ZUVOR AUF DEN KOPF GEKACKT
HAT.

Kurzum: Ich könnte durchaus gelassener sein. Für mein Gefühl
wäre der Name »Bad Heilbrunner Kopf-Aggressions-Tee« weitaus passender.

Ich bitte Sie, Ihr Produkt zu überarbeiten.

Mit freundlichen Grüßen

Gisela Caulmann

Bad Heilbrunner®
Naturheilmittel GmbH & Co. KG

Am Krebsenbach 5-7
83670 Bad Heilbrunn
Telefon: (0 80 46) 91 99 - 0
Telefax: (0 80 46) 91 99 - 99
E-Mail: info@bad-heilbrunner.de
Internet: www.bad-heilbrunner.de

Bad Heilbrunner Naturheilmittel GmbH & Co. KG • Postfach 40 • 83667 Bad Heilbrunn

Frau Gisela Caulmann

████████████████
████ Berlin

unser Zeichen:	Durchwahl:	Datum:
		03.04.2013

Bad Heilbrunner Kopf-Entspannungstee

Sehr geehrte Frau Caulmann,

für Ihr Interesse an Bad Heilbrunner Produkte danken wir Ihnen. Wir bedauern, dass der Bad Heilbrunner Kopf-Entspannungstee Ihren Erwartungen nicht entspricht.
Der Bad Heilbrunner Kopf-Entspannungstee ist ein Lebensmitteltee und besteht aus einer Mischung verschiedener Kräuter. Keiner der Bestandteile ist so hoch dosiert, dass er in den Bereich der therapeutischen Wirksamkeit gelangt. Im Gegensatz dazu gibt es Arzneimitteltees, die aus einer Droge oder einem Gemisch weniger Pflanzen bestehen, die ein klar definiertes Wirkungsspektrum und Wirkstoffgehalt aufweisen.
Z. B. Lavendel oder Melisse können in Arzneitees enthalten sein, sie sind darin aber höher dosiert.
Arzneimitteltees müssen auch mit Angaben zur Indikation, Dosierung, Wirksamkeit und Nebenwirkungen versehen sein, was bei Lebensmitteln entfällt.
Bei Erkrankungen oder wenn man eine spezielle Wirkung erwartet, sollte man nur zu echten Arzneitees greifen, weil nur diese den garantierten Wirkstoffgehalt aufweisen.

Bei den Lebensmitteln kommt es in erster Linie auf den angenehmen und interessanten Geschmack an und in zweiter Linie geht von ihnen eine gesundheitsunterstützende Wirkung aus.
Die in dem Tee enthaltenen Kräuter wie Pfefferminze, Grüntee, Melisse, Lavendel wirken grundsätzlich entspannend. Mädesüß und Weidenrinde lindern Schmerzen, Grüntee, Guarana und Kolanuss wirken sanft belebend. Ein Lebensmitteltee kann jedoch keine Leiden lindern.

Zur Entspannung und Beruhigung können wir folgende Arzneitees aus dem Bad Heilbrunner Sortiment empfehlen. Anti-Stresstee, Schlaf- und Nerventee, Einschlaftee und Beruhigungstee.

Wir hoffen nun, dass Ihnen der Unterschied zwischen Lebensmitteltee und Heiltee klar geworden ist, und Sie in Zukunft gezielt die richtige Teesorte für Ihr Bedürfnis finden werden. Wir wünschen Ihnen einen gesunden und wohltuenden Teegenuss und übersenden Ihnen Muster einiger Tees mit beruhigender Wirkung.

Mit freundlichen Grüßen
BAD HEILBRUNNER
Naturheilmittel für Ihre Gesundheit

████████████████

i.A. ████████

Bad Heilbrunner
Naturheilmittel GmbH & Co. KG

Sitz: Bad Heilbrunn
Handelsregister AG München
HRA Nr. 55747

Persönlich haftende Gesellschafterin:
Bad Heilbrunner
Naturheilmittel Verwaltungs-GmbH
Sitz: Bad Heilbrunn
Handelsregister AG München
HRB Nr. 75416

Geschäftsführer:
Tim Schwertner
Dr. Heinz Dittrich

GLN 40 08137 000005
USt.-IdNr. DE 129 727 511

Kreissparkasse München Starnberg Ebersberg • Konto 060739905 (BLZ 702 50150)
IBAN: DE11 7025 0150 0060 7395 05 • SwIFT-BIC: BYLADEM1KMS
Sparkasse Bad Tölz-Wolfratshausen • Konto 200873 (BLZ 700 543 06)
IBAN: DE17 7005 4306 0000 2008 73 • SwIFT-BIC: BYLADEM1WOR
Postbank München • Konto 347740-808 (BLZ 700 100 80)
IBAN: DE28 7001 0080 0347 7408 08 • SwIFT-BIC: PBNKDEFF

Ich habe gerade sämtliche 47 Teebeutel Anti-Stress-Tee, Beruhigungs-Tee, Schlaf- und Nerventee sowie Einschlaf-Tee verwendet, die mir von Bad Heilbrunner zugeschickt wurden – und langsam stellt sich auch bei mir eine Wirkung ein. Ich werde immer ruhiger und muss jetzt nicht mehr den gesamten VERDAMMTEN TEXT IN VERSALIEN SCHREIBEN!!!

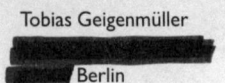

Tobias Geigenmüller

Berlin, den 25.04.2014

█████████ Berlin

Bongrain Deutschland GmbH
Marketing
Dwight-D.-Eisenhower-Straße 6
65197 Wiesbaden

Konstruktiver Vorschlag gegen einfallslose Werbung

Sehr geehrtes Bongrain-Team,

ich bin ausgesprochen enttäuscht darüber, dass Sie in letzter Zeit kaum noch interessante Werbung für Ihre Käsesorten Géramont, Fol Epi, BRESSO, Saint Albray und Chaumes veröffentlichen. So ist mir bspw. negativ aufgefallen, dass bisher noch kein einziger Käsehersteller der Welt das Lied »Ain't No Sunshine« von Bill Withers für Werbezwecke genutzt hat – zumindest ist mir keine solche Werbung bekannt.

Dabei ist es doch so naheliegend. Man muss den Text nur geringfügig abwandeln und erhält eine erstklassige Käse-Werbebotschaft. Fast wirkt es so, als hätte Herr Withers das Lied nur zu diesem Zweck geschrieben.

Der Werbespot zeigt verschiedene traurige Brötchen, die mit trötenden Stimmen allesamt vollkommen deprimiert und verzweifelt auf tristen Frühstückstischen dasselbe Lied anstimmen:
»Ain't no sunshine when cheese gone
it's not warm when cheese away
ain't no sunshine when cheese gone
and cheese always gone too long any time cheese goes away …«

In der etwas längeren Internet-Version geht das Lied sogar noch weiter:
»Wonder this time where cheese gone
wonder if cheese gonna stay
ain't no sunshine when cheese gone
this house just ain't no home anytime cheese goes away …«

Dieser Werbespot würde auf überaus emotionale Weise deutlich machen, wie traurig ein Frühstück ohne Käse doch ist. Und glauben Sie mir: Damit kann sich ABSOLUT JEDER identifizieren. Zumindest jeder, der isst.

Ich hoffe, meine Idee gefällt Ihnen – und freue mich auf Ihr Feedback.

Mit freundlichen Grüßen

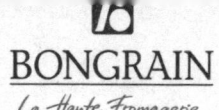

BONGRAIN

La Haute Fromagerie

BONGRAIN DEUTSCHLAND GMBH • POSTFACH 1627 • 65006 WIESBADEN

Herr
Tobias Geigenmüller
▮▮▮▮▮▮▮
▮▮▮▮ Berlin

Wiesbaden, den 21.05.2014

Sehr geehrter Herr Geigenmüller,

zunächst einmal ganz herzlichen Dank für Ihr freundliches Schreiben vom 25. April dieses Jahres.
Wir freuen uns über jede Rückmeldung von unseren Kunden, da wir im direkten Kontakt mit ihnen
erfahren, was an unseren Produkten gefällt und was vielleicht noch verbessert werden könnte. Das
ist uns ein ganz wichtiges Anliegen!

Sie haben uns geschrieben, dass Sie sich für die Fernsehwerbung für unsere Produkte ein eingän-
giges Lied (Ain't no sunshine…) mit geringfügig verändertem Text vorstellen könnten.

Vielen Dank dafür, dass Sie sich die Zeit für diese Überlegungen genommen haben. Ihre Anregung
finden wir sehr interessant und wir werden versuchen, Ihren Vorschlag in eine virale Kampagne zu
integrieren.

Als kleines Dankeschön für Ihr Interesse, haben wir unserer Antwort einige Rezepte beigefügt. Sie
werden erstaunt sein, wie vielseitig sich unsere Produkte verwenden lassen. Wir wünschen viel
Spaß beim Ausprobieren!

Wir hoffen, dass Sie auch weiterhin mit der Qualität unserer Produkte zufrieden sein werden und
uns dafür die Treue halten.

Merci et bon appétit!
Ihr Bongrain-Verbraucherservice

Leiterin Verbraucherservice   Marketing-Direktor

P.S. Schön wäre es, wenn Sie unsere Produkte auch Ihren Freunden und Bekannten
weiterempfehlen.

Bongrain Deutschland GmbH
Dwight-D.-Eisenhower-Str. 6
65197 Wiesbaden
Tel. 0611 / 8807 - 01
Fax 0611 / 8807 - 121
Postfach 1627 • 65006 Wiesbaden

www.bongrain.de
www.ich-liebe-kaese.de
USt.ID-Nr. DE 11 38 31 874
GLN-Nr. 4 044 351 000 001
Amtsgericht Wiesbaden
HRB 5643

Commerzbank Wiesbaden
Konto-Nr. 113 86 86 62 00   BLZ 510 800 60
IBAN: DE38 5108 0060 0113 8662 00
SWIFT-BIC: DRES DE FF 510
Geschäftsführung: Aymeric de la Fouchardière,
Jasmine-Florence Sahli, John Broekmans, Jean-Paul Torris

Ich bin mir nicht ganz sicher, ob die Antwort eventuell satirisch gemeint ist. Anders lässt es sich nicht erklären, dass BONGRAIN mich für eine mögliche Umsetzung meiner Idee allen Ernstes mit einem Rezeptflyer entlohnen möchte. Noch großzügiger wäre es nur gewesen, mir einen Furz zukommen zu lassen.

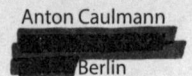

Anton Caulmann
▄▄▄▄▄▄▄
▄▄▄▄ Berlin

Berlin, den 19.05.2014

Samsung Electronics GmbH
Kundenservice
Am Kronberger Hang 6
65824 Schwalbach/Taunus

Fingerlängenverlust durch Smartphone

Sehr geehrtes Samsung-Team,

ich habe vor Kurzem eine schockierende Entdeckung gemacht: Mein Zeigefinger nutzt sich durch die Verwendung Ihres Produkts Samsung GALAXY S4 mehr und mehr ab. Durch das ständige Wischen und Tippen wirkt der Finger mittlerweile dramatisch kürzer als früher.

In meinem Alltagsleben bin ich dadurch leider extrem eingeschränkt. Tief sitzende Popel erreiche ich beispielsweise viel schlechter als früher. Auch den Finger in den Wind zu halten hat weniger Effekt. Zudem kann ich nur noch schwer Leuten den Vogel zeigen. Dabei wurde der Zeigefinger ja ursprünglich eben dafür gemacht – zum Zeigen.

Ich habe schon versucht, den Finger immer am Ende des Tages wieder »langzu-ziehen«. Leider ohne Erfolg.

Ich denke, es ist nicht in Ihrem Interesse, dass ich mich mit dem Thema direkt an die Presse wende, da Ihre Verkaufszahlen daraufhin wahrscheinlich drastisch zu-rückgingen und Ihre Firma Konkurs anmelden müsste.

Vielleicht können wir uns aber gütlich einigen. Denkbar wäre, dass Sie mir eine operative Verlängerung meines Zeigefingers finanzieren – wobei ich ihn dann gern gleich noch mal um zusätzliche 20 Zentimeter verlängern würde, damit das Problem nicht nach einem halben Jahr wieder auftritt. Diese Vorgehensweise müsste selbstverständlich vorher mit den Ärzten besprochen werden.

Und bitte überarbeiten Sie Ihr Produkt so, dass man es zukünftig mit eher unwich-tigen Fingern wie beispielsweise dem kleinen oder dem Mittelfinger benutzen kann. Letzteren benutzt man zwar auch zum Zeigen, jedoch erheblich seltener. Übrigens ist mir ein weiterer Punkt am Samsung GALAXY S4 negativ aufgefallen: Es klingelt oft im völlig falschen Moment. Zum Beispiel im Kino oder bei Beerdi-gungen. Ich würde es sehr begrüßen, wenn Sie diesen Mangel ebenfalls beheben, wenn Sie sowieso gerade in der Entwicklungsabteilung sind.

Vielen Dank im Voraus.

Mit freundlichen Grüßen,

Anton Caulmann

SAMSUNG ELECTRONICS GMBH

Samsung House
Am Kronberger Hang 6
65824 Schwalbach/Ts.
TEL: 0180 5 7267864*   FAX: 0180 5 121214*
* 0,14 €/Min. aus dem dt. Festnetz, Mobilfunk max. 0,42 €/Min.

Herr
Anton Caulmann
▓▓▓▓▓ Berlin

Your Ref	Person in Charge	Our Ref	Date
Ihr Zeichen	Bearbeiter	Unser Zeichen	Datum
	▓▓▓▓▓▓	2414398385	30.05.2014

Ihr Schreiben vom 19.05.2014

Sehr geehrter Herr Caulmann,

vielen Dank für Ihr Schreiben an Samsung Electronics.

Wir freuen uns, dass Sie sich trotz der Herausforderungen die Zeit genommen haben uns mit offenen Worten zu kontaktieren. Selbstverständlich liegt es nicht in unserem Interesse, Sie durch unser GT-I9505 zu verärgern.

Wir bieten Ihnen gern die Überprüfung durch einen autorisierten Servicepartner an. Wenden Sie sich dafür einfach an Ihren Händler, oder direkt an unsere zuständige technische Hotline.

Ihre Kritik gegenüber unseres Konzeptes der Bedienung nehmen wir selbstverständlich zur Kenntnis. Natürlich können Sie Ihr Smartphone auch mit anderen Körperteilen bedienen, alternative empfehlen wir Ihnen ein herkömmliches Telefon mit Tasten.

Trotz des Unmutes wünschen wir Ihnen eine sonnige Zeit.

Mit freundlichen Grüßen aus Schwalbach
i.A. ▓▓▓▓▓▓▓▓

Hiermit bestätige ich: Ein Smartphone lässt sich auch mit dem Ellbogen bedienen. Bisher kann ich allerdings noch nicht abschätzen, wie sich diese Praxis langfristig auf die Armlänge auswirkt. Vermutlich ist die Bedienung auch mit weiteren Körperteilen möglich – bei manchen könnte es nur noch ärgerlicher sein, wenn daraufhin ein Längenverlust auftritt.

Werner Caulmann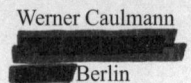
████████ Berlin

Berlin, den 14.04.2014

Bezirksamt Charlottenburg-Wilmersdorf von Berlin
Bau- und Wohnungsaufsichtsamt
Hohenzollerndamm 174–177
10713 Berlin

Das Haus in der Pommerschen Straße 11 gefällt mir nicht

Sehr geehrtes Team des Bezirksamts Charlottenburg-Wilmersdorf,

die Architektur der Wohnanlage neben dem Preußenpark in der Pommerschen Straße 11 ist geradezu abscheulich! Jedes Mal, wenn ich daran vorbeilaufe, muss ich die Augen zumachen, weil ich das Haus so hässlich finde. Und das ist natürlich riskant, da man sich mit geschlossenen Augen schlechter orientieren kann als mit offenen – und bspw. schneller Opfer eines Verkehrsunfalls wird. Insofern ist die Architektur des Hauses sogar gemeingefährlich.

Und ich denke, ich bin weiß Gott nicht der Einzige, dem es so geht. Meine Frau zum Beispiel findet es auch nicht gerade schön. DAS HAUS SIEHT EINFACH GANZ ANDERS AUS ALS NORMALE HÄUSER!!!! Deswegen fällt es einem auch so negativ auf! Solche experimentellen Gebäude können vielleicht in Kreuzberg stehen, wo auch die Leute eher Experimente sind – aber in Wilmersdorf? Wie konnten Sie nur jemals eine Baugenehmigung für dieses Ungetüm erteilen? Wir sind doch hier nicht bei den Schlümpfen!

Übrigens halten sich in dem dazugehörigen Garten oft wilde Tiere auf. So habe ich dort unter anderem schon Eichhörnchen und bunte Vögel gesehen, als ich mal die Augen offen hatte, um nicht überfahren zu werden. Über den Teichanlagen kreisen zudem Mücken!

Mein Fazit: Wilmersdorf muss handeln! Besteht irgendeine Möglichkeit, die Wohnanlage abzureißen? Eventuell könnte man doch dort dann auch einen neuen Flughafen errichten, wenn der andere noch nicht fertig sein sollte. Den Anwohnern kann man ja vorher Bescheid sagen.

Was denken Sie? Das Gebäude ist Ihnen ja wahrscheinlich auch schon länger ein Dorn im Auge, oder?

Ich freue mich auf Ihre Antwort.

Mit freundlichen Grüßen

Werner Caulmann

Bezirksamt Charlottenburg-Wilmersdorf von Berlin, 10702 Berlin

Herrn
Werner Caulmann

█████ Berlin

Bearbeiter/in (bitte bei Antwort angeben)	350-2014-1248-Stadt I
Dienstgebäude	Hohenzollerndamm 174-177, 10713 Berlin
Zimmer	
Telefon	(030) 9029-█
Fax	(030) 9029-█
Vermittlung	030 █████
intern	
E-Mail	█████@charlottenburg-wilmersdorf.de
	(Nicht für Dokumente mit elektronischer Signatur)
Internet	www.berlin.de/eBG/
Datum	22.04.2014

Das Haus in der Pommerschen Straße 11 gefällt mir nicht

Ihr Schreiben: 14.04.2014   Eingang: 15.04.2014

Sehr geehrter Herr Caulmann,

Ich danke Ihnen für Ihr Schreiben. Sie haben das Team der Bau- und Wohnungsaufsicht zum Lachen und Nachdenken gebracht.

Sie haben Recht dieses Haus ist anders und fällt auf!
Es zeigt, dass auch in Wilmersdorf Experimente gewagt wurden und auch noch hoffentlich weiter werden. Das Resultat dieses Experiments ist sicherlich die wilde Tierwelt, vor der Sie sich aber nicht allzu sehr fürchten sollten.

Fürchten tue ich mich, wenn Sie weiter die Augen geschlossen halten beim Vorbeifahren. Seien Sie mutig. Strotzen Sie der von Ihnen empfundenen Hässlichkeit und blicken Sie dieses Haus an! Oder zumindest die Straße, denn Sie ahnen es – gegen dieses Haus ist nichts zu machen.

Ich gebe zu es ist mir auch schon aufgefallen – dieses Haus. Es kann auch nicht anders als auffallen, aber eigentlich ist es ein normales Haus, welches mit einer ganz normalen Höhe die ganz normale Blockrandbebauung schließt. Es hat halt nur ein wenig mehr Fenster, Balkone und die von Ihnen gefürchtete Wildnis.

So innovativ Ihre Nutzungsvorschläge auch sind, sie sollten daher meiner Meinung nach nicht auf Kosten dieses einen andersartigen Hauses realisiert werden.

Verkehrsverbindungen:	Bus: 101, 104, 115 U 3, U 7 Fehrbelliner Platz				
Sprechzeiten:	Dienstag und Freitag 9.00 - 12.00 Uhr sowie nach vorheriger Vereinbarung				
(Zahlungen bitte bargeldlos an Bezirk/Land) Geldinstitut		Bankleitzahl	Kontonummer	BIC	IBAN
Postbank Berlin		100 100 10	4886101	PBNKDEFF	DE89 10010010 0004886101
Landesbank Berlin		100 500 00	0710011679	BELADEBE	DE19 10050000 0710011679
Deutsche Bank PGK AG		100 708 48	513 464 800	DEUTDEDB 110	DE73 10070848 0513464800

In diesem Sinne seien Sie wachsam und falls Sie zu einem anderen Haus im Bezirk ein ähnlich inniges Verhältnis pflegen, freue ich mich auf Ihre Architekturkritik.

Mit freundlichen Grüßen
Im Auftrag

Ich fühle mich mit meiner Beschwerde absolut nicht ernst genommen und möchte mich hiermit gleich auch noch darüber beschweren. ES KANN NICHT ANGEHEN, DASS MAN VON OFFIZIELLER STELLE DER-ARTIG SALOPP ABGEFERTIGT WIRD! Es geht bergab mit dir, Wilmers-dorf. Deine Beamten sind mittlerweile genauso experimentell wie deine Architektur.

Werner Caulmann

Berlin

Berlin, den 25.04.2014

Deutscher Presserat
Postfach 100549
10565 Berlin

**Beleidigender Artikel »Riesiger Kunstschatz in München:
Picasso zwischen Konservendosen«**

Sehr geehrte/r Mitarbeiter/in des Deutschen Presserats,

in einem Artikel vom 3. November 2013 von SPIEGEL ONLINE über den »Sonder-
ling« Cornelius Gurlitt, der in einem »muffigen Münchner Apartment zwischen
fauligem Essen und selbstgezimmerten Möbeln einen alten Nazi-Kunstschatz
hortete«, wurde seine Wohnung als »eine Mischung aus Louvre und Messi-Behausung« beschrieben.

> **Die Entdeckung:** Wie der "Focus" berichtet, stapelten sich in dem
> Münchner Apartment Teller mit Essensresten, Konservendosen und
> Lebensmittelpackungen, teilweise mit einem Haltbarkeitsdatum
> versehen, das aus dem vergangenen Jahrtausend stammt. Fast alle
> Fenster seien verriegelt gewesen. Dazwischen angeblich: Meisterwerke
> mit Millionenwerten. Gemälde, Zeichnungen, Radierungen von Pablo
> Picasso, Emil Nolde, Carl Spitzweg, Henri Matisse. Eine Mischung aus
> Louvre und Messi-Behausung. In dem Artikel ist von insgesamt 1500
> Exponaten die Rede.

Das ist ja wohl eine AB-SO-LU-TE Unverschämtheit! Lionel Messi ist einer der besten Fußballspieler aller Zeiten. Er ist zweifacher europäischer Fußballer des Jahres
und sogar vierfacher Weltfußballer des Jahres.

Und ich bezweifle stark, dass der Autor des Artikels jemals zu Gast bei Messis war.
Dementsprechend ist der Vergleich dieser scheinbar doch recht ungepflegten
Wohnung mit Lionel Messis Zuhause vollkommen unhaltbar. Ich stelle es mir bei
Messis sogar eher aufgeräumt vor. Vielleicht liegt an der einen oder anderen Stelle
mal eine Million herum – ansonsten dürfte die Messi-Villa aber ziemlich puristisch
gehalten sein.

Auf meine Forderung, in dieser Angelegenheit schnellstmöglich eine Gegendarstellung an prominenter Stelle zu veröffentlichen, reagierte der Verlag bisher
nicht! Nun ist es an der Zeit, dass sich der Deutsche Presserat endlich einschaltet!

Herr Messi hat im Zweifelsfall ja noch nicht mal mitbekommen, dass sein Name
und sein Lebensstil so derartig in den Schmutz gezogen werden. Ich denke aber,
falls er davon wüsste, wären juristische Schritte gegen SPIEGEL ONLINE die einzig
mögliche Konsequenz.

Ich bitte Sie um Unterstützung.

Mit freundlichen Grüßen

Werner Caulmann

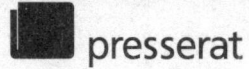

presserat

Deutscher Presserat | Postfach 100549 | 10565 Berlin

Deutscher Presserat
Fritschestr. 27/28
10585 Berlin

Tel.: 030 - 367 007 - 0
Fax: 030 - 367 007 - 20

E-Mail: info@presserat.de
www.presserat.de

Herrn
Werner Caulmann
██████████
███████ Berlin

Ihr Zeichen	Unser Zeichen	Datum
		03.09.2014

**Ihre Beschwerde vom 25.04.2014
./. SPIEGEL Online**

Sehr geehrter Herr Caulmann,

wir kommen zurück auf Ihre o. g. Beschwerde. Sie bitten um Prüfung, ob der Beitrag unter dem Titel „Riesiger Kunstschatz in München: Picasso zwischen Konservendosen" auf SPIEGEL Online am 03.11.2013 gegen die Publizistischen Grundsätze des Deutschen Presserats verstößt.

Ihre Beschwerde ist im Vorverfahren gemäß § 5 der Beschwerdeordnung geprüft worden. Der Deutsche Presserat kam danach zu der Auffassung, dass ein Verstoß gegen den Pressekodex nicht vorliegt. Die Gründe hierfür möchten wir Ihnen nachfolgend näher erläutern.

Der Artikel beschäftigt sich mit dem Bilderfund in der Wohnung von Cornelius Gurlitt. Die Wohnung wird dabei als „eine Mischung aus Louvre und Messi-Behausung" beschrieben. Später wird an das Wort „Messi" dann ein „e" angefügt. Grundlage unserer Prüfung waren in diesem Zusammenhang die Ziffern 2 und 3 des Pressekodex.

Sie kritisierten die erste Version, in der „Messi" am Ende lediglich mit einem „i" geschrieben wurde. Dadurch wurde der Fußballer Lionel Messi in Misskredit gebracht.

Im Rahmen der Prüfung gelangten wir zu dem Schluss, dass eine Verletzung presseethischer Grundsätze nicht vorliegt. Bei der Schreibweise „Messi" (ohne „e") handelt es sich um einen einfachen Schreibfehler, den die Zeitung, als sie ihn erkannte, korrigiert hat. Insofern hat sie die Anforderungen der Ziffer 3 des Pressekodex erfüllt. Ein Hinweis darauf, dass in einer ersten Version des Artikels das Wort falsch geschrieben wurde, ist in diesem Zusammenhang nicht notwendig, da es sich lediglich um einen Schreibfehler handelte.

Bankverbindung
Deutsche Bank
Kto.Nr. 0 388 850
BLZ 380 700 59

2

Insgesamt konnten wir eine Verletzung der Publizistischen Grundsätze daher nicht feststellen.

Abschließend möchten wir uns für Ihre Beschwerde bedanken, die zu einer kritischen Überprüfung der Berichterstattung Anlass gegeben hat.

Mit freundlichen Grüßen

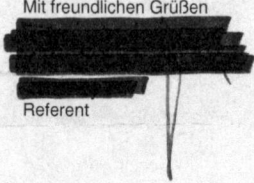

Referent

---

* Ziffer 2 - Sorgfalt
Recherche ist unverzichtbares Instrument journalistischer Sorgfalt. Zur Veröffentlichung bestimmte Informationen in Wort, Bild und Grafik sind mit der nach den Umständen gebotenen Sorgfalt auf ihren Wahrheitsgehalt zu prüfen und wahrheitsgetreu wiederzugeben. Ihr Sinn darf durch Bearbeitung, Überschrift oder Bildbeschriftung weder entstellt noch verfälscht werden. Unbestätigte Meldungen, Gerüchte und Vermutungen sind als solche erkennbar zu machen.
Symbolfotos müssen als solche kenntlich sein oder erkennbar gemacht werden.

** Ziffer 3 - Richtigstellung
Veröffentlichte Nachrichten oder Behauptungen, insbesondere personenbezogener Art, die sich nachträglich als falsch erweisen, hat das Publikationsorgan, das sie gebracht hat, unverzüglich von sich aus in angemessener Weise richtig zu stellen.

Ich vermute, ich bin mittlerweile der meistgehasste Mensch in der Redaktion von SPIEGEL ONLINE. Ich richtete meine Beschwerde an den Chefredakteur, die Redaktion, den Autor, die Print-Redaktion des SPIEGEL, den SPIEGEL-Chefredakteur, den DFB, die Argentinische Botschaft, den Deutschen Presserat sowie die Messi-Sponsoren ADIDAS und Qatar Airways. Allein der Deutsche Presserat äußerte sich – und SPIEGEL ONLINE korrigierte nach 5 Monaten klammheimlich den Schreibfehler im Online-Artikel. Nur leider ohne die von mir gewünschte Gegendarstellung an prominenter Stelle.

Anton Caulmann

Berlin, den 29.05.2014

▓▓▓▓▓▓ Berlin

ALDI Einkauf GmbH & Co. OHG
Eckenbergstraße 16
45307 Essen

Ihre Taschentuchmarke »Solo« diskriminiert alleinstehende Menschen!

Sehr geehrtes ALDI-Team,

ich finde es eine ABSOLUTE UNVERSCHÄMTHEIT, dass Sie als seriöse Supermarktkette eine Taschentuchmarke anbieten, die sich »Solo« nennt.

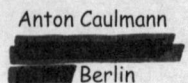

Dieser Name soll ja wohl ganz offensichtlich allein lebenden Menschen unterstellen, sie bräuchten besonders viele Taschentücher. UND JEDER MENSCH WEISS JA, WOFÜR IM SPEZIELLEN MÄNNLICHE SINGLES TASCHENTÜCHER BENUTZEN. Da ist es einem richtig unangenehm, diese Taschentücher bei sich zu Hause rumliegen zu haben, bspw. neben dem Bett. Man wird direkt für notgeil gehalten! Bei diesen Blicken traut man sich als Single ja kaum noch, Schnupfen zu bekommen.

Auch weibliche Singles bieten mit Ihren »Solo«-Taschentüchern ein aus-gesprochen trauriges Bild. Es unterstreicht die Vermutung, die Armen würden sich Nacht für Nacht die Augen ausheulen, weil sie immer noch nicht den Richtigen gefunden haben und ihre biologische Uhr tickt.

So oder so: DIESE MARKE IST ABSOLUT INAKZEPTABEL!

Sie verkaufen doch auch keine Marken, die »Arbeitslos«, »Gebrechlich« oder »Übergewichtig« heißen.

Ich bitte Sie in dieser Angelegenheit um Stellungnahme.

Mit freundlichen Grüßen

Anton Caulmann

ALDI Einkauf GmbH & Co. oHG

ALDI Einkauf GmbH & Co. oHG · Postfach 130110 · 45291 Essen

Anton Caulmann
▬▬▬▬▬▬ Berlin

Eckenbergstraße 16 + 16A
45307 Essen
Telefon: 0201/8593-0
Durchwahl: 8593-____
Telefax Einkauf:
0201/8593-318 / 8593-232
0201/8593-296
Telefax Verwaltung:
0201/8593-319 / 8593-222
UST-IDNR.: DE 127 135 609

Ihr Zeichen	Ihre Nachricht	Unser Zeichen	Datum
			25. Juni 2014

Ihr Brief zu unserer Marke „Solo" vom 29. Mai 2014

Sehr geehrter Herr Caulmann,

sehr gern bestätigen wir den Eingang Ihres o.a. Schreibens, in dem Sie Assoziationen schildern, die Sie mit dem Markennamen der ALDI Papiertaschentücher verbrinden.
Nun ist „Solo" neben dem neudeutschen Begriff „Single" zwar eine gängige Bezeichnung für einen bestimmten Familienstand, aber „Solo" bezeichnet auch ein Element eines Musikstücks, „Solo" war eine alte Zündholzmarke und ist der Titel eines Romans von William Boyd - um nur einige Beispiele aufzuzählen. Bei ALDI NORD steht die Marke „Solo" seit vielen Jahren für qualitativ hochwertige Papierprodukte, wie Taschentücher, Servietten oder Hygienepapier.
Die anhaltend hohe Nachfrage nach unseren „Solo"-Produkten lässt darauf schließen, dass unsere Kundinnen und Kunden sich keineswegs diskriminiert fühlen durch den Markennamen.

Wir hoffen, sehr geehrter Herr Caulmann, dass wir Ihnen mit dieser Information weiterhelfen konnten und verbleiben

Mit freundlichen Grüßen
ALDI Einkauf GmbH & Co. OHG

»Solo« ist auch der Nachname von Han aus »Star Wars«.
»Solo« bezeichnet einen Berg in den Anden. Und ein Ort in
Missouri wird ebenfalls »Solo« genannt. »Solo« ist eine norwegische Getränkemarke, eine Ansage beim Doppelkopf-
spiel und ein Album von Peter Heppner. Liebes ALDI-Team –
auch ich kenne Wikipedia. Doch all das ändert nichts an
der Tatsache, dass man sich mit Ihren Taschentüchern
ziemlich bescheuert vorkommt.

Tobias Geigenmüller 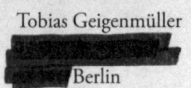 Berlin, den 19.05.2014

████████ Berlin

Schmidt Spiele GmbH
Lahnstraße 21
12055 Berlin

Verärgert über »Mensch ärgere Dich nicht«

Sehr geehrtes Schmidt-Spiele-Team,

ich ärgere mich FÜRCHTERLICH über Ihr Brettspiel »Mensch ärgere Dich nicht«. Und zwar bereits, wenn meine Freundin es nur aus dem Schrank herausholt. Im Gegensatz zu ihr bin ich nämlich absolut kein Spieletyp – und das wiederum ärgert sie. So sitzen wir meistens beide vollkommen verärgert neben der »Mensch ärgere Dich nicht«-Packung und streiten uns darüber, ob wir nun spielen oder nicht. Der Titel des Spiels provoziert mich zusätzlich, und ich muss mir Mühe geben, nicht vollkommen auszurasten.

Irgendwann gebe ich in den meisten Fällen aber doch nach, und wir fangen an zu spielen (damit ich es hinter mir habe). Allerdings regen mich das Spiel und meine Freundin schon nach kurzer Zeit immer so auf, dass ich nicht weiterspielen kann. Das treibt meine Freundin zur Weißglut, und wir streiten uns heftig – neben uns immer noch das »Mensch ärgere Dich nicht«-Spiel.

Nach dem Streit gehen wir für gewöhnlich irgendwann wortlos schlafen, und ich ärgere mich die ganze Zeit darüber, dass wir uns wegen solch einem Unsinn so ärgern. Erst am nächsten Morgen versöhnen wir uns wieder, sind aber beide immer noch verärgert über den vergangenen Abend.

Insofern bitte ich Sie, zumindest den Titel des Spiels zu ändern, damit er die Menschen nicht noch zusätzlich auf die Palme bringt. Wie wäre es beispielsweise mit »Mensch bring es hinter Dich, dann hast Du endlich Deine Ruhe«? Oder »Mensch es gibt Schlimmeres, zum Beispiel Flugzeugabstürze«? Oder »Mensch spiel halt mit ihr, sie gibt sonst eh keine Ruhe«?

Diese Titel würden zu weitaus weniger Konflikten innerhalb von Beziehungen führen und hätten psychologisch eine beruhigende Wirkung, die sich positiv auf das Miteinander auswirken könnte.

Bitte denken Sie über meinen Vorschlag nach. Ich freue mich auf Ihr Feedback.

Mit freundlichen Grüßen

Schmidt Spiele GmbH · Postfach 470437 · D-12313 Berlin

Schmidt Spiele GmbH
Lahnstraße 21
D-12055 Berlin
Tel. +49 (0) 30–68 39 02-0
Fax +49 (0) 30–68 39 02-54

Tobias Geigenmüller
██████ Berlin

Berlin, 21.05.2014

Ihr Schreiben vom 19.05.2014

Sehr geehrter Herr Geigenmüller,

vielen Dank für Ihr Schreiben vom 19.05.2014 zum Thema „Mensch ärgere Dich nicht". Als Herausgeber des Spiels finden wir es schade, dass Sie unseren Klassiker nicht mögen. Da Sie aber - wie Sie schreiben - absolut kein Spieletyp sind, liegt es nahe, dass ohnehin Spiele bei Ihnen derzeit wenig punkten können.

Über Ihren Vorschlag, dass wir den Titel „Mensch ärgere Dich nicht" ändern sollen, damit dieser Sie nicht weiter provoziert, haben wir nachgedacht. Er gefällt uns nicht. Auch aus vielerlei anderen Gründen wird die Bezeichnung des Spiels nicht geändert. Wir bitten um Ihr Verständnis.

Sollte Ihre Freundin auch zukünftig nicht davon ablassen, mit Ihnen „Mensch ärgere Dich nicht" spielen zu wollen und Sie sich dabei nach wie vor so fürchterlich ärgern, haben Sie die Möglichkeit, die entsprechenden Stellen auf Packung und Spielbrett zu überkleben, so dass Sie den Titel nicht mehr sehen, nicht mehr lesen und sich nicht mehr so arg ärgern müssen. Grundsätzlich spricht Vieles für eine unterhaltsame Spielerunde, denn

„Das Spiel ist so notwendig für das menschliche Leben wie das Ausruhen". (Thomas von Aquin)

„Beim Spiel kann man einen Menschen in einer Stunde besser kennenlernen als im Gespräch in einem Jahr". (Plato, griechischer Philosoph)

„Die Quelle alles Gutem liegt im Spiel". (Friedrich Fröbel)

Diese drei Zitate sowie wissenschaftliche Studien zeigen, wie wichtig das Spielen für die Entwicklung des Menschen und deren Zusammenleben in und außerhalb der Familie ist. Und was noch wichtiger ist: Spielen macht Spaß! Und wenn es mit „Mensch ärgere Dich nicht" nicht so rund läuft, kommen Sie eventuell bei einem anderen lustigen oder spannendem Brettspiel auf den Geschmack ... Ihre Freundin würde sich sicherlich freuen.

„Mensch ärgere Dich nicht" feiert dieses Jahr übrigens 100-jähriges Jubiläum!

Mit freundlichen Grüßen

Schmidt Spiele GmbH

Senior Manager Marketing

Geschäftsführung
Martina Priemer
Axel Kaldenhoven

Registergericht: Berlin
Charlottenburg HRB 44748
UST-ID DE191963606

www.schmidtspiele.de
info@schmidtspiele.de

Ich hätte es durchaus als angemessene Reaktion auf meine Kritik gewertet, wenn die Schmidt Spiele GmbH zum 100. Jubiläum von »Mensch ärgere Dich nicht« aufgrund meines Briefes den Namen des Spiels in »Mensch bring es hinter Dich, dann hast Du endlich deine Ruhe« ändern würde. Aber gut.

Grundsätzlich spricht vieles gegen eine langweilige Spielerunde:

»Ein Weiser schätzt kein Spiel, wo nur der Zufall regieret.« (Gotthold Ephraim Lessing)

»Wer zusieht, sieht mehr als wer mitspielt.« (Wilhelm Busch)

»Wir haben nicht gespielt wie die Weltmeister, sondern wie die Waldmeister.« (Berti Vogts)

Werner Caulmann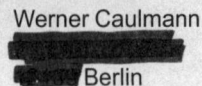
Berlin

Berlin, den 06.06.2014

thjnk berlin gmbh
Karen Heumann
Rosenthaler Straße 40/41
Hackesche Höfe, Hof 1
Aufgang 1
10178 Berlin

IHR WERBEVERSPRECHEN IST EINE LÜGE!!!

Sehr geehrte Frau Heumann,

lange Zeit habe ich dem BiFi-Slogan »BiFi … muss mit!« Glauben
geschenkt und hatte stets eine BiFi bei mir. Nun war ich neulich aber
nach über 30 Jahren versehentlich das erste Mal ohne BiFi aus dem
Haus – UND DAS GING VÖLLIG PROBLEMLOS!!! WIE IST DAS
MÖGLICH???

WIE KANN ES SEIN, DASS JAHRZEHNTELANG DEM KONSUMEN-
TEN VORGEGAUKELT WIRD, DASS BIFI MIT MÜSSE, DABEI
MUSS BIFI SCHEINBAR GAR NICHT MIT???

Was genau soll denn bitte schön überhaupt passieren, wenn BiFi
mal nicht dabei ist?

Ich bin zutiefst enttäuscht darüber, derartig hinters Licht geführt worden zu sein.

Und ich bitte Sie als Geschäftsführerin der offiziellen BiFi-Werbe-
agentur in dieser Angelegenheit um Stellungnahme.

Mit freundlichen Grüßen

Werner Caulmann

Werner Caulmann
██████████
████ Berlin

Antwort auf Ihr Schreiben vom 06.06.2014

Lieber Herr Caulmann,

vielen lieben Dank für Ihre Zeilen und entschuldigen Sie bitte die verspätete Antwort.

Natürlich haben wir uns Ihren Brief aufmerksam durchgelesen und geben Ihnen zum Teil Recht. Nichts liegt uns ferner, als die BiFi-Wurst auf eine Stufe mit wirklich elementar wichtigen Dingen wie z.B. Sauerstoff zu stellen.

Der Claim "BiFi muss mit" stammt jedoch nicht von uns. Wie Sie als langjähriger BiFi-Fan wissen, existieren sowohl die Marke als auch der Claim schon seit Jahrzehnten und wurde bereits vor der Gründung von thjnk seitens Unilevers ins Leben gerufen. Über die genauen Beweggründe vermögen auch wir nur spekulieren zu können. "BiFi sollte mit" klingt – ist man selber von seiner Marke überzeugt – dann doch eher ein wenig beschämend und zu vorsichtig.

Auch wir sind der Meinung, dass es ein Leben ohne BiFi durchaus – ja, sogar voller Freude und Enthusiasmus geben kann. Schließlich würde es sonst gleichzeitig bedeuten, dass sowohl Vegetarier als auch Veganer ein eher unerfülltes und graues Leben hätten. Infolgedessen haben wir die Aussage "BiFi, der Snack der alles mitmacht" entwickelt, die versucht dem ein wenig entgegen zu wirken.

Auch hier gibt es natürliche Grenzen, was die Belastbarkeit des kleinen, aber doch so leckeren Wurstsnacks betrifft. Jedoch ist dieses kleine Würstchen tatsächlich gegenüber nahezu jedem spontan durchführbaren Test ziemlich resistent und macht einiges mit.

Noch eine kleine Anmerkung am Rande: Sehen Sie Ihre Erkenntnis doch als eine neu gewonnene Freiheit, denn so wie Sie es beschrieben haben, war BiFi die gesamten letzten Jahre sehr wohl der Snack, der immer "mit musste". Es ist ein bisschen wie in einer Beziehung, man muss nicht jede Sekunde mit seinem Partner verbringen. Manchmal tut es gut, die Fesseln zu sprengen, sich ein wenig frei zu bewegen und trotzdem zu wissen, es gibt einen Wegbegleiter, der alles mitmacht und gerne dabei ist..

Herzliche Grüße,

Ihr thjnk BiFi-Team.

thjnk berlin gmbh | rosenthaler str. 40/41 | 10178 Berlin | www.thjnk.de | + 49 (0)30 4 08 17 86-10 | fax -27 | geschäftsführer: karen heumann, bert peulecke, stefan schulte
amtsgericht berlin (charlottenburg) | hrb 131333 b | commerzbank | konto 621 791 300 | blz 200 400 00 | iban DE33 2004 0000 0621 7913 00 | bic COBADEFFXXX

Die Gefahr, an dieser Stelle irgendein völlig beklopptes Wortspiel mit »Wurst« zu machen, ist mir zu groß. Deswegen möchte ich auf jeglichen Kommentar verzichten.

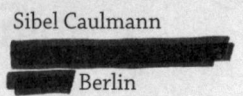

Sibel Caulmann   Berlin, den 18. 07. 2013
▬▬▬▬▬
▬▬ Berlin

Verlagsgruppe Beltz
Petra Albers
Werderstraße 10
69469 Weinheim

Ihr Buch »Die drei kleinen Schweinchen und der böse Wolf«

Sehr geehrte Frau Albers,

mein Sohn kehrte vor Kurzem mit Ihrem Buch »Die drei kleinen Schweinchen und der böse Wolf« nach Hause zurück. Ich bin vollkommen entsetzt
über diese Geschichte! Ganz abgesehen von der enthaltenen Brutalität in
einem Buch für 4–6-Jährige – immerhin werden zwei der Hauptfiguren
gefressen –, ist es für uns als muslimische Familie besonders problema-
tisch, dass in dem Buch durch die Jagd des Wolfs auf die Schweinchen primär der Verzehr von Schweinefleisch in den Fokus gerückt wird. Damit
werden in unserem Sohn Begehrlichkeiten geweckt, die unserer religiösen
Überzeugung absolut widersprechen.

Können Sie sich vorstellen, wie es ist, in einer Welt voller Salami, Curry-
würsten und Bacon nun auch noch Kinderbücher verbieten zu müssen,
weil sie Schwein enthalten?

Ich habe einen Lösungsvorschlag: Lässt sich die Geschichte nicht insofern
modifizieren, dass dort bspw. Rinder, Lämmer oder Hasen gejagt werden?
Auf diese Weise wäre das Buch auch für Muslime geeignet. Noch weniger
brutal wäre es allerdings, die Schweine gegen Salatköpfe auszutauschen.
Und auch viel zeitgemäßer. Denn als »Die drei kleinen Salatköpfe und der
böse Wolf« wäre die Geschichte sogar für Vegetarier und Veganer unkri-
tisch.

Ich würde mich freuen, wenn Sie meinen Vorschlag für die nächste Auflage
berücksichtigen und bin gespannt auf Ihr Feedback.

Mit freundlichen Grüßen,

Sibel Caulmann

Verlagsgruppe Beltz

Frau

Sibel Caulmann

Berlin

Postfach 10 01 54
69441 Weinheim
Telefon +49 (0) 62 01/60 07-0
Telefax +49 (0) 62 01/60 07-338
www.beltz.de

Lektorat
Beltz & Gelberg

Tel.: 06201 – 6007-
Fax: 06201 – 6007-

Email   @beltz.de

Ihr Schreiben vom 18.07.

Weinheim, den 09.08.2013

Sehr geehrte Frau Caulmann,

vielen Dank für Ihr Schreiben vom 18.07., das Frau Albers an mich als zuständige Lektorin weitergereicht hat. Ich freue mich sehr, dass Sie sich mit unserem Bilderbuch „Die drei kleinen Schweinchen
und der böse Wolf" auseinandergesetzt haben, noch dazu auf solch kreative Weise.

Zu Ihren religiösen Bedenken gegen die Geschichte: Bei den „Drei kleinen Schweinchen" handelt es
sich um ein altes englisches Märchen, das in unserem Buch nacherzählt wurde. In dieser Textgattung
– einer „Volkserzählung", wie wir sie aus allen Kulturkreisen kennen – stehen häufig bestimmte
Moralvorstellungen im Vordergrund, die dem Zuhörer vermittelt werden sollen. Selbstverständlich
sollten diese heutzutage von Eltern und Erziehern mit dem Kind aus moderner Sicht besprochen
werden. Auch die Moral der „Drei kleinen Schweinchen" (Fleiß zahlt sich aus) kann ein Anlass sein,
um mit seinem Kind über wichtige Themen – durchaus auch kritisch – ins Gespräch zu kommen.

Beruhigen möchte ich Sie hinsichtlich der Wahl der Figuren. Es geht hier ausschließlich um die
Beziehung zwischen dem Wolf und seinem Beutetier, also zwischen Starken und Schwachen. Da die
Leser sich nicht mit dem Bösewicht der Geschichte identifizieren, werden Kinder vor allem Mitleid
mit den armen Schweinchen verspüren und keinesfalls wollen, dass sie gefressen werden.
(Andernfalls müssten sie beim Lesen eines anderen westlichen Märchens ja auch Heißhunger auf
alte, kranke Großmütter bekommen …)

Wenn Sie Ihr Kind aber anregen, die Geschichte mit anderen stark-schwachen Figurenkonstellationen
durchzuspielen, wird es sicher viel Vergnügen daran finden – eine wunderbare Schulung der
Phantasie! Mit diesem originellen Zugang wünsche ich Ihnen, dass Sie doch noch viel Freude mit
unserem Buch erleben werden.

Mit freundlichem Gruß,

Julius Beltz GmbH & Co. KG
Hausanschrift: Werderstraße 10, 69469 Weinheim

Sparkasse Rhein Neckar Nord
Konto 630 381 99 · BLZ 670 505 05
IBAN: DE36 6705 0505 0063 0381 99

Eine so freundliche und verständnisvolle Antwort hatte ich nun wirklich
nicht erwartet. Da hat sich jemand richtig Zeit genommen und sich mit
meinem Anliegen auseinandergesetzt, um auf einfühlsame Weise meine
Bedenken auszuräumen. Vielen Dank auch für den Hinweis auf »Rot-
käppchen und der böse Wolf« – vielleicht schicke ich dem Fischer
Taschenbuch Verlag schon bald eine Kannibalismus-Beschwerde.

Tobias Geigenmüller   Berlin, den 16.07.2013

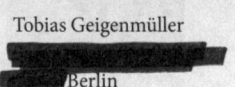 Berlin

Air Berlin PLC & Co. Luftverkehrs KG
Wolfgang Prock-Schauer
Saatwinkler Damm 42 – 43
13627 Berlin

Unsere 30 Cent

Sehr geehrter Herr Prock-Schauer,

meine Familie und ich sind am 11. Juli 2013 mit Ihrer Fluggesellschaft von Hurghada,
Ägypten nach Berlin-Tegel geflogen (Flugnummer: AB 2755). Während des Fluges
erwarben wir zwei Sansibar-Menüs sowie zwei Stangen Zigaretten. Als Wechselgeld
hätten wir daraufhin eigentlich insgesamt 30 Cent erhalten müssen, welche uns die
nicht namentlich bekannte Stewardess aber angeblich aus Mangel an Kleingeld nicht
herausgeben konnte. Die Dame versprach jedoch, zu einem späteren Zeitpunkt zu-
rückzukehren, mit der Betonung darauf, dass sie uns »ja noch 30 Cent« schuldete –
wohl in der Hoffnung, wir würden das Geld stattdessen der Firma schenken, was aber
mitnichten unserer Absicht entsprach. Und wie wir schon befürchtet hatten, warteten
wir völlig umsonst darauf, dass Ihre Mitarbeiterin jemals wieder mit unserem Wechselgeld auftauchen würde.

Herr Prock-Schauer, wir wissen um die wirtschaftlich angespannte Lage bei airberlin – nichtsdestotrotz bietet diese Situation keinerlei Grundlage dafür, sich an seinen
Fluggästen auf eine derart perfide Art bereichern zu wollen. Bei einer geschätzten
Zahl von 200 Passagieren ergeben sich durch diese fragwürdige Praxis schon während
eines einzigen Fluges stolze 60 € Zusatzeinnahmen. Und bei 6,5 Millionen Fluggästen
pro Jahr generieren Sie auf diese Weise fast 2 Millionen €.

Zudem sind 30 Cent immerhin 60 Pfennig. Unter Berücksichtigung der jährlichen In-
flationsrate von 1,6 % seit 2001 sogar knapp 72 Pfennig. Und Sie wissen ja: Wer den
Pfennig nicht ehrt, ist den Taler nicht wert. Wer aber 72 Pfennig nicht ehrt, ist dementsprechend ganze 72 Taler nicht wert. Und mit 72 Talern hätte man damals schon
fast eine eigene Fluggesellschaft eröffnen können.

Herr Prock-Schauer, wir bitten Sie als CEO von airberlin hiermit um die Rückzahlung
Ihrer Schulden und eine Stellungnahme zum Tatbestand.

Vielen Dank.

Mit freundlichen Grüßen,

airberlin

member of **one**world

Air Berlin PLC & Co. Luftverkehrs KG · Saatwinkler Damm 42-43 · 13627 Berlin

Herrn
Tobias Geigenmüller

█████ Berlin

Air Berlin PLC & Co.
Luftverkehrs KG
Saatwinkler Damm 42-43
13627 Berlin
Telefon Zentrale / phone main office:
+ 49 30 3434-0
E-Mail: airberlin@airberlin.com

airberlin.com

Ihr Zeichen/ your ref.	Ihr Schreiben vom/ your letter of	Unser Zeichen/ our ref.	Tel-Durchwahl/ phone	Fax-Durchwahl/ fax	Datum/ date
		V 1053570	kundenservice@airberlin.com		02.08.2013

Betreuung an Bord Ihres Fluges AB 2755 am 11.07.2013

Sehr geehrter Herr Geigenmüller,

vielen Dank für Ihr Schreiben vom 16.07.2013. Es wurde uns von der Geschäftsführung unseres Unternehmens zur weiteren Bearbeitung übergeben.

Wir bedauern sehr, dass die Betreuung an Bord Ihres Fluges Ihren Erwartungen nicht entsprochen hat. Für die hieraus entstandenen Unannehmlichkeiten bitten wir Sie um Entschuldigung.

Ihre Kritik ist uns sehr wichtig. Daher haben wir Ihre Anmerkungen sehr aufmerksam zur Kenntnis genommen und zur Qualitätssicherung an die entsprechenden Fachabteilungen weitergeleitet. Wir werden Ihr Feedback intern sorgfältig auswerten und in die Serviceoptimierung einfließen lassen.

Für die entstandenen Unannehmlichkeiten bitten wir Sie nochmals in aller Form um Entschuldigung. Selbstverständlich erstatten wir Ihnen die 0,30 EUR. Bitte teilen Sie uns hierfür noch Ihre Bankverbindung mit.

Wir hoffen, dass Sie unserem Unternehmen auch in Zukunft Ihr Vertrauen schenken und werden alle Anstrengungen unternehmen, Ihnen auf allen Etappen Ihrer Flugreise wieder ein zuverlässiger und zuvorkommender Reisepartner zu sein.

Wir würden uns besonders freuen, Sie schon bald wieder an Bord eines Fluges von airberlin und NIKI begrüßen zu dürfen.

Mit freundlichen Grüßen

█████

Kundenservice

Corporate Headquarters
Berlin
Handelsregistereintragung / Registration
AG Charlottenburg HRA: 23373 B
USt.ID.Nr. / VAT No. DE 136660780

Persönlich haftende Gesellschafterin (PHG) / Managing Partner
Air Berlin PLC (Aktiengesellschaft englischen Rechts)
Eingetragen / Registered in England: Companies House, No. 5643814
Eingetragener Firmensitz / Registered Office:
The Hour House, 32 High Street, Rickmansworth,
Hertfordshire WD3 1ER
Berlin Zweigniederlassung / Berlin branch
Handelsregistereintragung / Registration
AG Charlottenburg HRB: 100000 B

Executive Director der PHG /
of the Managing Partner:
Wolfgang Prock-Schauer CEO
Vorsitzender des /
Chairman of the Board of Directors:
Dr. Hans-Joachim Körber

Commerzbank AG Berlin
BLZ 100 400 00
Konto 217 770 700
BIC COBADEFFXXX

IBAN
DE18100400000217770700

Deutsche Postbank AG Berlin
BLZ 100 100 10
Konto 110 001 09
BIC PBNKDEFFXXX

IBAN
DE76210010010001000109

KUNDENSERVICE | 06.08.2013 | von Frauke Schobelt

Air Berlin sitzt auf Berg von 30.000 Kundenbeschwerden

Das Social-Media-Team von **Air Berlin** hat alle Hände voll zu tun, denn auf der Facebook-Seite der Airline machen viele Kunden ihrem Ärger Luft: Von verloren gegangenem oder beschädigtem Gepäck ist die Rede, von Telefonnummern, die wochenlang nicht erreichbar sind, von einem rüden Umgangston im Kundencenter. Das Unternehmen antwortet, beruhigt, beschwichtigt, verweist auf Service Desks am Flughafen, weitere Telefonnummern oder bittet um Vorgangsnummern. So weit, so vorbildlich. Eigentlich.

Doch offenbar hat die angeschlagene Fluglinie ein massives Problem bei der Abarbeitung von Kundenanfragen. Nach Informationen der Tageszeitung "Die Welt" sitzt sie auf einem Berg von 30.000 ungelösten Beschwerden. Zum Teil müssten die Kunden acht Monate auf eine Bearbeitung warten, manche Fälle würden gar nicht beantwortet und geschlossen. Das bestreitet Air Berlin in einer Stellungnahme jedoch. Zum Vergleich: Die **Lufthansa** benötige im Schnitt sechs Tage, um eine Beschwerde zu beantworten, so ein Konzernsprecher gegenüber der "Welt".

Quelle: wuv.de

Quelle: wuv.de

Um die ganz großen Probleme kümmert sich airberlin schnell und professionell. Ich erhielt schon nach rund 14 Tagen Antwort auf meine unterschlagenen 30 Cent. Ein paar Tage später las ich in der Presse von ca. 30 000 ungelösten Kundenbeschwerden bei airberlin, die zum Teil acht Monate lang nicht bearbeitet wurden – »von verloren gegangenem oder beschädigtem Gepäck ist die Rede, von Telefonnummern, die wochenlang nicht erreichbar sind, von einem rüden Umgangston im Kundencenter«. (Quelle: W&V)

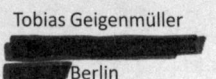

Tobias Geigenmüller

Berlin, den 30. 08. 2013

████████████
████/Berlin

Ferrero MSC GmbH & Co. KG
Consumer Service
60624 Frankfurt

Das trockenste Raffaello der Weltgeschichte

Sehr geehrtes Ferrero-Team,

vor Kurzem biss ich bei mir zu Hause genussvoll in ein Raffaello und zuckte zusammen.

Geschmacklich lag es irgendwo zwischen der Wüste Sinai und dem Sandplaneten Tatoouin aus » Krieg der Sterne «. Es war trockener, als würde man eine Packung Trockenobst in einem ausgetrockneten Flussbett in einen Trockner legen und acht Stunden lang föhnen, während es von oben mit einem Heizstrahler bestrahlt würde. Zusätzlich müsste man die Szenerie noch in Trockeneisnebel hüllen, und der trocken-rasierte Bruce Willis würde daneben mit einer Trockenblume in der Hand einen trockenen Spruch über eine Trockenübung in der Trockenzeit machen. Und ganz zufällig würde noch eine mit Zinksalbe eingeschmierte Trockenspinne über ein Trockentuch laufen.

Um es kurz zu machen : Das Kügelchen war nicht gerade cremig – vermutlich handelte es sich sogar um das trockenste Raffaello der Weltgeschichte.

Was übrigens mitnichten daran lag, dass die Mindesthaltbarkeitsgrenze überschritten gewesen wäre. Das war sie keinswegs. Verwunderlicherweise. Von der Konsistenz her hätte das Raffaello nämlich bereits Julius Caesar gehört haben müssen und spätestens 46 vor Christus abgelaufen gewesen sein – vorsichtig geschätzt. Vielleicht war es aber auch noch älter und mitverantwortlich für das Aussterben der Dinosaurier.

Jedenfalls kann man von Glück sagen, dass ich das Raffaello nicht mit in den Urlaub genommen habe. Es hätte bei einer Öffnung in Meeresnähe mühelos den gesamten Atlantik in sich aufsaugen können. Vielleicht wäre gleich ganz Frankreich mitverschwunden. Oder die ganze Welt.

Bitte berücksichtigen Sie meine Kritik bei der zukünftigen Produktion Ihres Produkts – falls Sie diese Zeilen überhaupt noch lesen können und Ihre Firma nicht längst in einer gigantischen Kokos-Staubwolke aufgegangen ist. Vollkommen . . . ohne Schokolade.

Mit freundlichen Grüßen,

D-60624 Frankfurt

Herrn
Tobias Geigenmüller
Berlin

Frankfurt am Main, 04.09.2013

Ihre Nachricht zu Raffaello

Sehr geehrter Herr Geigenmüller,

wir bedauern sehr, dass Sie mit unserem Produkt Raffaello nicht zufrieden waren und möchten uns ausdrücklich für Ihre Rückmeldung bedanken.

Offensichtlich war durch unsachgemäße Lagerung außerhalb unseres Einflussbereichs das Produkt nicht mehr einwandfrei. Wir können Ihnen versichern, dass unsere qualitativ hochwertigen Produkte selbstverständlich hygienisch produziert und laufend sorgfältig kontrolliert werden. Unser Prinzip ist es, dass unsere Produkte frisch und appetitlich über unsere Handelspartner zu Ihnen als Kunden gelangen. Diesem Grundsatz ist auch unser ganzes Vertriebssystem angepasst.

Beanstandungen aufgrund unsachgemäßer Lagerung, wie in dem von Ihnen geschilderten Fall, sind ausgesprochene Ausnahmen.

Wir bedauern diesen Vorfall sehr und verstehen natürlich Ihre Enttäuschung. Als kleines Dankeschön für Ihre Bemühungen erlauben wir uns, Ihnen innerhalb der nächsten drei bis vier Wochen ein Ferrero Päckchen zu übersenden und hoffen, Sie zukünftig wieder zu unseren zufriedenen Kunden zählen zu dürfen.

Freundliche Grüße nach Berlin

FERRERO Deutschland

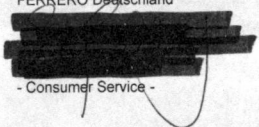

- Consumer Service -

FERRERO MSC GMBH & CO. KG · FRANKFURT AM MAIN

Adresse: FERRERO MSC GmbH & Co. KG · Hainer Weg 120 · D-60599 Frankfurt
Tel.: +49 (0)69 6805-0 · Fax: +49 (0)69 6805-288 · www.ferrero.de

GESELLSCHAFTSSITZ: D-60599 Frankfurt · Handelsregister Frankfurt am Main HRA 42402 · USt-IdNr.: DE814400406
PERSÖNLICH HAFTENDE GESELLSCHAFTERIN: FERRERO Deutschland GmbH · Gesellschaftssitz: D-60599 Frankfurt
Handelsregister Frankfurt am Main HRB 74406 · Geschäftsführer: Stephan Nießner, Carlo Vassalin
KOMMANDITISTIN: FERRERO Nahrungs- und Genussmittel GmbH · Gesellschaftssitz: D-35260 Stadtallendorf · Handelsregister Marburg HRB 3410
Geschäftsführer: Harm Humburg, Stephan Nießner · **BANKVERBINDUNG:** Deutsche Bank AG, Frankfurt am Main · Konto-Nr.: 299 196 600 · BLZ: 500 700 10
Swift: DEUTDEFFXXX · IBAN: DE96 5007 0010 0299 1966 00

Ich erhielt vor dem abgebildeten Brief von FERRERO noch einen weiteren und machte daraufhin nähere Angaben zum Problem-Raffaello. Es ist mir nur vollkommen rätselhaft, wie anhand dieser die »unsachgemäße Lagerung« als Grund für die Trockenheit ausgemacht werden konnte. Es war mir allerdings herzlich egal, nachdem ich ein paar Wochen später das großzügige Päckchen entgegengenommen hatte. Leider aß meine Frau fast das gesamte Dankeschön allein auf und betonte immer wieder, dass sie mir das Thema ja vorgeschlagen hätte, nachdem ich mich neben ihr auf dem Sofa über ein trockenes Raffaello beklagte.

Anton Caulmann   Berlin, den 16. 06. 2014
████████ Berlin

Bezirksamt Steglitz-Zehlendorf
14160 Berlin

Eine öffentliche Uhr ruinierte mein Leben!!!

Sehr geehrtes Team des Bezirksamts Steglitz-Zehlendorf,

am Morgen des 16. Februar 2014 ereignete sich folgender Vorfall: Ich schaute
auf die öffentliche Uhr nahe dem U-Bahnhof Schloßstraße, da ich unter Zeitdruck war und dringend die Uhrzeit wissen musste. Noch konnte ich nicht
ahnen, welch tragische Folgen dieser Blick haben würde. Denn die Uhr zeigte
08.21 Uhr an. UND DAS, OBWOHL ES ZU DIESEM ZEITPUNKT LÄNGST
CA. 08.45 UHR GEWESEN SEIN MUSS!!!!!!!!!!!!!

Durch diese Fehlinformation ließ ich mir zu viel Zeit und kam zu spät zur Arbeit.
Meine Verspätung führte wiederum dazu, dass ich einen Flug zu einem wichtigen Geschäftstermin verpasste. Der dortige Geschäftspartner war schwer enttäuscht von meiner Unzuverlässigkeit und vergab daraufhin einen wichtigen
Auftrag an eine Konkurrenzfirma. Aus diesem Grund kündigte mein Chef mir
fristlos. Durch meine Arbeitslosigkeit konnten meine Freundin und ich unsere
Wohnung nicht halten. Meine Freundin verließ mich. Nach unserer Trennung
gab ich mich hemmungslos dem Alkohol hin. Eines Abends fiel ich deswegen
stark alkoholisiert vom Fahrrad und landete im Krankenhaus. Während einer
längeren Physiotherapie weckte dort ein schwuler Pfleger bisher unbekannte
homosexuelle Gelüste in mir. Allerdings erfuhren meine streng konservativen
Eltern von unserer gleichgeschlechtlichen Liebe, woraufhin sie mich enterbten.
Kurze Zeit später erlitt mein Vater einen Herzinfarkt und starb.

So sind mir durch die falsch eingestellte Uhr in Ihrem Bezirk unter anderem etwa
1,5 Millionen Euro durch die Lappen gegangen. Besteht in diesem speziellen Falle
die Möglichkeit, mich durch öffentliche Gelder zu entschädigen? Es kann doch
nicht sein, dass Sie mich einfach meinem Schicksal überlassen, nachdem Sie all
das durch Ihre Nachlässigkeit ausgelöst haben!!!

Jedenfalls bitte ich Sie: Sorgen Sie dafür, dass künftig sämtliche öffentlichen
Uhren stets auf die Sekunde genau RICHTIG gehen – damit all den anderen
Bürgern dieser Stadt solch schreckliche Erfahrungen erspart bleibt.

Ich bitte Sie um Stellungnahme.

Mit verzweifelten Grüßen

Anton Caulmann

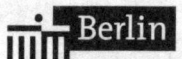

Der Bezirksbürgermeister von Berlin
Steglitz-Zehlendorf

GeschZ. (bei Antwort bitte angeben)
BzBm-Büro
Bearbeiter:

Postanschrift: Bezirksamt Steglitz-
Zehlendorf von Berlin, Büro des
Bezirksbürgermeisters, 14160 Berlin

Dienstgebäude: Rathaus Zehlendorf,
Kirchstr. 1/3, 14163 Berlin
Raum A 131

Tel.: (030) **90 299-**
Zentrale: (030) 90 299-0
Intern: 9299-
Fax: (030) **90 299-3382**

@ba-sz.berlin.de

www.berlin.de/ba-steglitz-zehlendorf

Datum: **19.06.2014**

Bezirksamt Steglitz-Zehlendorf von Berlin
Büro des Bezirksbürgermeisters – 14160 Berlin

Herrn
Anton Caulmann
Berlin

Eine öffentliche Uhr ruinierte Ihr Leben!!!
Ihr Schreiben vom 16. Juni 2014

Sehr geehrter Herr Caulmann,

ich bestätige Ihnen den Eingang Ihres Schreibens vom 16. Juni 2014 und teile Ihnen mit, dass ich
Ihr Schreiben zur Kenntnis genommen habe.

Mit freundlichen Grüßen

Bezirksbürgermeister

Zahlungen bitte bargeldlos an die
Bezirkskasse Steglitz
Konto-Nr.:   Berliner SparkasseBankleitzahl:
1 310 003 403   100 500 00

Verkehrsverbindungen:

S-Bahnhof: Zehlendorf (S1)
Bus: Rathaus Zehlendorf

behindertengerechter
Zugang:
Eingang Kirchstr. 3,
Bauteil E

Fahrrad-Stellplätze:

vorhanden

Vielen Dank für Ihre Anteilnahme, Herr Kopp! Sie haben mir mit Ihrer
Antwort sehr geholfen. Noch einfühlsamer wäre es nur gewesen,
mir zusätzlich einen Strick mitzuschicken, an dem ich mich
aufhängen kann.

84
85

Anton Caulmann   Berlin, den 25.04.2014
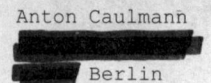 Berlin

HOLMES PLACE
Im Boulevard Berlin 3.OG
Schildhornstraße 1
12163 Berlin

BESCHWERDE: ICH WAR NOCH NIE BEI IHNEN (WEGEN DES WEITEN WEGS)!!!

Sehr geehrtes HOLMES-PLACE-Team,

hiermit möchte ich mich bei Ihnen beschweren. Von meinem Wohnhaus bis zu Ihrem Club in der Schlossstraße sind es bestimmt 400 Meter!!! DAS SIND GANZE VIER MINUTEN ZU LAUFEN! Ich mache die schlechte Lage Ihres Clubs eindeutig dafür verantwortlich, dass ich mich noch immer nicht bei Ihnen angemeldet habe.

WEGEN IHNEN MACHE ICH NOCH NICHT MAL EIN KLITZEKLEINES BISSCHEN SPORT! Mittlerweile werde ich immer fetter und komme selbst beim Sitzen schon aus der Puste! Zudem wird es immer schwieriger für mich, bei den Frauen Eindruck zu machen. Ich bin so dick, dass mich viele übersehen, weil sie mich für die Wand halten. ICH HABE KEINEN WASCHBRETTBAUCH, SONDERN EINEN WÄSCHETROMMELBAUCH. Und das einzige Gewicht, das ich hebe, ist mein Körpergewicht.

Ich bin so aus der Form geraten, dass mein anderthalbjähriger Sohn neulich auf meinen Bauch deutete und »Baby!« sagte. Beim Versteckspiel mit ihm brauche ich keinen Baum, sondern den halben Wald.

ES KANN DOCH WIRKLICH NICHT SEIN, DASS IHRE FILIALEN SO DERMASSEN SCHLECHT ANGEBUNDEN SIND!!!! WIE SOLL MAN SICH DA JEMALS ZUM SPORT AUFRAFFEN, WENN ALLEIN DER WEG ZU IHNEN SCHON EINE KLEINE WELTREISE DARSTELLT?

Ich bitte Sie in dieser Angelegenheit um Stellungnahme.

Mit freundlichen Grüßen

Anton Caulmann

Anton Calmann /Geigenmüller   03.06.2014

 Berlin

Sehr geehrter Herr Geigenmüller alias Herr Caulmann,

zunächst einmal herzlichen Dank für ihren „Beschwerdebrief".

Wir hatten selten soviel Spaß beim Lesen der Post. Nachdem uns dies so absurd vorkam, habe ich meine Kollegen, den Gym-Manager und einen unserer Verkäufer animiert uns persönlich Ihren „Vorwürfen" zu stellen und das ist uns gelungen. Sie haben uns mit Ihrem sehr erstaunten und verdutzen Gesicht mehr als belohnt. Am Ende hatten wir alle unseren Spaß…..

Es tut uns leid, das Sie aufgeflogen sind mit Ihrem Brief, aber da haben Sie sich in der bestehenden deutschen Servicewüste den falschen Adressat ausgesucht.

Wir wollten Sie beim Wort nehmen und unser Ziel war es sie doch von Sport, Bewegung und gesunder Ernährung zu überzeugen. Der Weg sind sicherlich nur 300 Meter zu uns und mit dem zurücklegen der Strecke verbrauchen Sie bei Ihrer "mächtigen" Statur auch wieder 20-35 Kalorien, unsere leckere Shiru-Bar lädt Sie dann ein dieses Defizit an Kalorien wieder gesund aufzutanken, ein Personaltrainer kümmert sich um Ihre speziellen Wünsche bezüglich ihres Muskelaufbaus, der Körperdefinition und zuletzt können Sie Ihren erschöpften und gesättigten Körper zum ruhen in den Spa-Bereich bewegen, sich massieren lassen, einen Gang in die Sauna vornehmen oder eine Runde sich im Wasser tragen lassen (nimmt ca. 2/3 des Eigengewichts).

Dann stehen wir zu dritt vor Ihrer Wohnungstür und jetzt überraschen Sie uns: Sie sind bereits Mitglied bei uns und haben damit die beste Wahl getroffen die es für sie gibt.

Wir hoffen dass wir noch lange Spaß aneinander haben werden und sind auch zukünftig gerne bereit für jegliche Verbesserungsvorschläge z. B. Bademantelgang ☺

Beste Grüße

Nutrition Coordinator
Holmes Place Boulevard Berlin
Mail: ███████@holmesplace.com
Telefonnummer: ███████
Schildhornstraße 1 / Ecke Schlossstraße
12163 Berlin-Steg

Wirklich wahr: Es besuchten mich allen Ernstes leibhaftig drei Mitarbeiter von HOLMES PLACE, um mir zu verdeutlichen, dass der Weg zu ihrem Studio nicht sonderlich weit ist. So musste ich leider meine Tarnung aufgeben und erhielt einige Wochen später diesen Brief, der vor Werbung für HOLMES PLACE nur so strotzt – zumindest abgesehen von der Rechtschreibung.

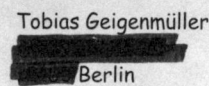

Tobias Geigenmüller
████████ Berlin

Berlin, den 25.04.2014

Video World
Andreas Zachrau
Germaniastraße 137
12099 Berlin

IHRE FILMREIHE »HERR DER RINGE« WIRKT VOLLKOMMEN AUSGEDACHT!!!

Sehr geehrtes Team von Video World,

vor Kurzem habe ich mir den Film »Herr der Ringe« bei Ihnen ausgeliehen.

Meiner Meinung nach KANN diese absurde Filmreihe gar nicht auf wahren Tatsachen beruhen. Weder die Hobbits noch die Elben werden von seriösen Geschichtsbuchverlagen auch nur mit EINER Silbe erwähnt. Einzig die Zwerge gibt es nachweislich (wenn man sie auch politisch korrekt »Liliputaner« nennt).

Selbst das dort dargestellte Land »Mittelerde« ist in KEINEM verfügbaren Atlas aufgeführt. Ich unterstelle den Machern nur ungern etwas – aber man könnte meinen, die Filme wären an einem ganz anderen Ort gedreht worden, und im Nachhinein würde nur so getan, als sei dies das sogenannte »Mittelerde«. Bei den im Film gezeigten Personen könnte es sich ebenfalls um Leute handeln, die das Geschehen nur nachstellen und im Gegenzug vielleicht sogar dafür bezahlt wurden. Ich kann dies selbstverständlich nicht beweisen, jedoch hinterlässt die gesamte Angelegenheit bei mir einen schalen Nachgeschmack.

Ich finde es jedenfalls ABSOLUT FALSCH und VERWERFLICH von Ihnen, eine frei erfundene Geschichte als echt darzustellen. Das Ganze erinnert schon stark an die Hitler-Tagebücher.

Übrigens kommt mir auch die bei Ihnen erhältliche Filmreihe »Batman« ausgesprochen unrealistisch vor. Ich bitte Sie hiermit eindringlich, in Zukunft streng auf den Wahrheitsgehalt Ihrer Filme zu achten. Als namhaftes Unternehmen aus der Filmbranche tragen Sie eine nicht zu unterschätzende gesellschaftliche Verantwortung.

Ich bitte Sie um Stellungnahme.

Mit freundlichen Grüßen

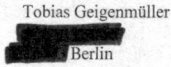

Tobias Geigenmüller
Berlin

Berlin, 07.05.2014

Ihr Schreiben vom 25.4.2014

Sehr geehrter Herr Geigenmüller,
Ihren kritischen Brief, den wir sehr ernst nehmen, nahmen wir zum Anlass, uns gestern die
komplette Herr der Ringe Trilogie in der Extended Edition anzuschauen.
Nach eingehender und gründlicher Prüfung aller drei Teile möchten wir nun auf die von Ihnen
aufgeworfenen Fragen eingehen.
Auch wir konnten das Land „Mittelerde" in keinem Atlas finden, jedoch beschlich uns der
Verdacht, dass es sich hierbei vielleicht um einen Übersetzungsfehler handelt, da die
Originalfassungen der drei Teile aus dem englischen ins deutsche übersetzt wurden. Der
Fachmann spricht hier von „Synchronisation". Im englischen würde „Mittelerde" ja „Middle
Earth" heissen. Vielleicht, so unsere Vermutung, wird im englischen Original von „Middle
East", das schnell und unter dem Einfluß alkoholischer Getränke ausgesprochen, ähnlich
klingt wie „Middle Earth".
Somit wäre in den Filmen der mittlere Osten und nicht ein Phantasieland namens Mittelerde
gemeint. Dies scheint uns relativ plausibel zu sein, auch wenn wir uns den mittleren Osten
anders vorgestellt hatten.

Bei den im Film erwähnten Elben müssen wir Ihnen widersprechen. Einer unserer Kollegen,
ein begnadeter Geographie-Experte, wies uns darauf hin, dass es im Landkreis Altenholz in
Rheinland-Pfalz, sowie in den Bundesländern Sachsen-Anhalt, Nordrhein-Westfalen und
Hessen Gemeinden mit dem Namen Elben gibt. In den Herr der Ringe Filmen spielten wohl
einige Einwohner aus einer oder mehrerer dieser Gemeinden mit. Hier müssen wir allerdings
den Filmemachern vertrauen, leider kennt keiner von uns einen Einwohner dieser Gemeinden
und kann die Authentizität der Herkunft der Personen überprüfen. Dass diese nicht in
Geschichtsbüchern erwähnt werden erscheint uns logisch, ich selbst komme aus
Hintertupfingen, der Hintertupfinger an sich wird jedoch auch in keinem mir bekannten
Geschichtsbuch erwähnt.

Ein anderer unserer Kollegen, der vor seiner Karriere bei Video World einen Doktortitel in
Anthropologie und Paläoanthropologie erwarb, klärte uns über „Hobbits" auf. Im Jahr 2003
wurden auf der indonesischen Insel Flores Überreste einer äusserst kleinwüchsigen Art der
Gattung Homo gefunden. Bei dem sogenannten Homo floresiensis handelt es sich um eine
eigene Art, die im Jungpleistozän vor ca. 95.000 – 17.000 Jahren auftrat. Diese Art trägt auch

Telefon
+49 (0) 30 - 75 00 88 - 0

Telefax
+49 (0) 30 - 75 00 88 - 99

E-Mail
mail@videoworld.de

Inhaber
Andreas Zachrau

AG Charlottenburg
HRA 27 001

Steuer-Nr.
24/603/62840

USt-IdNr.
DE233963228

Video World · A. Zachrau · Germaniastrasse 137 · 12099 Berlin

den Spitznamen Hobbit. Nach dem Fund dieser Art ergaben wissenschaftliche
Untersuchungen, dass diese Hobbits, im Vergleich zum heutigen Menschen, dem Homo
sapiens, sehr große Füße hatten. Die Länge der Füße entsprach etwa 70% der Länge des
Oberschenkels, bei Homo sapiens sind dies nur 55%. Ein Rätsel bleibt uns jedoch, wie die
Filmemacher diese Hobbits filmen konnten, da wir uns sehr sicher sind, dass die Filme nicht
vor über 17.000 Jahren gedreht wurden.

Wir vermuten, dass mit Hilfe der modernen Gentechnik einzelne Exemplare der Art Homo
floresiensis nachgezüchtet wurden. Dass dies möglich ist und auch nicht selten vorkommt,
beweisen ja Filme wie Jurassic Park (Dinosaurier) oder Ice Age (Mammuts, Säbelzahntiger,
etc.).

Dass irgendetwas in Herr der Ringe nur nachgestellt wurde, oder eine dort gezeigt Person
vielleicht sogar Geld bekommen hat, können wir somit eigentlich ausschließen.

Zu guter letzt möchten wir auch noch auf die von Ihnen genannten Batman-Filme eingehen.
Hier verstehen wir Ihre Zweifel nicht so ganz, Sie haben auch leider keinerlei spezifische
Kritikpunkte in Ihrem Brief aufgeführt.

Den Ort Gotham findet man nach einer kurzen Recherche in einem handelsüblichen
Schulatlas einmal im Nottinghamshire, Großbritannien und einmal im Richland County,
Wisconsin, USA. Auf Grund vieler Details und nicht zuletzt der in den Filmen öfters
angesprochenen Währung „Dollar", ist es relativ eindeutig, dass Gotham, Wisconsin, USA
gemeint ist.

Der Name Wayne, den der Hauptdarsteller der Filme trägt, ist in den USA sehr verbreitet
(bspw. John Wayne, Patrick Wayne, Lil' Wayne,…). Dieser Nachname wurde in den USA
früher an Menschen, die den Beruf des Wagenmachers ausübten, verliehen. Auch als
Vorname ist Wayne mittlerweile auch in Europa allgegenwärtig (bspw. Wayne Rooney,
Wayne Carpendale, Wayne Interessierts,…).

Auch die Geschichte von Bruce Wayne, dessen Alter Ego Batman ja ist, ist schlüssig. In
jungen Jahren muss er mit ansehen, wie seine Eltern von einem Straßenräuber erschossen
werden. Dies passiert in den USA tagtäglich, als interessierter und gebildeter Mensch wird
Ihnen nicht entgangen sein, dass erst letzte Woche ein 17jähriger deutscher Austauschschüler
in Montana, USA erschossen wurde.

In Folge dieses traumatischen Erlebnisses, schwört der junge Bruce Wayne Rache und
beschließt, seine Heimatstadt (Gotham) von jeglichem Verbrechen zu säubern.

Generell halten wir die Batman-Filme für äußerst schlüssig und können auch bei näherer
Betrachtung nichts Unrealistisches feststellen. Sollten Sie andere Beobachtungen
machen/gemacht haben, würden wir uns über einen Hinweis freuen.

Telefon +49 (0) 30 - 75 00 88 - 0   Telefax +49 (0) 30 - 75 00 88 - 99   E-Mail mail@videoworld.de   Inhaber Andreas Zachrau   AG Charlottenburg HRA 27 001   Steuer-Nr. 24/603/62840   USt-IdNr. DE233963228

Video World · A. Zachrau · Germaniastrasse 137 · 12099 Berlin

Unserer gesellschaftlichen Verantwortung sind wir uns durchaus bewusst. Das Medium Film, und auch das Fernsehen im Allgemeinen, dient einzig und allein der Bildung. Hier haben Unwahrheiten absolut nichts verloren. Wie Sie, so finden auch wir es absolut falsch und sogar gefährlich, frei erfundene Geschichten als wahr darzustellen. So etwas würden wir niemals unterstützen, den Vergleich mit den Hitler Tagebüchern verbitten wir uns daher.
Umso erfreulicher ist es, dass zumindest das private Fernsehen in Deutschland sein Programm vollkommen auf Dokumentationen umgestellt hat. Sendungen wie „Berlin Tag&Nacht", „Mitten im Leben", „Richterin Barbara Salesch", „Betrugsfälle", „Mein dunkles Geheimnis", „Auf Streife", etc. stehen beispielhaft für diese positive Entwicklung und zeigen eindeutig das wahre Leben in Deutschland.

Wir hoffen, dass wir Ihre Zweifel zerstreuen konnten und dass wir Sie auch weiterhin als treuen Kunden in unseren Filialen begrüßen dürfen.

Mit freundlichen Grüßen

Germaniastraße 137, 12099 Berlin
Tel. 030 / 75 00 88 0
Fax 030 / 75 00 88 99

Auch wenn meine Aufmerksamkeitsspanne leider nicht ausreicht, um den kompletten Brief am Stück zu lesen: Vielen Dank an VIDEO WORLD für die ausführliche Beantwortung meiner Fragen. Ihr Schreiben ist vermutlich fast so lang wie das Drehbuch des Films.

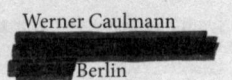

Werner Caulmann   Berlin, den 14.04.2014

█████ Berlin

FIAT GROUP AUTOMOBILES GERMANY A.G.
Hanauer Landstraße 176
60314 Frankfurt am Main

Eine Fiat-Fahrerin hat mir meinen Parkplatz genommen!!!

Sehr geehrtes Fiat-Team,

vor ein paar Tagen hat mir die Halterin eines Fiat 500 den Parkplatz genommen, obwohl ich bereits blinkend in Warteposition stand, als das dort vorher parkende Fahrzeug den Parkhafen verließ. Als ich die Frau aufgebracht darauf aufmerksam machte, zuckte sie nur mit den Schultern und ging.

ICH MÖCHTE MICH HIERMIT ÜBER IHREN KUNDENSTAMM BESCHWEREN! Es kann nicht sein, dass Sie derartigen Kriminellen Ihre Produkte verkaufen. Die schlimmste Beleidigung, die mir einfiele, wäre für diese Frau immer noch ein Kompliment.

Wenn das Image Ihrer Marke nicht nachhaltig beschädigt werden soll, rate ich Ihnen deswegen dringend, sämtliche von Ihnen verkauften Fahrzeuge im Raum Berlin-Steglitz zurückzurufen.

Die Täterin hatte dunkelrot gefärbte Haare. Dass es sich überhaupt um eine Frau handelte, war ausschließlich an der Haarlänge zu erkennen. Zuerst hielt ich sie fälschlicherweise für die Schauspielerin, die in den alten Star-Wars-Filmen Jabba the Hutt spielte – merkte dann aber eben, dass die vermeintliche Frau eine vermeintliche Frisur hatte.

Ihr Wagen trug den Aufdruck eines italienischen Designermodengeschäfts – ihrem Outfit nach zu urteilen muss der Laden allerdings überwiegend Designermode aus der Deutschen Demokratischen Republik führen. Oder es handelt sich um blinde italienische Designer.

Der Körperbau der Dame war üppig. Sie passte zwar noch in die Fahrerkabine, ich habe aber leider nicht genau beobachten können, ob sie dabei beide Vordersitze gleichzeitig verwendet.

Ich hoffe, meine Personenbeschreibung reicht Ihnen aus, um das Subjekt zu identifizieren und sämtliche anderen Automarken vor ihr zu warnen und dafür zu sorgen, dass die »Frau« in Zukunft zumindest nicht mehr auf Rädern durch die Stadt rollen kann. Oder Sie schenken ihr ein neues Fahrzeug, das sich ab Tempo 140 plötzlich nicht mehr lenken lässt. Das wäre wohl der italienischere Weg.

Vielen Dank im Voraus.

Mit freundlichen Grüßen

Werner Caulmann

Presse- und Öffentlichkeitsarbeit

Werner Caulmann

████ Berlin

Ihr Ansprechpartner:

Tel.: 069 66988████
Fax: 069 170779-911
████@fiat.com

Frankfurt am Main, 06. Mai 2014

Sehr geehrter Herr Caulmann,

bitte entschuldigen Sie die späte Antwort auf Ihr Schreiben – wir waren von der Nachricht und den Vorwürfen zunächst wie benommen!

Vielen Dank für die ungeschönte Schilderung Ihrer Erlebnisse. Nur zu gut können wir uns den Schrecken dieses Ereignisses vorstellen. Und wir teilen Ihre Entrüstung über diese Kundin und ihr Verhalten.

Natürlich ist es uns gelungen, im Zuge unserer Recherchen das fragliche Fahrzeug wie auch die fragliche Halterin zu ermitteln („Stichwort: Vernetztes Automobil"). Die Genfer Menschenrechts-Konvention verbietet es uns jedoch, in der von Ihnen vorgeschlagenen Weise gegen die Person vorzugehen. Wir bitten um Ihr Verständnis und setzen dabei auf Ihre emotionale Souveränität, die mit zunehmendem zeitlichen Abstand zur Tat sicher noch gewachsen sein dürfte.

Seien Sie vergewissert, dass wir in Zukunft bei der Auswahl unseres Käuferpotenzials noch gewissenhafter vorgehen werden. Die gesamte automobilwirtschaftliche Wirkungskette bis hin zum Verkäufer vor Ort wird in diesen Prozess integriert sein.

Die stärkste Waffe im Kampf um niveauvolle Automobilität ist die Realisierung einer wirklich niveauvollen Käuferschaft. Vor diesem Hintergrund schlagen wir Ihnen vor, bei Ihrem nächsten Fahrzeugkauf ein Modell der Marke Fiat in Betracht zu ziehen. Sie wären uns als Premium-Kunde ebenso willkommen wie als lebendes Bollwerk wider den gesellschaftlichen Werteverlust!

Hochachtungsvoll

Fiat Group Automobiles Germany AG
Leiter Presse- und Öffentlichkeitsarbeit

Ich fordere, dass die Genfer Menschenrechtskonvention von nun an nur noch für ausgewählte Menschen Gültigkeit hat – und zwar für von mir persönlich ausgewählte Menschen. Die USA sehen dieses Thema doch ebenfalls bereits weitaus liberaler. NUR SO KÖNNEN WIR VERHIN-DERN, DASS DIESE MONSTERFRAU UNS ALLEN DIE PARKPLÄTZE WEGNIMMT!!! Aber vorerst vielen Dank an Fiat für diese vorbildliche Reaktion im Rahmen des gesetzlich Möglichen.

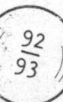

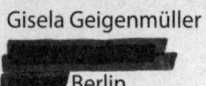

Gisela Geigenmüller

████████████
█████ Berlin

Berlin, den 14.04.2014

FUN FACTORY GmbH
Am Hohentorshafen 17 – 19
28197 Bremen

IHR SEXSPIELZEUG VERDIRBT UNSERE KINDER!

Sehr geehrtes Team von FUN FACTORY,

ich habe vor Kurzem von Ihrem Geschäftskonzept erfahren und war zutiefst schockiert!!! SEXSPIELZEUG? IST DAS IHR ERNST???

Kinder sollten mit Autos spielen. Mit Puppen. Mit Einkaufsläden. Mit Kuscheltieren. Sie sollten malen, lesen, tanzen, singen, bauen, rennen und lachen. Sie aber mit so etwas wie »Sexspielzeug« zu konfrontieren finde ich geradezu PERVERS!!! Sex ist absolut nicht altersgemäß für die Kleinen, und ich wundere mich darüber, dass Ihre Produkte überhaupt legal erhältlich sind.

Wer bitte schön kauft seinem Kind SEXSPIELZEUG? Da ist die spätere Prostitution oder eine Karriere in der Pornobranche bzw. bei RTL 2 ja bereits vorprogrammiert.

Es ist schon schlimm genug, dass Kinder mit Pistolen, Panzern und irgendwelchen Monstern spielen – aber Ihr Angebot bringt das Fass wirklich zum Überlaufen!

Ich bitte Sie in dieser Angelegenheit um Stellungnahme.

Mit freundlichen Grüßen

Gisela Geigenmüller

FUN FACTORY GmbH | Am Hohentorshafen 17-19 | 28197 Bremen, Germany

Gisela Geigenmüller

Berlin

Corporate Communication
Fon +49 (0) 421/520.76-
@funfactory.com

Ihr Brief an die FUN FACTORY

22.04.2014

Liebe Frau Geigenmüller,

vielen Dank für Ihren Brief vom 14. April. Wir freuen uns, dass Sie von unserer Firma erfahren haben. Umso mehr betrübt es uns, dass unser Geschäftsprinzip nicht deutlich genug kommuniziert wurde und es zu einem Missverständnis gekommen ist!

Auch wir finden, dass Kinder „malen, lesen, tanzen, singen, bauen, rennen und lachen sollen" und möchten sie im späteren Lebenslauf natürlich nicht in zweifelhaften TV-Shows oder Schlimmeren sehen!

Mitnichten stellen wir Sexspielzeuge für Kinder her, sondern wir produzieren Vibratoren und Dildos exklusiv und ausschließlich für Erwachsene. Diese Produkte werden von Erwachsenen alleine oder als Pärchen zur sexuellen Stimulierung / Erregung benutzt und werden gemeinhin als „Liebesspielzeuge" oder auch „Sexspielzeuge" bezeichnet. Der Begriff „Sexspielzeug" leitet sich vom englischen Ausdruck „Sextoy" ab.

Ich hoffe, dass ich hiermit alle Ihre Bedenken zerstreut habe! Sollten Sie weitere Fragen haben, können Sie sich gerne jederzeit an uns wenden!

Mit herzlichen Grüßen

Corporate Communication

Ooooooh! Aaaaaaaah! Uuuuuh! Oh, jaaaaaaa! Mmmmmmh! Ooooooh! Aaaaaaaah! Uuuuuh! Oh, jaaaaaaa! Mmmmmmh! Aaaaaaaah! Uuuuuh! Oh, jaaaaaaa! Mmmmmmh! Aaaaaaaah! Uuuuuh! Oh, jaaaaaaa! Mmmmmmh! Aaaaaaaah! Uuuuuh! Oh, jaaaaaaa! Mmmmmmh!

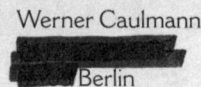

Werner Caulmann

Berlin, den 09. 05. 2014

████████████
█████ Berlin

Bundesministerium für Familie, Senioren, Frauen und Jugend
11018 Berlin

Ihr Ministerium diskriminiert Männer, Kleinwüchsige, Ossis, Arbeitslose, Homosexuelle, Ausländer, Obdachlose, entlassene Strafgefangene, Prostituierte, Drogenabhängige und Ed-Hardy-Träger

Sehr geehrtes Team des Bundesministeriums für Familie, Senioren, Frauen und Jugend,

ich begrüße es, dass es hier in Deutschland ein Bundesministerium gibt, das sich für die Rechte von Randgruppen starkmacht. Sie setzen sich mit großem Engagement an vielen Fronten gegen Diskriminierung ein. ALLERDINGS KANN ES NICHT ANGEHEN, DASS SIE DABEI SELBST BESTIMMTE BEVÖLKERUNGSGRUPPEN DISKRIMINIE-REN!!! Es sind doch mitnichten nur Familien, Senioren, Frauen und die Jugend, die es zu unterstützen und zu schützen gilt. Was ist mit all den anderen Menschen? WARUM IN ALLER WELT HABEN DIE KEIN MINISTERIUM, DAS IHNEN DEN RÜCKEN STÄRKT?

Ich fordere Sie auf, Ihr Ministerium mit sofortiger Wirkung in »Bundesministerium für Familie, Senioren, Frauen, Jugend, Männer, Kleinwüchsige, Ossis, Arbeitslose, Homosexuelle, Ausländer, Obdachlose, entlassene Strafgefangene, Prostituierte, Drogenabhängige und Ed-Hardy-Träger« umzubenennen.

Keine Sorge: Sie werden ganz bestimmt einen Hersteller finden, der Klingelschilder in der entsprechenden Größe produzieren kann.

Ich bitte Sie in dieser Angelegenheit um Stellungnahme.

Mit freundlichen Grüßen

Werner Caulmann

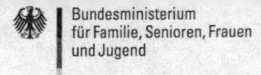

Bundesministerium für Familie, Senioren, Frauen und Jugend, 11018 Berlin

Service -Team

BEARBEITET VON

HAUSANSCHRIFT   Glinkastraße 24, 10117 Berlin

POSTANSCHRIFT   11018 Berlin

TEL   030 201

FAX   03018 555-4400

E-MAIL   info@bmfsfjservice.bund.de

INTERNET   www.bmfsfj.de

ORT, DATUM   Berlin, den 27.05.2014

Herrn
Werner Caulmann
Berlin

Sehr geehrter Herr Caulmann,

vielen Dank für Ihr Schreiben das Bundesministerium für Familie, Senioren, Frauen und
Jugend.

Dieses Ministerium hat eine lange und wechselvolle Geschichte, in der Aufgabengebiete
hinzukamen (Senioren und Frauen), andere abhandenkamen, (Gesundheit) und wieder andere,
obwohl vorhanden, nie im Namen auftauchten, wie z.B. damals der Zivildienst und heute der
Bundesfreiwilligendienst.

Das Bundesministerium für Familie, Senioren, Frauen und Jugend ist natürlich auch für
Männer zuständig. Das lässt sich zum einen direkt aus dem Titel ableiten: Es ist zuständig für
Jungen, Familienväter und Senioren. Zum anderen kümmert es sich um die Gleichstellung
von Frauen und Männern. Dies spiegelt sich z.B. darin, dass die ehemalige frauenpolitische
Abteilung heute Abteilung „Gleichstellung" heißt. Eine zeitgemäße Gleichstellungspolitik ist
eine Politik realistischer Verwirklichungschancen für Frauen und Männer im Lebensverlauf
und muss Rollenstereotypen entgegenwirken. Ihr Anspruch ist es, Frauen und Männern

VERKEHRSANBINDUNG   U-Bahn: U2,U6 Stadtmitte;U55 Brandenburger Tor

Bus: TXL,100,147,200 Mohren/Französ. Str.

S-Bahn: S1,S2,S25 Bahnhof Brandenburger Tor

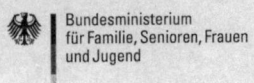

Bundesministerium
für Familie, Senioren, Frauen
und Jugend

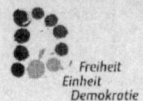

Freiheit
Einheit
Demokratie

SEITE 2 Gestaltungsfreiheit über ihre eigene Lebensentwürfe zu geben, und deshalb hängt ihr Erfolg davon ab, ob es gelingt, Frauen und Männer gleichermaßen einzubeziehen. Diese Einbeziehung von Männern in die Gleichstellungspolitik zeigt sich auch in der Einrichtung eines eigenständigen Referates „Gleichstellungspolitik für Jungen und Männer" innerhalb der Abteilung „Gleichstellung".

Der Name des Ministeriums ist unverändert, weil in bestimmten Bereichen es immer noch die Frauen sind, die benachteiligt werden, wie folgende Beispiele zeigen:

- Frauen sind besonders von den unzureichenden Möglichkeiten betroffen, Beruf und Familie miteinander zu vereinbaren, und weisen häufig unterbrochene Erwerbsbiographien auf, was zur Folge hat, dass Frauen bei annähernd gleicher Erwerbsbeteiligung viel seltener Führungspositionen besetzen als Männer.

- Frauen verdienen durchschnittlich 22 % weniger in der Stunde als Männer und erwerben deshalb geringere Ansprüche in den Systemen der sozialen Sicherung, was zum Beispiel zu im Durchschnitt deutlich niedrigeren eigenen Rentenansprüchen führt,

- Frauen sind wesentlich häufiger als Männer Opfer häuslicher Gewalt.

- Andererseits sind es deutlich mehr Jungen, die allgemeinbildenden Schulen ohne schulischen Abschluss verlassen.

Der vom BMFSFJ herausgegebene „2. Atlas zur Gleichstellung von Frauen und Männern in Deutschland" gibt hier zahlengestützt sehr interessante Einblicke.

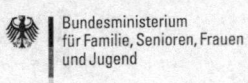

Freiheit
Einheit
Demokratie

Männer und Jungen werden seit geraumer Zeit konsequent in den Blick der Gleichstellungspolitik genommen und eine ganze Reihe von Initiativen und Programmen der Bundesregierung richtet sich an sie. Als Beispiele sollen folgende Maßnahmen dienen:

- Das Elterngeld gibt Vätern über die Partnermonate einen großen Anreiz, sich aktiv an der Betreuung und Erziehung der Kinder zu beteiligen und Erwerbsarbeit zu reduzieren, um Fürsorgeaufgaben in der Familie zu übernehmen.

- Die Arbeit des „Bundesforum Männer – Interessenverband für Jungen, Männer und Väter e. V.", eines bundesweiten Dachverbandes gleichstellungspolitisch orientierter Organisationen der Männer-, Jungen- und Väterarbeit sowie der Forschung zu Jungen und Männern, wird vom Bundesministerium für Familie, Senioren, Frauen und Jugend finanziell unterstützt.

- Die Bundesinitiative „Männer in Kitas" hat das Ziel, das Tätigkeitsfeld der frühkindlichen Erziehung für Männer zu öffnen und attraktiv zu machen und die Zahl männlicher Erzieher in diesem Bereich zu erhöhen. Es gut ist, wenn Jungen und Mädchen weibliche und männliche Vorbilder für ihre persönliche Entwicklung haben. Außerdem unterstützt die Initiative Jungen und Männer dabei, sich bei der Berufswahl von ihren Interessen und Fähigkeiten leiten zu lassen und nicht von überkommenen Rollenklischees.

- Das Projekt „Neue Wege für Jungs" und der „Boys'Day" wenden sich an männliche Jugendliche mit dem Ziel, um ihnen Perspektiven und Wege für die Zukunft aufzuzeigen, ihre männlichen Rollenbilder sowie ihr Berufswahlspektrum zu erweitern und ihre sozialen Kompetenzen auszubauen.

- Vor dem Hintergrund sich wandelnder Rollenbilder tagte 2011 und 2012 der Beirat Jungenpolitik, in dem neben Wissenschaft und Praxis auch Jungen vertreten waren.

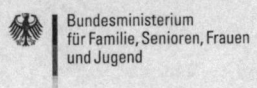

Bundesministerium
für Familie, Senioren, Frauen
und Jugend

Freiheit
Einheit
Demokratie

Sein Bericht wurde 2013 vorgelegt und als erstes Ergebnis wurde eine Webseite vor allem von und für Jungen geschaffen (www.meintestgelaende.de).

Argumenten, dass die Benennung des Ministeriums gegen das Diskriminierungsverbot aus Art. 3 Abs. 3 des Grundgesetzes verstieße, kann nicht gefolgt werden. Schließlich bestimmt Art. 3 Abs. 2 des Grundgesetzes: „Männer und Frauen sind gleichberechtigt. Der Staat fördert die tatsächliche Durchsetzung der Gleichberechtigung von Frauen und Männern und wirkt auf die Beseitigung bestehender Nachteile hin." Staatliches Handeln zugunsten von Frauen in den vielfältigen Bereichen, in denen sie nach wie vor das benachteiligte Geschlecht sind, erfüllt diesen Verfassungsauftrag und ist nicht nur zulässig, sondern auch geboten. Dies gilt selbstverständlich auch für Männer in den Bereichen, in denen sie als Geschlecht benachteiligt sind.

Mit freundlichen Grüßen

Im Auftrag

Es verwundert mich, dass die werte BMFSFJ-Mitarbeiterin in ihrem Antwortschreiben ausschließlich auf die vermeintlich unberücksichtigte Bevölkerungsgruppe »Männer« eingeht. Was ist mit den von mir aufgeführten Kleinwüchsigen, Ossis, Arbeitslosen, Homosexuellen, Ausländern, Obdachlosen, entlassenen Strafgefangenen, Prostituierten, Drogenabhängigen – und vor allem: mit den Ed-Hardy-Trägern?
All diese Menschen noch nicht mal mit einer Silbe zu erwähnen unterstreicht, wie unwichtig sie dem BMFSFJ scheinbar sind. Mit dieser Einstellung wird es wohl niemals zum BMFSFJMKOAHAOESPDEHT werden.

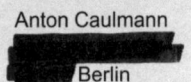

Anton Caulmann

Berlin, den 10. 03. 2014

████████ Berlin

Sat.1 SatellitenFernsehen GmbH
Nicolas Paalzow
Gutenbergstraße 3
85774 Unterföhring

Verbesserungsvorschläge für Ihr Fernsehprogramm

Sehr geehrter Herr Paalzow,

mit diesem Schreiben möchte ich mich bei Ihnen beschweren – und zwar
über Ihr Fernsehprogramm.

Grenzdebile Halbaffen blaffen einander in Talkshows an, arbeitslose C-Pro-
mis werden beim Rumhängen von Kameras überwacht, und eine vermeintliche Richterin verurteilt ungelernte Schauspieler …

Das Ganze ist mir entschieden zu niveauvoll.

Es wäre wünschenswert, wenn Sie in Zukunft weniger anspruchsvolle For-
mate entwickelten. Im Folgenden erhalten Sie ein paar konstruktive Vorschläge.

1. Die Sendung »Kleiner Feigling«: Betrunkene Zwerge versuchen, sich in
Kneipenschlägereien zu verwickeln. Wer seine Mütze am längsten aufbehält,
gewinnt.

2. Die Sendung »Titten-Roulette«: Abgetakelte Fernsehstars lassen sich von
Laien Silikon in die Brüste implantieren und warten ab, ob die Nähte halten.

3. Die Sendung »Ich mach dich Krankenhaus«: Schwererziehbare Jugendliche versuchen im Rahmen eines Wettbewerbs, innerhalb einer Stunde so
viele Straftaten zu begehen wie möglich.

4. Die Sendung »Kings of Kotze«: Bei einem Gammelfleisch-Wettessen für
Arbeitslose gewinnt der, der als Letztes kotzt, eine Nacht mit Nadja abd el
Farrag.

Ich würde mich sehr freuen, wenn wir zusammen ins Geschäft kommen.

Mit freundlichen Grüßen

Anton Caulmann

SAT.1,Medienallee 7, 85774 Unterföhring

Herr Anton Caulmann

████ Berlin

13.03.2014

Ihr Schreiben an die SAT.1 – Geschäftsführung

Sehr geehrter Herr Caulmann ,

vielen Dank für Ihr Schreiben und Ihre Verbesserungsvorschläge für unser Programm.

Unsere Geschäftsführung und Redaktion für Formatentwicklung sieht - aufgrund der Vielzahl von Angeboten - derzeit keine Möglichkeit, Konzepte oder Formatideen zu prüfen. Wir raten Ihnen, sich mit Ihrem Vorschlag an Produktionsfirmen zu wenden, diese arbeiten bei Interesse an der Idee diese Konzepte professionell aus (so z.B. Urheberschutz, Budgetpläne, Storyboard, zeitlich- und materialtechnische Produktionspläne, Jugendschutzprüfungen usw.).

Die so ausgearbeiteten Sendungsvorschläge werden dann Sendern vorgestellt, die wiederum einen Einsatz prüfen können.

Bitte haben Sie Verständnis, dass wir Ihnen keine Übersicht der Produktionsfirmen erstellen können, im Internet finden Sie aber über diverse Suchmaschinen eine umfassende Auflistung von Produktionsfirmen (z.B. www.google.de mit dem Suchwort: „Produktionsfirma"), an die Sie sich direkt wenden können. Auch wenn wir Ihnen keinen positiven Bescheid geben können, wünschen Ihnen viel Glück für Ihr Vorhaben.

Mit freundlichen Grüßen
Ihr

████████

Sat.1 Zuschauerredaktion
www.sat1.de

SAT.1
SatellitenFernsehen GmbH

Postanschrift:
Medienallee 7
D-85774 Unterföhring

Besucher:
Gutenbergstraße 3
D-85774 Unterföhring
Tel. +49 (89) 95 07-10
Fax +49 (89) 95 07-17 10

SAT1.DE

Geschäftsführer:
Nicolas Paalzow

HRB 180751 AG München

Commerzbank AG München
BLZ 700 400 41
Kto. 296 100 100
IBAN
DE63 7004 0041 0296 1001 00
BIC COBADEFF700

Dresdner Bank AG Mainz
BLZ 550 800 65
Kto. 233 746 000
IBAN
DE04 5508 0065 0233 7460 00
BIC DRESDEFF550

USt-IdNr. DE813439119
St.Nr. 9143/104/10137

Ein Unternehmen der
ProSiebenSat.1 Media AG

Achtung, Achtung! Noch habe ich keine meiner Format-Ideen einer Produktionsfirma angeboten. Sie haben also die Chance, der Glückliche zu sein, der sich die Rechte an einer meiner bahnbrechenden Innovationen sichert. Wir können gemeinsam reich werden! Ich freue mich auf Ihre Anfrage.

Anton Caulmann

Berlin, den 16. 05. 2014

████████████ Berlin

GRÄFE UND UNZER VERLAG
Grillpanzerstraße 12
81675 München

ICH ERKENNE MEINE FRAU NICHT MEHR!

Sehr geehrtes Team von G|U-Verlag,

meine Frau hat im letzten Jahr mit Hilfe Ihrer »Sensations-Diät« SCHLANK
IM SCHLAF ganze 23 Kilo abgenommen. Sie ist jetzt richtig dünn. Ein seit-
lich betrachtetes Blatt Papier ist mit ihr verglichen eine fette Sau.

Durch die Diät sieht sie allerdings so dermaßen anders aus, dass ich mittlerweile Schwierigkeiten habe, sie überhaupt noch zu erkennen. Neulich
habe ich mich richtig erschrocken, als ich ihr in unserer Wohnung begeg-
nete – bis ich merkte, dass es meine Frau ist. Das beeinträchtigt natürlich
auch unser Sexleben. Zum einen verwechsle ich sie häufig mit dem Bett-
laken – und mit ihr zu schlafen fühlt sich jedes Mal an wie Fremdgehen.
Ich zeige mich auch nur noch äußerst ungern mit ihr auf der Straße. Aus
Angst, die Nachbarn könnten sie für eine Affäre halten.

Überhaupt ist meine Frau so dünn, dass manchmal in der Öffentlichkeit
Leute mit ihr zusammenstoßen, weil man sie kaum bemerkt. Sie müsste
eigentlich ein blinkendes Warnschild um den Hals tragen. Ich kann sie zwar
sehen, wenn ich meine Augen ganz fest zusammenkneife – aber ich habe
Angst, dass sie irgendwann so viel abnimmt, dass gar nichts mehr von ihr
da ist.

Deswegen richte ich jetzt dieses Schreiben an Sie. Ich schlage Ihnen vor,
eine zweite Diätlinie ins Leben zu rufen. Für Leute, die schnell wieder zu-
nehmen möchten bzw. müssen. DICK AM TAG würde sich als Name anbieten und Ihr bisheriges Portfolio wunderbar ergänzen.

Ich hoffe, Sie nehmen meinen konstruktiven Vorschlag an. Ich verlange dafür
kein Geld. Ich will einfach nur meine Frau zurück.

Vielen Dank im Voraus.

Mit freundlichen Grüßen,

Anton Caulmann

GRÄFE UND UNZER

Gegründet 1722 in Königsberg i. Pr.

Gräfe und Unzer Verlag GmbH · Postf. 86 03 66 · 81630 München

Herr
Anton Caulmann

████████████
██████Berlin

Gräfe und Unzer Verlag GmbH
Grillparzerstr. 12 · 81675 München
Telefon (089) 4 19 81 · 0
Telefax (089) 4 19 81 · 113
Internet www.graefe-und-unzer.de

Durchwahl: 00800-72373333*

Faxwahl: 00800-50120544*
(*kostenfreie Servicenummer)

E-Mail:
leserservice@graefe-und-unzer.de

Amtsgericht München:
HRB 85 872 · Verkehrsnr. 12370
Steuernummer 42/723/00211
USt.-ID Nr. DE 811 226 758
Geschäftsführer: Thomas Ganske
Frank-H. Häger · Dr. Christian Kopp
Dorothee Seeliger · Dr. Till Wahnbaeck

Bankverbindungen:
Commerzbank München
Nr. 3 366 077 · BLZ 700 400 41
HSH Nordbank AG
Nr. 1000 0663 70 · BLZ 210 500 00
IBAN: DE 59 2105 0000 1000 0663 70
BIC HSHNDEHHXXX

20. Mai 2014

Ihr Feedback zu Schlank im Schlaf

Sehr geehrter Herr Caulmann,

vielen Dank für Ihr amüsantes Schreiben und Ihr damit verbundenes Interesse an unserem Verlagsprogramm.

Vielen Dank für die Anregungen und Ideen. Wir sind immer sehr froh um die Rückmeldungen unserer Leser. Wir freuen uns sehr, dass Ihre Frau mit „Schlank im Schlaf" so erfolgreich abgenommen hat. Sie selbst können wir beruhigen: Eine langfristige oder sogar lebenslängliche Ernährungsumstellung nach dem Schlank-im-Schlaf-Prinzip führt nicht zur „Auflösung", sondern zu einem ausgezeichneten Wohlfühlgewicht mit einem guten Verhältnis zwischen der sogenannten Muskelmagermasse und der Fettmasse. Durch den Verzicht auf abendliche Kohlenhydrate kommt es zu einer leicht unterkalorischen Ernährungsweise, von der wissenschaftliche Untersuchungen bereits bewiesen haben, dass sie die Lebenserwartung verlängert.

Durch das Weglassen der abendlichen Kohlenhydrate ergibt sich ein weiterer langfristiger Vorteil im Sinne eines „Anti Aging"-Effektes. Der Körper wird in seiner nächtlichen Verdauung ohne Kohlenhydrate mit deutlich weniger oxidativem Stress belastet, was eine Zellalterung verlangsamt und in Versuchen bei einer Reduktion der Kalorienmenge um ca. 20 % zu einer deutlichen Verlängerung der Lebenserwartung geführt hat! Es wird auch keine unendlich weitere Abnahme zu Untergewicht eintreten, da die Portionsgrößen ziemlich genau dem Erhalt der stoffwechselaktiven Muskel-Magermasse dienen mit einer notwendigen Fettmenge, die bei Frauen 15 bis 20 kg betragen sollte.

Einige Anregungen, wie Sie ab und zu für ein paar Extra-Kalorien sorgen können, finden Sie in unseren Herbstvorschauen und im beiliegenden Büchlein. Wir wünschen Ihnen viel Spaß beim Schmökern und Ausprobieren der Rezepte!

Mit freundlichen Grüßen
GRÄFE UND UNZER VERLAG GMBH

Ihr Leserservice Team

HERBST 2014
NEUERSCHEINUNGEN

G|U

Ich bin ausgesprochen beruhigt, dass es trotz der rasanten Gewichtsabnahme meiner Frau nicht zu einer vollkommenen Auflösung kommen kann. Übrigens antworteten Slim-Fast, Weight Watchers und Almased im Gegensatz zu GRÄFE UND UNZER leider nicht auf mein Schreiben. Meine Produktideen »Fat-Fast«, »Weight Lifters« und »Almafett« werden dementsprechend wohl niemals in die Tat umgesetzt werden.

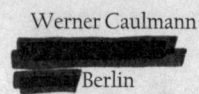

Werner Caulmann

█████████████

████ Berlin

Berlin, den 14.04.2014

MARS GmbH
Industriering 17
41751 Viersen

LASSEN SIE DIE ARMEN LOSER IN RUHE!

Sehr geehrtes Team von Uncle Ben's,

es ist doch eine ziemlich eigenartige Marketingstrategie, ein Produkt auf den Markt zu bringen, das »LOSER REIS« heißt.

Sich an Leuten bereichern zu wollen, die sich als Loser fühlen, nur um ihnen Reis zu verkaufen, ist eine ABSOLUTE UNVERFRORENHEIT! Diesen armen Menschen dann aber auch noch zu versprechen, sie seien »PERFEKT IN 10 MINUTEN« setzt dem Ganzen die Krone auf!

Sie treiben Ihre Kunden ja endgültig in die Depression! Wenn die erst völlig verzweifelt 20 Packungen Reis verschlungen haben, ohne dass sich ihr Leben auch nur im Geringsten verändert hat, fühlen die sich doch verraten. Es würde mich nicht wundern, wenn sich schon bald alle Loser dieser Erde vereinigen und gegen Ihre Firma aufbegehren. Ich jedenfalls werde am Rand stehen und ihnen Beifall zollen. SO GEHT ES NICHT!

Bitte nehmen Sie zu diesem Skandal Stellung.

Mit freundlichen Grüßen

Werno Caulmann

MARS
deutschland

MARS GMBH - EITZER STR. 215 - 27283 VERDEN

Werner Caulmann
Berlin

Dienstag, 22. April 2014

Guten Tag, Herr Caulmann,

herzlichen Dank für Ihren Brief!

Es war ein echtes Amusement Ihre Zeilen zu lesen. ☺
Einfach herrlich, wie man mit Sprache und Fremdsprachen spielen kann.

Als Dankeschön für Ihr erfrischendes Schreiben senden wir Ihnen in nächster Zeit ein UNCLE BEN'S Kostprobenpäckchen zu. Allerdings: Auf jeden Fall Reis im Kochbeutel!

Freundliche Grüße

Kundenbetreuung

Auch eine Art, mit Beschwerden umzugehen – einfach drüber lachen, den Absender loben und sich auch noch dafür bedanken. DAS ÄNDERT NUR LEIDER NICHTS AN DER TATSACHE, DASS HIER LOSER DISKRIMINIERT WERDEN! Eine Stellungnahme dazu sind Sie mir immer noch schuldig, liebe MARS GMBH. Aber nichtsdestotrotz schon mal vielen Dank für den Winner Reis.

Werner Caulmann

████████████

████ Berlin

Berlin, den 19.05.20144

Verbraucherrservice Astar
Postfach 10 42 04
20029 Hamburg

Ihr gemeingefährliches Produkt

Sehr geeehrtes Astra-Teamm,

währendd ich diesde Zeilen hier schrweibe, bin ich hackedicht. Voll-
kommne zugedröhnt. Wenn ich stünde, könnte ich hcöhstwahrschein-
lich nicht mehr stehen. Ich habe nicht einnen im Tee – ich habe ccira
872 in einer ganzen Teeplantage.

Sschuld an der ganzen Misere ist: der vonn Ihnennangebotene Alkol.
Desswegen möchte ich mich hiemrit in aller Form beschhweren. Ich
hatte ja keine Ahnung, auf wss ichj,.mich einlasse. Denn ich tirnke
für gewähnlich keinen Alkhol. Aber es war heißp, ich hatte Durts –
und urplötzlich warg ich nicht mehr Herr meiner Sinne. Ausgerech-
net auf dmem Sommerfest! Unterr normalen Umständen würde ich
dopch biemals meiner Chefuin an die Brüszze langen und mich vor
allen nackt ausziehhen und auf meinem Penis Luftgitarre spiele. Ich
ahbe im Affekt den kompletten Server gejflöscht, mien Diensrhandy
auuf dne Grill egworbefn und meine Kündigng einegreicht.

Und wer weiß., was ich noch angestellt habe? Ichn jedenfalls nicht
mehr.

Ich mus s ich jetzt beeilen, da ich befürhcte, dass die Poliezie dbald
hier sein müste. Aber icch bitte Sie – hören Sie um Himmels Willen
auf, dieses Teufelszeug zu verrkaufen. Oder vershene Sie die FGla-
schen zumindest mit einem Wartnrhienweis. Wie vciele Menshchen
müssen noch ihren Job und irhe Würde verlierne? Ich schhaffffe es j
anochh nicht mal mehr, anständig zu flüchten. Ich msus jetzt wirklich
los.

Mit sturzeb etrunken Grüüßen,

wener Caulman

Carlsberg Deutschland Markengesellschaft mbH — Postfach 50 03 40 — UST-IdNr. DE813890388
Office: — 22703 Hamburg — Danske Bank Hamburg, BLZ 203 205 00
Holstenstr. 224 — Tel. +49 40 38101-0 — Kto.-Nr. 4 989 054 023
22765 Hamburg — Fax +49 40 38101-751 — IBAN DE55 2032 0500 4989 0540 23
www.carlsbergdeutschland.de — SWIFT-BIC DABADEHH

Carlsberg Deutschland Markengesellschaft mbH
Holstenstraße 224, 22765 Hamburg

Herrn Werner Caulmann
▬▬▬ Berlin

Hamburg, 2. Juni 2014

Sehr geehrter Herr Caulmann,

vielen Dank für Ihr Schreiben vom 19.05.2014.

Wir freuen uns, dass Ihnen unser Astra so gut schmeckt und hoffen, dass Sie das richtige
Maß für sich noch finden werden.

Mit freundlichen Grüßen

Carlsberg Deutschland Markengesellschaft mbH
- Verbraucherservice Astra -

Service-Telefon: 01805-560561 (Montag bis Freitag 8-18 Uhr)

WICHTIGE DOKUMENTE

Carlsberg Deutschland Markengesellschaft mbH
Holstenstraße 224, 22765 Hamburg

Herrn Werner Caulmann
▬▬▬ Berlin

Vorsitzender di
Sitz der Gesell

Für Mitarbeiter von Carlsberg wirken die Verfasser gar nicht mal so be-
trunken. Ganz besonders gut gefällt mir, dass ihr trockener Humor sich
sogar auf dem Briefumschlag wiederfindet – auf dem in Versalien
»WICHTIGE DOKUMENTE« steht.

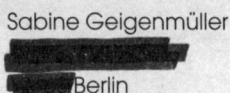

Sabine Geigenmüller   Berlin, den 14.04.2014

████████████████
████ Berlin

Bonduelle Deutschland GmbH
Am Heilbrunnen 136/138
72766 Reutlingen

Absolut pervers: Ihr Produkt »Bonduelle Grüne Brechbohnen«

Sehr geehrtes Bonduelle-Team,

ich finde es ganz und gar nicht in Ordnung, dass Sie Produkte an-
bieten, die das Brechen wie selbstverständlich mit der Nahrungs-
aufnahme in Verbindung bringen. WIE SOLLEN JUNGE MENSCHEN
EIN NATÜRLICHES VERHÄLTNIS ZUM ESSEN AUFBAUEN, WENN FIRMEN
IHRE WAREN SCHON MIT DER ZIELSETZUNG ANBIETEN, DASS DIE NAH-
RUNGSMITTEL AM ENDE IN DER KLOSCHÜSSEL LANDEN?

Gerade bei einem Produkt wie Bohnen, das noch nicht mal sonderlich viele Kalorien hat, ist es mir ein absolutes Rätsel, warum
man eine fragwürdige Zielgruppe auf eine derart perfide Art und
Weise zu verführen versucht. DER LEBENSSTIL, DER HIER UNTERSTÜTZT
WIRD, MACHT KRANK UND UNSERE GESELLSCHAFT KAPUTT!

Darüber hinaus finde ich es als normale Kundin absolut unappetit-
lich, beim Kochen ans Brechen erinnert zu werden. Es geht hier
ums Essen, um Genuss – nicht darum, für die perfekte Figur schon
beim Essen den Finger im Mund zu haben.

Ich möchte jedenfalls in keiner Welt leben, in der schon bald »Kotz-
Schokolade«, »Kloschüssel-Chips« und »Würge-Pizza« angeboten
werden.

Das wäre dann für mich ein Grund zum Kotzen.

Mit freundlichen Grüßen

Sabine Geigenmüller

Bonduelle

Bonduelle Deutschland GmbH – Am Heilbrunnen 136/138 – D-72766 Reutlingen

Frau
Sabine Geigenmüller
█████ Berlin

Reutlingen, 15. April 2014

Ihre Reklamation

Sehr geehrte Frau Geigenmüller,

wir kommen heute zurück auf Ihr Schreiben vom 14.04.2014.

Wir bedauern, dass die Bezeichnung „Brechbohnen" bei Ihnen Grund für Verärgerung bietet.

An dieser Stelle weisen wir darauf hin, dass diese Bezeichnung ein festgelegter Begriff ist, der auch im Duden aufgeführt wird. Darin lässt sich folgende Beschreibung zu Brechbohnen finden: „fleischige, leicht durchzubrechende Gartenbohne". Es zeigt sich, dass der Wortteil „Brech" von „Durchbrechen" abgeleitet wird und nicht von dem Synonym für „sich übergeben". Dies ist in der Tat etwas missverständlich.

Wir hoffen, dass wir Ihre Verärgerung vermindern konnten und, dass wir Sie auch weiterhin zu unserem Kundenkreis zählen dürfen.

mit freundlichen Grüßen

i.A. █████████████

Verbraucherservice

Fast wirkt es, als sei Bonduelle nach meinem Brief selbst aufgegangen, dass dieser »festgelegte Begriff« alles andere als appetitlich ist. Doch zugegeben: Die Bohnen sind in der Tat so fleischig und leicht durchzubrechen, dass einen schon beim bloßen Anblick ein wahrer Brechreiz überkommt.

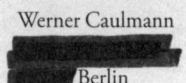

Werner Caulmann
▓▓▓▓▓▓▓
▓▓▓▓▓▓ Berlin

Berlin, den 08. 03. 2014

IKEA Deutschland GmbH & Co. KG
Niederlassung Berlin-Spandau
Matthias Schrabe
Gewerbehof 10
13597 Berlin

Vollkommen einfallslose Produktnamen

Sehr geehrter Herr Schrabe,

ich finde es ausgesprochen schade, dass die ehemals so unterhaltsamen Produktnamen von IKEA mittlerweile zunehmend völlig aussagefreien Titeln weichen, die sich auch Markus Lanz hätte ausdenken können. Damit geht ein echtes Stück Markentradition verloren. Statt »GODMORGON« heißen die Spiegel nun »KLAMPEN« und »RÅGRUND«. Statt »ORDENTLIG« die Tischsets »OMTYCKT« und »MÄRYT«. Und statt »LAMPAN« werden die Lampen jetzt »KLABB« und »TUVE« genannt. Dabei gäbe es doch so viele andere schöne Titel, die man Ihren Produkten stattdessen geben könnte. Namen, die Ihren Kunden viel eher im Gedächtnis blieben.

Zum Beispiel:

- »BIERHER« (Sessel)
- »NERVNIG« (Kinderstuhl)
- »IGITT« (Klobürste)
- »LIESMÅWÅS« (TV-Möbel)
- »SPIESSÅ« (Wohnwand)
- »MEMME« (Wolldecke)
- »WIXGRIFFEL« (Seifenschale)

Ich würde mich jedenfalls sehr freuen, wenn endlich wieder etwas mehr Charakter in die Namenswahl mit einfließen würde. Auf Wunsch bin ich gerne freiberuflich für Sie in der Namensentwicklung tätig.

Übrigens: Ich persönlich finde es relativ anstrengend, dass man Ihre Möbel alle erst zusammenbauen muss. Meine Frau ebenfalls. Vielleicht sollten Sie auch dieses Konzept überdenken.

Mit freundlichen Grüßen,

Werner Caulmann

IKEA Deutschland GmbH & Co. KG
Niederlassung Berlin

Herr
Werner Caulmann
████████████

████ Berlin

Berlin, den 15.03.2014

-

Ihr Schreiben vom 08.03.2014

Sehr geehrter Herr Caulmann,

vielen Dank für Ihre Anfrage und Ihrem damit verbundenem
Interesse an unserem Unternehmen.

IKEA verwendet schon seit seinen Anfangszeiten Namen anstatt
Artikelnummern für seine Produkte. Seit den 70er-jahren werden die
meisten dieser Namen nach einem System vergeben.

Die nachfolgende Liste erläutert das System, nach dem Produktnamen
bei IKEA vergeben werden:

**POLSTERMÖBEL, SOFATISCHE, RATTANMÖBEL,
BÜCHERREGALE, MUSIKMÖBEL, TÜRKNÖPFE**
schwedische Ortsnamen

BETTEN, KLEIDERSCHRÄNKE, DIELENMÖBEL
norwegische Ortsnamen

ESSTISCHE und STÜHLE
finnische Ortsnamen

TEPPICHE
dänische Ortsnamen

GARTENMÖBEL
schwedische Inseln

BADEZIMMERARTIKEL
skandinavische Seen, Flüsse und Meeresbuchten

STOFFE und GARDINEN
Frauennamen

STÜHLE und SCHREIBTISCHE
Männernamen

BÜCHERREGALSERIEN
Berufe

BETTWÄSCHE, DECKEN, KISSEN
Blumen, Pflanzen, Edelsteine

KINDERARTIKEL
Säugetiere, Vögel, Adjektive

KÜCHEN
grammatische Begriffe, gelegentlich auch andere Namen

GARDINENZUBEHÖR
Mathematische und geometrische Begriffe

BELEUCHTUNG
Begriffe aus der Musik, Chemie, Meteorologie, Maße,
Gewichte, Jahreszeiten, Monate, Tage, Boote, Seemannssprache

KÜCHENUTENSILIEN (Besteck, Geschirr, Textilien, Glas, Porzellan,
Tischdecken, Kerzen, Servietten, Dekorationsartikeln, Vasen u. a.)
Fremdwörter, Gewürze, Kräuter, Fische, Pilze, Früchte oder Beeren,
Funktionsbeschreibungen

SCHACHTELN, WANDDEKORATIONEN, BILDER UND RAHMEN, UHREN
umgangssprachliche Ausdrücke, auch schwedische Ortsnamen

Mit freundlichen Grüßen
IKEA Kundenservice Spandau

Da die Namensgebung für IKEA-Artikel strengsten Richtlinien zu unterliegen scheint, schlage ich vor, einige skandinavische Orte, Seen und Flüsse nach meinen Vorschlägen umzubenennen, sodass IKEA anschließend die Namen für seine Produkte verwenden kann. So könnte beispielsweise die Stadt Stockholm zukünftig WIXGRIFFEL heißen.

Werner Caulmann 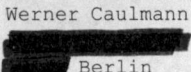 Berlin, den 14.04.2014

Berlin

Bezirksamt Tempelhof-Schöneberg
John-F.-Kennedy-Platz
10825 Berlin

Schöneberg sollte Scheißeberg heißen

Sehr geehrtes Team des Bezirksamts Tempelhof-Schöneberg,

es ist wirklich nicht zu fassen, wie viel Hundekacke in
Schöneberg rumliegt. Der Name des Bezirks wird von Tag zu
Tag unpassender. Ich frage mich, ob es überhaupt weltweit
so viele Hunde gibt, wie in Schöneberg Haufen zu finden
sind. Zumindest gehe ich davon aus, dass irgendjemand in
der Gegend systematisch internationale Hundehaufen
importieren lässt, um sie möglichst flächendeckend auf dem
Bürgersteig zu platzieren.

Wie bitte schön kann es sein, dass so ein Tier »der beste
Freund des Menschen« genannt wird? Er beißt, stinkt aus
dem Maul und kackt überallhin. Ich verstehe es nicht.
Mücken hat man doch auch nicht gern. Zumindest kenne ich
niemanden, der seiner Mücke Fressen hinstellt. Oder sich
gerührt Mückenvideos ansieht. Oder mit seiner Mücke Gassi
geht. Dabei würde es beileibe keinen stören, wenn Mücken
überall hinkackten. Ich habe jedenfalls in meinem ganzen
Leben noch niemanden gesehen, der sich darüber aufregt,
in Mückenscheiße getreten zu sein.

Schlimm sind aber auch die vielen Tauben. In Schöneberg
gewinnt man mittlerweile den Eindruck, dass dort zwischen
Hunden und Tauben eine Kackmeisterschaft ausgetragen
wird, in Anbetracht der Haufengrößen wahrscheinlich eine
Kackweltmeisterschaft. Beide Arten benehmen sich
gleichermaßen vogelfrei. Mit dem Unterschied, dass Tauben
auch wirklich Vögel sind – und dementsprechend schon eher
das Recht dazu haben.

Bitte unternehmen Sie etwas gegen den Scheißeberg in
Schöneberg. Ansonsten sollten Sie darüber nachdenken,
Ihren Bezirk umzubenennen.

Mit freundlichen Grüßen

Werner Caulmann

Herrn
Werner Caulmann

▓▓▓▓▓ Berlin

Geschäftszeichen (bitte immer angeben)	
Ord 3 B 1	233/14
Bearbeiter/in	▓▓▓▓▓▓
Dienstgebäude	Rathaus Tempelhof
	Tempelhofer Damm 165
	12099 Berlin
Zimmer	000
☎	(030) 90277 ▓▓▓
Vermittlung	115
Intern	9277 ▓▓▓
Telefax	90277 3464
Datum	**30.04.2014**

Sehr geehrter Herr Caulmann,

Ihr Schreiben vom 14.04.14 ist mir – als Beschwerdestelle – zugeleitet worden.

Zunächst möchte ich Ihnen gerne mitteilen, dass Ihre witzig gehaltenen Zeilen ein Schmunzeln bei mir hervorgerufen haben, was in meinem Arbeitsgebiet nun wirklich nicht häufig vorkommt.

Dennoch – und da nehme ich Ihre Beschwerde vollkommen ernst - ist das Thema Hundekot sehr leidig und unangenehm.

Um dem Problem des Hundekotes zu begegnen, hatten die Berliner Ordnungsämter bereits eine Kampagne für saubere Straßen ohne Hundekot gestartet. Gemeinsam mit interessierten Bürgerinnen und Bürgern, Vereinen, Schulen, Initiativen, Tierarztpraxen sowie Unternehmen haben die Ordnungsämter mit vielfältigen Aktionen vor Ort, Flyern und Plakaten diese Kampagne durchgeführt. Sie wurde durch die BSR unterstützt, die über 50.000 Hundekottüten zur Verfügung stellte. Auch Medienvertreter/innen begleiteten die Aktion.

Die Erfahrungen der Ordnungsämter haben allerdings gezeigt, dass allein mit dem Ordnungsrecht der Verschmutzung des öffentlichen Raumes durch Hundekot nicht begegnet werden kann.

Wenn Hundehalter von den Dienstkräften angetroffen werden, die die Hinterlassenschaft ihrer Tiere nicht entfernen, so erhalten diese selbstverständlich eine Anzeige. Da unsere Dienstkräfte gesetzlich verpflichtet sind, Dienstkleidung zu tragen, werden sie aber von den Hundebesitzern erkannt; und diese beseitigen dann den Kot.

Fahrverbindungen	Sprechzeiten	Kontonummer	Geldinstitut	Bankleitzahl	IBAN	BIC
Bus-Linie 184	Nach Vereinbarung	34 04 109	Postbank Berlin	100 100 10	DE 15 1001 0010 0003 4041 09	PBNKDEFF
U-Bahn Linie 6		1 130 003 007	Landesbank Berlin	100 500 00	DE 54 1005 0000 1130 0030 07	BELADEBEXXX
		510 512 700	Berliner Bank AG	100 708 48	DE 30 1007 0848 0510 5127 00	DEUTDEDB110

E-Mail: ordnungsamt@ba-ts.berlin.de
(nicht für Dokumente mit elektronischer Signatur)

Zu dem Problem der Verschmutzung durch Hundekot kann das Ordnungsamt aus den geschilderten Problemen heraus nicht allein eine Lösung herbeiführen, so sehr dies auch wünschenswert wäre. Hier ist auch das Engagement der Bürgerinnen und Bürger notwendig, damit die Hundehalter/innen motiviert werden, die Verschmutzung durch ihre Vierbeiner zu entfernen.

Ich kann Ihnen allerdings versichern, dass immer wieder gezielte Kontrollen durch die Mitarbeiterinnen und Mitarbeiter vorgenommen werden.

Mit freundlichen Grüßen
Im Auftrag

Wenn die Dienstkräfte des Ordnungsamts gesetzlich dazu verpflichtet sind, Dienstkleidung zu tragen, werden sich statistisch gesehen wahrscheinlich überwiegend die Halter von Blindenhunden gesetzeswidrig verhalten. Bitte in Zukunft Bankräuber auch vorab darüber informieren, wenn man vorhat, die Polizei zu rufen. Vielen Dank.

Anton Caulmann
▬▬▬▬
▬▬ Berlin

Berlin, den 29.05.2014

Univeg Deutschland GmbH
Breitenweg 29-33
28195 Bremen

SIE SIND BANANENMÖRDER!!!

Sehr geehrtes Univeg-Team,

ich bin nun seit fast zwei Wochen überzeugter Frutarier und
verzehre nur noch Obst, das freiwillig vom Baum gefallen ist.

UND ICH FINDE ES ABSOLUT UNGEHEUERLICH, WAS IN DER
BANANENBRANCHE ABGEHT! Tag für Tag verstümmeln Sie systematisch TONNENWEISE Bananenstauden mit Macheten und
entführen die armen Früchte anschließend aus ihrer Heimat, um
ihre Leichen skrupellos zum Schleuderpreis in hiesigen Supermärkten zu verhökern. DIE BANANEN LEIDEN DABEI TODES-
ÄNGSTE!!! SIE KRÜMMEN SICH RICHTIGGEHEND VOR
SCHMERZEN!!! Noch dazu kommen sie völlig unvermittelt aus
diesen tropisch warmen Ländern hierher, wo ihnen FURCHTBAR
KALT sein muss!

HABEN SIE DENN GAR KEIN GEWISSEN? Ich für meinen Teil
habe jedenfalls das Vertrauen in Ihre Firma verloren. Es würde
mich nicht wundern, wenn sich bald auch noch herausstellt, dass
Ihre Bananen aus Pferdefleisch sind.

Es ist mir ein absolutes Rätsel, dass der Staat bei Ihren Machenschaften einfach zusieht. Das beweist nur ein weiteres Mal, wie
machtlos unsere Politiker gegenüber der Wirtschaft sind.

Ich bitte Sie in dieser Angelegenheit um Stellungnahme.

Trotzdem mit freundlichen Grüßen

Anton Caulmann

UNIVEG Deutschland GmbH · Breitenweg 29-33 · 28195 Bremen

Herr Anton Caulmann
Ahornstraße 25
12163

UNIVEG Deutschland GmbH
Breitenweg 29-33
28195 Bremen

Ihr Ansprechpartner:
Director, Quality Management

Telefon   0421-3092
Telefax   0421-3092 277
Mail   ben.horsbrugh@univeg.de

Bremen, 5.06.2014

Ihr Schreiben wegen Bananen vom 29.05.2014

Sehr geehrter Herr Caulmann,

Danke für Ihr Schreiben vom 29.05.2014. Grundsätzlich respektieren wir die individuellen Entscheidungen von jedem Verbraucher hinsichtlich Ernährung. Wir wissen auch, dass Frutarier eine Ernährung mit ausschließlich pflanzlichen Produkten anstreben, die nicht die Beschädigung der Pflanze, von der sie stammen, zur Folge haben. Nach unseren Kenntnissen ist es auch unter Frutarier umstritten, ob nur Obst, das bereits vom Baum gefallen ist, verzehrt werden darf.

Auch wenn wir bei unseren Lieferanten auf eine schonende Anbauweise und ein sorgfältiges Ernteverfahren sehr achten, können wir nicht verhindern, dass die Früchte dabei physisch geerntet werden müssen; im Gegenteil, um sicher zu stellen, dass die Früchte auf dem Weg vom Erzeuger zum Verbraucher verderben, und somit um sonst geerntet worden wären, ist ein professionelles Ernteverfahren unabdingbar. Aus diesem Grund sind wir nicht in der Lage Produkte anzubieten, die nach einer strengen Auslegung des Frutarismus zur Verfügung stehen.

Wir hoffen, Ihnen mit diesen Ausführungen gedient zu haben. Für Rückfragen steht Ihnen der Unterzeichner selbstverständlich gern zur Verfügung.

Mit freundlichen Grüßen,

ppa

Vorsitzender des Aufsichtsrates:
Koen Sticker

Geschäftsführung:
Thomas Averhoff, Dr Peer John,
Francis Kint

Eingetragen beim Amtsgericht
Bremen: HRB 25181
ILN 40 07499 00000 5

USt.Id.Nr. DE811130443

Bremer Bank
Kto.-Nr. 1 10 92 73 00
BLZ 290 800 10
IBAN
DE34290800100110927300
BIC DRESDEFF290XXX

Lieber UNIVEG-Mitarbeiter, mittlerweile esse ich nicht mal mehr Obst, das bereits vom Baum gefallen ist. Ich bin jetzt Eistarier. Ich esse fast ausschließlich nur noch Eis, das mir aus meinem Gefrierschrank direkt in die Hände gefallen ist.

122
123

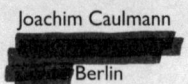

Joachim Caulmann

Berlin, den 11.03.2014

Berlin

MIB Schädlingsbekämpfung Daniel Krämer
Hanns Eisler Straße 4
10409 Berlin

Schädlingsbefall

Sehr geehrter Herr Krämer,

ich habe eine etwas ungewöhnliche Anfrage an Sie. Da Sie ja grundsätzlich Schädlinge in Wohnungen bekämpfen, habe ich mich gefragt, ob Sie auch etwas größeres Ungeziefer aus meiner Wohnung hinausbefördern können: meine Frau.

Zu den Details: Der Schädlingsbefall begann vor rund zehn Jahren, kurz nach unserer Hochzeit. Das Individuum bewegt sich seitdem völlig frei in der gesamten Wohnung, ähnelt rein äußerlich einem Menschen und kopiert – wenn auch nicht sonderlich elegant – menschliche Verhaltensweisen. Jedoch sind klare Parallelen zu Insektenbefall auffällig. So wird der Schädling bspw. von herumstehenden Nahrungsmitteln angezogen und fällt schamlos über sie her. Außerdem findet man in der kompletten Immobilie Spuren des käferartigen Tiers. Zum Glück kann es aber nicht fliegen. Vielmehr bewegt es sich sehr behäbig und ist ziemlich groß – es wird Ihnen bestimmt alles andere als schwerfallen, das Ungeziefer zu entdecken und einzufangen.

Falls Sie den Schädling persönlich in Augenschein nehmen möchten, wundern Sie sich bitte nicht – er hat sich im Laufe der Jahre geschickt seiner Umwelt angepasst und ahmt sogar unsere Sprache nach. Lassen Sie sich davon nicht beeindrucken! Eventuelle Angaben des Tieres, dass es selbst im Mietvertrag eingetragen sei, sind frei erfunden und von Ihnen bitte zu ignorieren.

Es ist übrigens nicht nötig, dass Sie Vernichtungsmittel einsetzen. Mir würde es völlig ausreichen, wenn Sie das Subjekt aus der Wohnung entfernen und ihm den erneuten Zugang verwehren.

Falls Ihnen diese Aufgabe zu groß erscheinen sollte, möchte ich mich hiermit schon mal vorab über Ihr fehlendes Engagement beschweren.

Bitte erstellen Sie einen Kostenvoranschlag.

Ich freue mich auf Ihre Antwort.

Mit freundlichen Grüßen,

Joachim Caulmann

MIB Schädlingsbekämpfung,Hanns-Eisler-Str.4, 10409 Berlin

Joachim Caulmann

██████ Berlin

MIB
Schädlingsbekämpfung
Daniel Krämer
Hanns-Eisler-Str.4
10409 Berlin

Tel: +49 (030) 447 318 71
Fax: +49 (030) 690 8888 9
www.ungezieferabwehr.de
ungezieferabwehr@web.de

| Ihr Zeichen:Herr ████ | Ihre Nachricht vom:2.1./21.1.2014 | Unser Zeichen: Kr |

Berlin, den 19.03.2014

Sehr geehrter Herr Caulmann,

ihre Anfrage ist nur in der Art und Weise der Angebotserfragung (Brief) ungewöhnlich da in einer digitalisierten Welt neue Medien Einzug gehalten haben. Daher ereilen uns auf dem Postwege wenig Anfragen.

Nun zu Ihrem Fall:

Diese Art der Schädlingsverbreitung ist uns wohl bekannt. Die Biologie ist erschreckend angepasst an unsere Umgebung. Nach ihrer genauen Beschreibung ist es uns daher möglich, ein sehr angepasstes Angebot zu erstellen.
Es ist eine Tötung, auf Grund, der in Deutschland geltenden Bestimmungen leider aus professioneller Sicht schwierig. Die ggf. anfallenden Vorkosten und das Risiko wollen wir Ihnen auch nicht zumuten.
Nach eingehender Beratung haben wir daher eine für Sie erschwingliche Lösung gefunden, dem Problem zu entgegnen. Anbei erhalten Sie somit die erwünschte Leistungsbeschreibung und die Kosten.

Leistungsbeschreibung:

1. Anfahrt (nach Absprache)
2. Behandlung des gesamten Wohnbereiches mit Flocky Stopp
   (-stinkendes Vergrämungsmittel mit Lavandinöl)
3. Aussetzen von Spinnen und Würmern im Wohnbereich
4. Ansiedelung von selbst gezüchteten Bettwanzen an relevanten Stellen
5. Vorbereitung einer gesicherten Unterbringung für 2 Wochen Ihrerseits in einem
   unserer Vertragsobjekte (Waldorf Astoria)
6. Nach erfolgter Abwanderung wegen „Unbewohnbarkeit" aufstellen des „Thermobug"
   in Ihrer Wohnung (Wärmetotalentwesung + Geruchsbeseitigung)
7. Aufsetzen einer fingierten Todesmeldung mit Ihrem Namen
8. Einrichtung einer psychologischen Betreuung durch den Fachmann in Ihrem Haus
9. Totalreinigung ihrer Wohnung
10. Kosmetische Veränderung Ihres Habitus
11. Telefonische Anpassungsbetreuung (bis zu 2 Jahre)

Kosten:

Pos. 1 – 4   672,34 Euro
Pos. 5   4000,00 Euro (alternativ: Hostel für 500,00 Euro mit Frühstück)
Pos. 6   1400,00 Euro (3 Tage + Elektriker für den Drehstromanschluss!)
Pos: 7   40,00 Euro
Pos. 8   1200,00 Euro (12 Psychologische Sitzungen -geschätztes Honorar)
Pos.9   430,00 Euro (erfolgt durch Fa.Gegenbauer)
Pos.10   7640,00 Euro (Leistungserbringung ohne Rechnung in Italien ohne Flug)
Pos.11   57,00 Euro (je angefangene ½ Stunde)

Gesamtpreis: ca: 16000 Euro + besagten Nebenkosten

Angebotspreis: 14999,98 Euro bis 14.04.2014 (Frühbucherrabatt)

(Derzeit gibt es noch die Möglichkeit einer EU –Förderung von 798,00 Euro! – bis Ende 2014)

Vielen Dank für Ihr Interesse!

Sollten sich hierzu noch Fragen ergeben, so zögern Sie nicht, uns anzurufen!

Sachverständiger für Schädlingsbekämpfung
HACCP –Beauftragter für Lebensmittelbetriebe
Geschäftsführer des Berliner Schädlingsbekämpfervereins.e.V.

Es ist Ihnen ausdrücklich untersagt, dieses Schreiben zu veröffentlichen!

MIB SCHÄDLINGSBEKÄMPFUNG
DANIEL Krämer
Hanns-Eisler-Straße 4, 10409 Berlin
www.ungezieferabwehr.de
ungezieferabwehr@web.de
Tel.: 030 / 44 73 18 71
Fax: 030 / 690 8888 9

Ein wunderschönes, mit großer Liebe zum Detail ausgearbeitetes Angebot, dessen Veröffentlichung die Firma mir allerdings vorerst provisorisch untersagte. Nach einem netten Telefonat gestattete mir der ebenso nette Chef dann aber doch, das Schreiben für dieses Buch zu verwenden. Vielen Dank.

Werner Caulmann   Berlin, den 25. 04. 2014

 Berlin

S-Bahn Berlin GmbH
Fahrgastmarketing
Elisabeth-Schwarzhaupt-Platz 1
10115 Berlin

BESCHWERDE: S-BAHN KAM ÜBERPÜNKTLICH!

Sehr geehrtes Team der S-Bahn Berlin,

ich nutze regelmäßig die öffentlichen Verkehrsmittel und habe nun leider
Anlass zur Beschwerde.

Es ereignete sich Folgendes: Als ich am 17. 04. 2014 die S1 vom Bahnhof
Friedrichstraße Richtung Potsdam Hauptbahnhof nehmen wollte, kam der
für 13.25 Uhr angekündigte Zug AUCH WIRKLICH UM
13.25 UHR!!!!!!!!!! DAS IST EINE ABSOLUTE UNVERSCHÄMT-
HEIT!!!!!!!!!!!! DER ZUG KAM VOLLKOMMEN PÜNKTLICH!!!!!!!!

Als Fahrgast der S-Bahn Berlin verlässt man sich ja nun auf eine gewisse
Unzuverlässigkeit. Es da plötzlich so genau mit dem Fahrplan zu nehmen,
bringt das komplette System durcheinander. Wir Fahrgäste passen uns
schließlich an und kommen absichtlich ebenfalls später auf den Bahnsteig.
Kommt die Bahn aber nun pünktlich, man selbst hingegen normal und die
darauf folgende Bahn dann auch wieder normal, muss man richtig lange
warten. Ich nehme mir bei Bahnfahrten deswegen meistens vorsichtshalber
meinen Rasierer mit, um am Ende der Fahrt nicht zu ungepflegt auszuse-
hen. Ich kenne sogar Leute, die immer vorsorglich ihre Geburtstagstorte
dabeihaben. Das halte ich persönlich aber für übertrieben.

Trotzdem: Wie kann es passieren, dass vereinzelte Bahnen pünktlich kommen?

Ich bitte Sie in dieser Angelegenheit um Stellungnahme.

Mit freundlichen Grüßen

Werner Caulmann

 **BAHN**

S-Bahn Berlin GmbH
Kundenbetreuung
Elisabeth-Schwarzhaupt-Platz 1
10115 Berlin
www.s-bahn-berlin.de

S-Bahn Berlin GmbH • Elisabeth-Schwarzhaupt-Platz 1 • 10115 Berlin

Ⓢ 1, 2, 25 bis Bf. Nordbahnhof
🚋 M8, M10 bis Bf. Nordbahnhof
🚌 245, 247, N40 bis Bf. Nordbahnhof

Herrn
Werner Caulmann
████ Berlin

Telefon 030 297-43333
Telefax 030 297-43444
kundenbetreuung@s-bahn-berlin.de
Zeichen: P.R-SB-M 23 ABe
Vorgangsnummer: 206.446

05.05.2014

Pünktlichkeit der S-Bahn

Sehr geehrter Herr Caulmann,

vielen Dank, für Ihre Nachricht vom 25. April 2014.

Wir freuen uns, dass Sie uns Ihre Beobachtungen vom 17. April 2014, dass die S-Bahn auch wirklich pünktlich gefahren ist, informierten.

Ich vermute, dass die S-Bahn an diesem Tag nach dem gültigen Fahrplan verkehrte. Wir bemühen uns täglich, dass die Fahrpläne eingehalten und umgesetzt werden.

Mit freundlichen Grüßen

Kundenbetreuung

S-Bahn Berlin GmbH   Vorsitzender des Aufsichtsrates: Bankverbindung:
Sitz Berlin   Dr. Manfred Rudhart   Postbank AG
Amtsgericht   Geschäftsführer: BLZ 100 100 10

 **Bahn Berlin**

Die Mitarbeiterin scheint selbst überrascht darüber zu sein, dass die S-Bahn angeblich mal pünktlich kam. Anders ist ihre Dankbarkeit für meinen Brief nicht zu erklären. Allerdings muss ich gestehen, dass die vermeintliche Pünktlichkeit frei erfunden ist. Ich bin am 17. April 2014 nämlich gar nicht mit den öffentlichen Verkehrsmitteln gefahren, sondern gelaufen – aus Zeitgründen.

Werner Caulmann 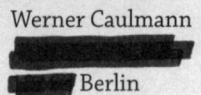 Berlin, den 04. 07. 2014

██████████
██████ Berlin

Maler- und Lackiererinnung Berlin
Obermeister Markus Straube
Wuthenowstraße 1
12169 Berlin

Sie sind kein Malermeister!

Sehr geehrter »Obermeister« Markus Straube,

mit Verlaub – aber es würde mich wundern, wenn Sie wirklich ein echter Malermeister wären. Ich kenne jedenfalls kein einziges Bild von Ihnen! Wo bitte schön stellen Sie denn aus?

Ich finde es eine echte Schande, sich einfach »Malermeister« zu nennen, ohne in der Kunstbranche irgendwelche nennenswerten Erfolge gefeiert zu haben. Pablo Picasso – das war ein wahrer Malermeister. Oder Salvador Dalí. Aber Markus Straube? Nie gehört.

Ich bitte Sie hiermit, diesen Titel nicht länger so fahrlässig zu verwenden. Es ist nicht gerade förderlich für das Ansehen der Künstlerszene, wenn Hinz und Kunz sich selbst ohne jegliche Qualitätsprüfung zu Malermeistern erklären, nur weil sie einen Tuschkasten besitzen.

Bitte verstehen Sie mich nicht falsch. Ich möchte Ihnen nicht unrecht tun. Ich lasse mich gern vom Gegenteil überzeugen. Wenn Sie möchten, schicken Sie mir ein paar Fotos Ihrer Werke. Vielleicht irre ich mich ja, und Sie sind doch ein wahrer Malermeister.

Mit freundlichen Grüßen,

Werner Caulmann

Maler- und Lackiererinnung

Berlin

Farbe · Gestaltung · Bautenschutz

Maler-, und Lackiererinnung Berlin · Wuthenowstraße 1 · 12169 Berlin

Herrn
Werner Caulmann
███████ Berlin

Wuthenowstraße 1 · 12169 Berlin
Telefon 030 22 32 86 0
Telefax 030 22 32 86 20

████████ Koordination
Telefon 030 22 32 86 ████
████████@malerinnung-berlin.de
www.malerinnung-berlin.de

08.07.2014

Malermeister ist eine Berufsbezeichnung

Sehr geehrter Herr Caulmann,

Ihre Aussage: Sie sind kein Malermeister, ist schlicht und ergreifend falsch und ich möchte Sie eindringlich bitten, es zu unterlassen, unseren Mitgliedern zu unterstellen, sie wären keine Malermeister.

Wir, die Maler- und Lackiererinnung Berlin sind seit 168 Jahren die Interessenvertretung des Maler- und Lackiererhandwerks in Berlin, der Arbeitgeber im Maler- und Lackiererhandwerk und dies sind alles Malermeister. Denn der Beruf des Malers gehört in der Handwerksrolle zu den A Berufen und danach darf in Deutschland nur ein Malerbetrieb von einem Malermeister gegründet werden.

Der Maler und Lackierer ist seit hunderten von Jahren ein anerkannter Beruf und auch heute noch ein anerkannter 3jähriger Lehrberuf. Auszubildende werden in der dualen Ausbildung in Betrieb und Schule ausgebildet. Es besteht eine Ausbildungsordnung, die die Vergleichbarkeit der Ausbildung sicherstellen soll. Nach erfolgreicher Absolvierung dieser Lehre, können Malergesellen die Meisterprüfung ablegen. Auch hier gibt es eine offizielle Ausbildungsordnung und Meistervorbereitungskurse, um die Anwärter auf den sehr komplexen Beruf des Malermeisters vorzubereiten. Als Anlage übersende ich Ihnen die Bereiche in denen Malermeister im Handwerk tätig werden dürfen sowie einen Auszug aus der Handwerksordnung zur Meisterprüfung.

Es geht hier also nicht um Künstler, sondern im die Bezeichnung eines Berufsstandes. Und wer eine Prüfung erfolgreich absolviert hat, ist auch berechtigt diese Berufsbezeichnung zu führen. Ich hoffe, Ihnen hiermit Ihre Fragen beantwortet zu haben.

Mit freundlichen Grüßen

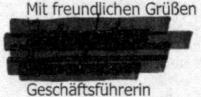

Geschäftsführerin

130
131

Anhang 2

Tätigkeitsbeispiele für Facharbeiten im Sinne § 2 Nummer 3 Satz 1

Maler

- Prüfen, Bewerten und Vorbereiten von Untergründen

- Herstellen, Bearbeiten, Behandeln und Gestalten von Oberflächen, insbesondere:
  - Be- und Entschichten insbesondere durch mechanische, thermische, physikalische und chemische Verfahren
  - Ausführung von Spachtel- und Glättarbeiten
  - Ausführung von Dämm- und Isolierarbeiten, insb. Wärmedämmverbundsysteme (WDVS) einschließlich Schlussbeschichtung
  - Tapezier-, Verlege-, Klebe- und Spannarbeiten insb. für Decken-, Wand- und Bodengestaltung
  - Be- und Verarbeiten von Trenn- und Dämmschichten sowie Unterlagen
  - Be- und Verarbeitung textiler Werkstoffe
  - Ausführung von Dekorationsarbeiten insbesondere in Räumen und an Fassaden
  - Ausführung von Holz- und Bautenschutzarbeiten insb. gegen klimatische Belastungen und biotische Angriffe
  - Ausführung von Hydrophobierungen, Imprägnierungen und Festigungen
  - Bauwerksabdichtungen insbesondere mit bituminösen, zement- oder kunststoffgebundenen Abdichtungsmitteln, Dichtungsbahnen und anderen Dichtstoffen,
  - Anwenden von Entrostungs- und Korrosionsschutzverfahren an Bauwerken und Objekten insb. an Brücken, Kränen und Strommasten,
  - Herstellen von metallischen Überzügen insbesondere durch Metallspritzen, Duplex- und Schmelztauchverfahren
  - Durchführung von Ausbauarbeiten insb. Herstellen von Innenflächen aus Putz, Gips, Leichtbaustoffen zur Vorbereitung der Beschichtung
  - Ausführung von Montagearbeiten insb. Aus- und Einbau von Systemelemente
  - Ausführung von Schutzbeschichtungen insb. Brandschutzbeschichtungen und Auskleidungen mit Beschichtungsmitteln,
  - Betonschutz- und instandsetzungsarbeiten
  - Straßenmarkierungsarbeiten
  - Baufugentechnik insb. Anwendung von Systeme und Techniken zur Abdichtung, Instandhaltung und Sanierung von Bauteil-, Dehnungs- und Anschlussfugen an Gebäuden und Objekten im Innen- und Außenbereich, sowie Glasversiegelung
  - Pflegen und Konservieren von Oberflächen
  - Entwerfen und Umsetzen von kommunikativer und dekorativer Gestaltung insbesondere Schriften, Zeichen, Ornamente, bildliche Darstellungen, Signets und Symbole
  - Ausführung von Lasur- und Beiztechniken
  - Ausführung von Blattmetall- und Bronzetechniken
  - Ausführung von Fassmal- und Verzierungstechniken, Dekorationsmalerei, Schmuck- und Imitationstechniken
  - Ausführung von Sgraffito, Stuckmarmor, Stuccolustro und sonstiger Putzgestaltung einschliesslich der Verarbeitung von Steinersatzmassen und Beton,
  - Durchführung von Instandsetzungsarbeiten insbesondere Konservierung, Restaurierung, Rekonstruktion und Konsolidierung
  - Ausführung von Instandhaltungsmaßnahmen an Bauwerken und Objekten

- Auf- und Abbauen von Arbeits- und Schutzgerüsten sowie von Arbeitsbühnen

Auszug

(2 Seiten) Quelle: www.gesetze-im-internet.de

Gesetz zur Ordnung des Handwerks (Handwerksordnung)

HwO

Ausfertigungsdatum: 17.09.1953

Vollzitat:

"Handwerksordnung in der Fassung der Bekanntmachung vom 24. September 1998 (BGBl. I S. 3074; 2006 I S. 2095), die zuletzt durch Artikel 19 des Gesetzes vom 25. Juli 2013 (BGBl. I S. 2749) geändert worden ist"

Stand: Neugefasst durch Bek. v. 24.9.1998 I 3074; 2006, 2095;

zuletzt geändert durch Art. 19 G v. 25.7.2013 I 2749

Fußnote

(+++ Textnachweis Geltung ab: 1.10.1984 +++)
(+++ Maßgaben aufgrund EinigVtr vgl. HwO Anhang EV +++)

Inhaltsübersicht

132/133

Meisterprüfung in einem zulassungspflichtigen Handwerk

§ 45

(1) Als Grundlage für ein geordnetes und einheitliches Meisterprüfungswesen für zulassungspflichtige Handwerke kann das Bundesministerium für Wirtschaft und Technologie im Einvernehmen mit dem Bundesministerium für Bildung und Forschung durch Rechtsverordnung, die nicht der Zustimmung des Bundesrates bedarf, bestimmen,

1. welche Fertigkeiten und Kenntnisse in den einzelnen zulassungspflichtigen Handwerken zum Zwecke der Meisterprüfung zu berücksichtigen (Meisterprüfungsberufsbild A)

2. welche Anforderungen in der Meisterprüfung zu stellen sind und

3. welche handwerksspezifischen Verfahrensregelungen in der Meisterprüfung gelten.

(2) Durch die Meisterprüfung ist festzustellen, ob der Prüfling befähigt ist, ein zulassungspflichtiges Handwerk meisterhaft auszuüben und selbständig zu führen sowie Lehrlinge ordnungsgemäß auszubilden.

(3) Der Prüfling hat in vier selbständigen Prüfungsteilen nachzuweisen, dass er wesentliche Tätigkeiten seines Handwerks meisterhaft verrichten kann (Teil I), die erforderlichen fachtheoretischen Kenntnisse (Teil II), die erforderlichen betriebswirtschaftlichen, kaufmännischen und rechtlichen Kenntnisse (Teil III) sowie die erforderlichen berufs- und arbeitspädagogischen Kenntnisse (Teil IV) besitzt.

(4) Bei der Prüfung in Teil I können in der Rechtsverordnung Schwerpunkte gebildet werden. In dem schwerpunktspezifischen Bereich hat der Prüfling nachzuweisen, dass er wesentliche Tätigkeiten in dem von ihm gewählten Schwerpunkt meisterhaft verrichten kann. Für den schwerpunktübergreifenden Bereich sind die Grundfertigkeiten und Grundkenntnisse nachzuweisen, die die fachgerechte Ausübung auch dieser Tätigkeiten ermöglichen.

§ 46

(1) Der Prüfling ist von der Ablegung einzelner Teile der Meisterprüfung befreit, wenn er eine dem jeweiligen Teil der Meisterprüfung vergleichbare Prüfung auf Grund nach § 42 oder § 51a Abs. 1 in Verbindung mit Abs. 2 dieses Gesetzes oder § 53 des Berufsbildungsgesetzes erlassenen Rechtsverordnung oder eine andere vergleichbare Prüfung vor einer öffentlichen oder staatlich anerkannten Bildungseinrichtung oder vor einem staatlichen Prüfungsausschuss erfolgreich abgelegt hat. Er ist von der Ablegung der Teile III und IV befreit, wenn er die Meisterprüfung in einem anderen zulassungspflichtigen oder zulassungsfreien Handwerk oder in einem handwerksähnlichen Gewerbe bestanden hat.

(2) Prüflinge, die andere deutsche staatliche oder staatlich anerkannte Prüfungen mit Erfolg abgelegt haben, sind auf Antrag durch den Meisterprüfungsausschuss von einzelnen Teilen der Meisterprüfung zu befreien, wenn bei diesen Prüfungen mindestens die gleichen Anforderungen gestellt werden wie in der Meisterprüfung. Der Abschlussprüfung an einer deutschen Hochschule gleichgestellt sind Diplome nach § 7 Abs. 2 Satz 4.

(3) Der Prüfling ist auf Antrag von der Ablegung der Prüfung in gleichartigen Prüfungsbereichen, Prüfungsfächern oder Handlungsfeldern durch den Meisterprüfungsausschuss zu befreien, wenn er die Meisterprüfung in einem anderen zulassungspflichtigen oder zulassungsfreien Handwerk oder handwerksähnlichen Gewerbe bestanden hat oder eine andere vergleichbare Prüfung vor einer öffentlichen oder staatlich anerkannten Bildungseinrichtung oder vor einem staatlichen Prüfungsausschuss erfolgreich abgelegt hat.

(4) Der Meisterprüfungsausschuss entscheidet auf Antrag des Prüflings auch über Befreiungen auf Grund ausländischer Bildungsabschlüsse.

§ 47

(1) Die Meisterprüfung wird durch Meisterprüfungsausschüsse abgenommen. Für die Handwerke werden Meisterprüfungsausschüsse als staatliche Prüfungsbehörden am Sitz der Handwerkskammer für ihren Bezirk errichtet. Die oberste Landesbehörde kann in besonderen Fällen die Errichtung eines Meisterprüfungsausschusses für mehrere Handwerkskammerbezirke anordnen und hiermit die für den Sitz des Meisterprüfungsausschusses zuständige höhere Verwaltungsbehörde beauftragen. Soll der Meisterprüfungsausschuß für Handwerkskammerbezirke mehrerer Länder zuständig sein, so bedarf es hierfür des Einvernehmens der beteiligten obersten Landesbehörden. Die Landesregierungen werden ermächtigt, durch

Bevor ich auf diesen Brief überhaupt eine Antwort erhielt, musste ich etwa 15 Malermeister in der ganzen Stadt anschreiben. In Berlin wird es seitdem kaum jemanden mit diesem Titel geben, der keine Post von mir bekommen hat. Aber die meisten Malermeister scheinen ihr wirres Künstler-Image noch zusätzlich kultivieren zu wollen, indem sie auf freundliche Anfragen nicht mal reagieren.

Gisela Caulmann

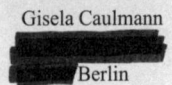 Berlin

Berlin, den 11.03.2014

Braun GmbH
Gerhard Ritter
Frankfurter Straße 145
61476 Kronberg/Taunus

Mein Damenbart

Sehr geehrter Herr Ritter,

ich bin stolze Trägerin eines Damenbarts und doch sehr verwundert darüber, dass Sie als Hersteller von Braun-Rasurwaren uns Frauen als Zielgruppe vollkommen außer Acht lassen.

Immerhin tritt der sogenannte Hirsutismus weltweit bei 5–10% aller Frauen auf. Und bei einer angenommenen weiblichen Gesamtpopulation von 3 Milliarden, 456 Millionen und 780 650 haben somit etwa 345 Millionen und 678 065 Frauen einen Damenbart.

Wie kann es sein, dass es weder spezielle Produkte noch irgendwelche Werbung gibt, die sich an uns richten? Ich halte das für eine absolute Diskriminierung, und es beweist nur einmal mehr, dass Frauen und Männer nach wie vor alles andere als gleichberechtigt sind.

Ich fordere Sie auf, den Damenbart endlich zu respektieren und uns bei Ihrer künftigen Produktentwicklung und Kommunikation zu berücksichtigen. Darüber hinaus biete ich mich Ihnen hiermit als Werbefigur an.

Außerdem schlage ich Ihnen vor, im gleichen Zug Ihren Markennamen zu erweitern. Neben »Braun«-Produkten könnten Sie von nun an auch »Rosa«-Rasurwaren anbieten.

Zudem sollte man wahrscheinlich auch Pressearbeit betreiben. Mögliche Themen wären »Promis zeigen ihren Damenbart«, »10 hippe Bartfrisuren für Powerfrauen« und »Ihn kratzt mein Bart – was tun?«.

Ich bitte Sie in dieser Angelegenheit um Stellungnahme.

Vielen Dank.

Mit freundlichen Grüßen

Gisela Caulmann

Procter & Gamble Service GmbH
Sulzbacher Str. 40 - 50
65824 Schwalbach am Taunus
+49 (0) 6196/89-01 Telefon
+49 (0) 6196/89-4929 Telefax
www.procterundgamble.de

FRAU GISELA CAULMANN

BERLIN

DEUTSCHLAND

19240117
31 März 2014

Sehr geehrte Frau Caulmann,

vielen Dank für Ihr Schreiben an Braun.

Es freut mich, dass sie sich für Produkte unseres Hauses interessieren. Wie Sie uns aber
mitteilen, finden Sie keine Produkte, bzw. Werbung für die Damen Haarentfernung.

Zu Ihrem Anliegen kann ich Ihnen mitteilen, dass wir folgende Produkte zur
Haarentfernung für Damen anbieten auch zur Entfernung von Damenbärten:

* Braun Silk-épil Epilierer mit Gesichtsaufsatz (für Damenbärte) und/ oder Rasuraufsatz

* Damenrasierer

* Silk-Finish (kleiner Präzisionshaarentferner mit verschiedenen Aufsätzen)

* Gillette Venus Systemrasierer

* Venus Naked Skin (Lasergerät)

Für Ihre Anfrage bezüglich "Werbefigur" wenden Sie sich am besten an unser
Promotionsteam unter folgender gebührenfreier Rufnummer:

0800 567 0001

Haben Sie noch weitere Fragen zu unseren Haarentfernungsprodukten, dann zögern Sie
bitte nicht uns anzurufen. Sie erreichen unsere gebührenfreie Infoline 00800 27286463
montags bis freitags von 08.00 bis 18.00 Uhr.

Mit freundlichen Grüßen
Procter & Gamble Verbraucherberatung

FL0012410081 (1)
REF: 19240117, O-0007412430

Procter & Gamble Service GmbH | Sulzbacher Str. 40, 65824 Schwalbach am Taunus | Aufsichtsratsvorsitzender: Rainer Henes | Geschäftsführer:
Ralf Billharz, Isabel Hochgesand, Dr. Peter Constantin Loebus, Gerhard Ritter, Stefan Schamberg, Alfons Schömer, Pirjo-Marjatta Väliaho

Diese Welt ist doch gerecht – und meine Zukunft noch dazu gesichert:
Ich werde schon sehr bald die neue Werbefigur für alle Damenbart-
Produkte von Braun sein. Als verkleideter Mann.

136
137

Werner Caulmann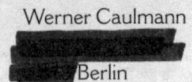

Berlin, den 04. 07. 2014

Berlin

Trabant nT GmbH
Ronald Gerschewski
Waldstraße 11
08112 Wilkau-Haßlau

Liefertermin

Sehr geehrter Herr Gerschweski,

leider habe ich von Ihren Genossen trotz frankiertem Rückumschlag bisher noch keine Antwort auf meine Beschwerde vom 25. 04. 2014 erhalten. Deswegen wende (bitte verzeihen Sie mir das Wort) ich mich nun direkt an Sie.

Zum Sachverhalt: Mir ist durchaus bewusst, dass die Auslieferung eines Trabanten seit jeher nicht von heute auf morgen geschieht – nur warte ich mittlerweile schon etwas länger auf meinen neuen Wagen: knapp 31 Jahre. Und eine derartige Lieferspanne dürfte selbst für Ihre Verhältnisse nicht unbedingt rekordverdächtig sein. Vermutlich wäre sogar eine 92 Jahre alte, halbseitig gelähmte Schnecke mit einem Umweg über Australien in Zeitlupe schneller gewesen, nachdem sie zwei Wochen nicht geschlafen und danach Beruhigungsmittel genommen hat.

Gut, die ersten 15 Jahre nahm ich an, durch die Wende und die damit einhergehenden veränderten Umstände würde sich die Auslieferung vielleicht noch um ein paar Jahrzehntchen verzögern. Da wollte ich nicht unnötig Druck machen. Nun habe ich aber beschlossen, doch mal vorsichtig nachzuhaken (nicht, dass mein Auftrag durch die Umstellung auf Computer irgendwie untergegangen ist). Zudem hat sich kürzlich auch meine Adresse geändert.

Wann kann ich denn mit meinem Wagen rechnen? Lässt sich schon abschätzen, ob ein Liefertermin in diesem Jahrhundert realistisch ist?

Falls ich bei der Auslieferung nicht zu Hause sein sollte, bin ich eventuell bereits verstorben. In diesem Fall berechtige ich hiermit meinen Sohn Erich, die Ware entgegenzunehmen.

Mit freundlichen Grüßen

Werner Caulmann

P.S.: Wäre es ggf. möglich, den Wagen mit elektrischen Fensterhebern auszustatten?

IndiKar Individual Karosseriebau GmbH
Am Schmelzbach 85
08112 Wilkau-Haßlau
Telefon: +49 3 75 / 60 68-0
Telefax: +49 3 75 / 60 68-200

IndiKar Individual Karosseriebau GmbH · Am Schmelzbach 85 · 08112 Wilkau-Haßlau

Herrn
Werner Caulmann
██████ Berlin

Ihr Zeichen	Ihre Nachricht vom	Unser Zeichen	Datum
		██████	07. Juli 2014

Ihre Schreiben an Trabant nT

Sehr geehrter Herr Caulmann,

wir fordern Sie auf, zukünftig jeden weiteren Schriftverkehr zu unterlassen. In der Anlage erhalten Sie Ihren Rückumschlag zu unserer Entlastung zurück.

Mit freundlichen Grüßen

IndiKar Individual Karosseriebau GmbH

Geschäftsführer

Am Schmelzbach 85   Telefon: +49 375 / 60 68 - 0   Geschäftsführer: Registergericht
D-08112 Wilkau – Haßlau   Telefax: +49 375 / 60 68 - 200   Ronald Gerschewski   Amtsgericht Chemnitz
www.indikar.com   E-Mail: info@indikar.com

Sehr geehrtes Team von Trabant nT, da Sie keinen weiteren Schriftverkehr wünschen, gehe ich davon aus, dass ich telefonisch Kontakt aufnehmen soll. Wann passt es Ihnen denn?

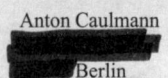

Anton Caulmann

Berlin, den 29.05.2014

█████ Berlin

KELLOGG (DEUTSCHLAND) GMBH
Mary-Somerville-Straße 9
28359 Bremen

Erhöhter Leistungsdruck beim Poppen durch »Pringles«

Sehr geehrtes KELLOGG-Team,

ich finde es eine absolute Schande, dass Sie seit nunmehr über einem Jahrzehnt Ihr Produkt »Pringles« auf derartig schlüpfrige Art und Weise bewerben und zugleich die ohnehin enormen Erwartungen beim Poppen noch weiter steigern.

Aussagen wie »Einmal gepoppt, nie mehr gestoppt« halte ich für äußerst fragwürdig. In meinem gesamten Bekanntenkreis kenne ich keine einzige Person, die ununterbrochen Sex hat. Zudem interessiert mich, wie dieser Vorgang praktisch überhaupt funktionieren soll. Wie verdient man als Dauerpopper sein Geld? Per Porno-Webcam? Meinen Chef würde es jedenfalls – gelinde gesagt – irritieren, wenn ich während des Meetings ständig meine Freundin durchbumse. Besonders in Kundenmeetings.

Aber auch der restliche Alltag dürfte sich schwierig gestalten: Kann man poppend die Post holen oder einkaufen gehen? Und kommen noch Freunde zum Kaffee vorbei, wenn man es seiner Freundin dabei permanent von hinten besorgt?

Sowieso: Was hat all das mit Pringles zu tun?

Auch Zeilen wie »Heute schon gepoppt?«, »Poppen ohne Reue«, »Liebe auf den ersten Pop«, »Poppen mit Geschmack« und das besonders pornografische, scheinbar auf Doppelpenetration abzielende »Pop a XTRA in your mouth« dürften gerade Jugendliche negativ beeinflussen. Und diese Werbeversprechen haben für mein Gefühl auch keine sonderlich stringente Verbindung zu Kartoffelchips.

Bitte denken Sie darüber nach, zumindest Ihren Slogan künftig folgendermaßen abzuwandeln:
»Einmal gepoppt, circa 5 Minuten lang nicht gestoppt.«

Das wäre in meinen Augen weitaus authentischer.

Und mit besserer Verbindung zu Ihrem Produkt:
**»Einmal gepoppt, circa 5 Minuten lang nicht gestoppt
(und zur Stärkung danach Kartoffelchips gegessen)«**
→ Müsste Ihre Werbeagentur vielleicht noch kürzen.

Ich bitte Sie in dieser Angelegenheit um Stellungnahme.

Mit freundlichen Grüßen

Anton Caulmann

KELLOGG (DEUTSCHLAND) GMBH · Mary-Somerville- Straße 9 · D-28359 Bremen

Anton Caulmann

Berlin
GERMANY

12. Juni 2014

Sehr geehrter Herr Caulmann,

vielen Dank für Ihre Nachricht bezüglich der PRINGLES Werbeslogans.

Sie haben vielleicht bemerkt, dass wir die Slogans seit der Übernahme durch KELLOGG geändert haben. Wir sind völlig Ihrer Meinung und haben kein Interesse daran, einen möglichen sexuellen Leistungsdruck auf unsere VerbraucherInnen auszuüben.

Auch wenn die von Ihnen zitierten Slogans der Vergangenheit angehören, möchten wir uns an dieser Stelle nochmals für Ihr Schreiben bedanken und hoffen, Sie auch zukünftig zu unseren Verbrauchern zählen zu dürfen.

Wir wünschen Ihnen weiterhin „Guten Appetit" mit Kellogg's und tollen Knabberspaß mit Pringles.

Freundliche Grüße

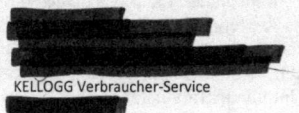

KELLOGG Verbraucher-Service

KELLOGG (DEUTSCHLAND) GMBH · Mary-Somerville Straße 9 · D-28359 Bremen
T +49 (0) 421-39 99-0 · F +49 (0) 421-39 99 299 · I www.kellogg.de

Unverschämt! Die Wörter »Guten Appetit« in Anführungszeichen zu setzen ist doch nur eine weitere versaute Anspielung mit klarem Bezug zu sexuellem Appetit. Aber das ist noch nicht alles: Auch das Lied »Lass ihn raus, den Tiger!« für Kellogg's Frosties ist ausgesprochen anrüchig, wenn man es sich mal durch den Kopf gehen lässt.

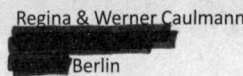

Regina & Werner Caulmann   Berlin, den 19. 05. 2014
█████████ Berlin

Apothekerkammer Berlin
Littenstraße 10
10179 Berlin

Ihr Schranksystem

Sehr geehrtes Apothekerkammer-Team,

meine Frau und ich haben uns vor Kurzem einen Apothekerschrank in unsere
Küchenzeile einbauen lassen. Ein verheerender Fehlkauf! WIE KONNTEN SIE ETWAS
DERARTIG SINNLOSES NUR ENTWERFEN?

Als Möbelgestalter sind Sie VOLLKOMMEN UNTALENTIERT! Ganz gleich, was man aus
dem Schrank holen möchte – die Tür ist einem immer im Weg. IMMER! Zum Teil sta-
peln wir die Sachen nun lieber draußen, weil wir das Ding so ungern benutzen.

Man müsste ja meinen, huiuiui, Apotheker, das sind gebildete Leute, die sind auf
eine gute Übersicht angewiesen, da muss man schnell an lebenswichtige Medikamente ran … Wenn die ihre Schränke so bauen, funktioniert das System GARANTIERT.
Aber nein! Wegen Ihrer Schränke muss man überhaupt erst in die Apotheke!!! Sie
machen einen so fertig, dass man eine regelrechte Apothekerschrankdepression
entwickelt! UND DAGEGEN HABEN AUCH SIE KEINE MEDIKAMENTE!

Da hätten wir ja noch lieber ein Stinktier in unserer Küche stehen als diesen Schrank!
Oder den Ex-Mann meiner Frau!

So erklären sich übrigens auch die sogenannten » Apothekerpreise «. Denn wenn es
dermaßen kompliziert ist, die Waren aus den Schränken hervorzuholen, steigt natürlich auch der Zeitaufwand, und somit kommt es zu Mehrkosten. Zudem wird das Personal wahrscheinlich schnell berufsunfähig. Vielleicht sollten Sie für Ihre Kunden im
Schaufenster ein Schild aufhängen, auf dem steht: » Unsere Preise sind nur so hoch,
weil unsere Schränke so unpraktisch sind. Wir bitten um Ihr Verständnis. «

Was haben Sie sich bloß bei dieser eigenartigen Erfindung gedacht? Warum nicht
einfach ein ganz normaler Schrank mit einer ganz normalen Tür? Muss es immer so
ein elitärer Schnickschnack ohne Sinn und Verstand sein, nur weil man Mediziner
ist? Klempner erfinden doch auch nicht ihre eigenen Möbel. Jedenfalls ist uns kein
Klempnerbeistelltischchen bekannt. Und auch keine Fleischerrécamière.

Wieso diese nutzlose Extrawurst ?

Bitte erläutern Sie uns das.

Mit freundlichen Grüßen,

Regina & Werner Caulmann

P. S.: Haben Sie vielleicht Interesse daran, uns unseren Apothekerschrank
abzukaufen? Sie haben doch höchstwahrscheinlich – ganz im Gegensatz zu
uns – Verwendung dafür.

Apothekerkammer Berlin
Körperschaft des öffentlichen Rechts

Apothekerkammer Berlin • Littenstraße 10 • 10179 Berlin
Persönlich/vertraulich
Frau Regina Caulmann
Herrn Werner Caulmann

████ Berlin

Ihr Ansprechpartner
Tel. 030/315964-13

Ihr Schreiben vom	Ihr Zeichen	Unser Zeichen	Datum
			21.05.2014

Ihre Beschwerde vom 19.05.2014 bezüglich Ihres Schranksystems

Sehr geehrte Frau Caulmann,
sehr geehrter Herr Caulmann

die Apothekerkammer Berlin ist eine Berufsvertretung der Apotheker und nimmt die Angelegenheiten des Berufsstandes in Selbstverwaltung wahr. Sie überwacht die Erfüllung der Berufspflichten der Kammermitglieder und sorgt für die Qualität der Berufsausübung.

Die Apothekerkammer hat weder einen Einfluss auf die Einrichtungsgegenstände von öffentlichen Apotheken noch auf die Namensgebungen von Möbelgestaltern. Mit Reklamationen müssen Sie sich daher an den Gestalter bzw. Einrichter Ihres Einbauschrankes wenden. Wir senden Ihnen daher Ihre Eingabe mit dem Freiumschlag anliegend zurück.

Zu Ihren gemutmaßten weiteren Ausführungen erlauben wir uns nachstehende Anmerkungen. Die in den Apotheken allgemein üblichen Ziehschränke haben sich hervorragend bewährt, garantieren eine äußerst schnelle Bedienung der Kundschaft und sind keineswegs unfallträchtig.

Die Arzneimittelpreise der verschreibungspflichtigen Arzneimittel in den Apotheken sind staatlich geregelt, die der anderen Artikel bewegen sich, allein schon aus marktwirtschaftlichen Erwägungen, im normalen Bereich. Personalkosten haben auf die Preisgestaltung eines Artikels keinerlei Einfluss.

Mit freundlichen Grüßen

APOTHEKERKAMMER BERLIN
Im Auftrag

████

Scheinbar nennen Apotheker Apothekerschränke gar nicht »Apothekerschränke« – sondern »in den Apotheken allgemein übliche Ziehschränke«. Jedoch verlangsamt diese Bezeichnung den Bedienprozess meines Erachtens zusätzlich. Man stelle sich vor, eine Mitarbeiterin findet ein Medikament nicht und ist gezwungen, eine andere zu fragen, ob es sich »nun in diesem in den Apotheken allgemein üblichen Ziehschrank oder in jenem in den Apotheken allgemein üblichen Ziehschrank« befindet. Da ist man in der Warteschlange im Zweifel mittlerweile längst weggestorben.

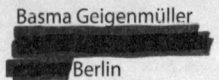

Basma Geigenmüller
██████████
████ Berlin

Berlin, den 30.08.2013

Bergader Privatkäserei GmbH
Hans Burger
Postfach 1151
83325 Waging am See

Bavaria blu – TOTAL VERSCHIMMELT!!!

Sehr geehrter Herr Burger,

ich habe vor Kurzem einen Käse Ihrer Firma erworben und war schockiert, als ich ihn am nächsten Tag zum großen Frühstück mit Gästen aus der Packung nahm. DER KÄSE WAR KOMPLETT VERSCHIMMELT! Und das nicht nur äußerlich, sondern auch im gesamten Innenbereich. Es war auch kein normaler, weißer Schimmel – sondern ein furchterregender, mutiert wirkender BLAUER Schimmel. Zudem roch der Käse stark.

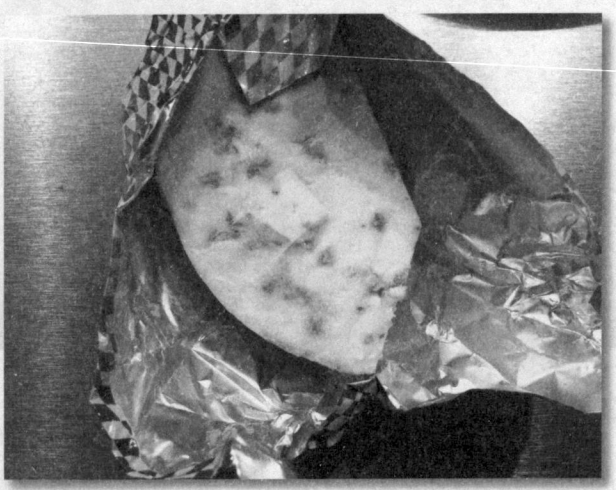

Ich habe so etwas Ekelhaftes in meinem ganzen Leben noch nicht gesehen! Ich musste mich sofort übergeben – leider direkt auf die Antipastiplatte, die ich für den großen Tag extra hatte liefern lassen.

Ich hoffe, ich erhalte für diesen Schock eine Wiedergutmachung von Ihnen.

Mit freundlichen Grüßen,

Basma Geigenmüller

Bergader Privatkäserei GmbH • Weixlerstraße 16 • D-83329 Waging am See

Frau
Basma Geigenmüller
▬▬▬▬▬▬
▬▬▬Berlin

Ihre Nachricht

Ihr Zeichen

Unser Zeichen

Telefon (08681) 404-▬▬
Telefax (08681) 690-245
e-Mail
▬▬▬▬▬@bergader.de

02.09.2013

Ihr Brief vom 30.08.2013

Sehr geehrte Frau Geigenmüller,

wir bedanken uns für Ihren Brief vom 30.08.13 und möchten gerne zu Ihrer Reklamation Stellung nehmen.
Es tut uns sehr leid, dass Sie mit unserer Blauschimmel-Käsespezialität von Bavaria blu nicht zufrieden waren.

Es gibt verschiedene Sorten von Bavaria blu, so zum Beispiel die 150 g Minitorte mit milder Geschmacksnote, den 175 g Halbmond „Der Milde" sowie den 175 g Halbmond „Der Würzige" mit der etwas kräftigeren Geschmacksnote.
Bavaria blu „Der Würzige" wird, wie alle Bavaria blu-Sorten, ohne jegliche Konservierungsstoffe, nur mit natürlichen Zutaten von unseren Käsemeistern hergestellt. Er zeichnet sich dadurch aus, dass er nicht nur im Käseteig, sondern auch auf der Oberfläche blauen Edelschimmel bildet. Dies ist ein ganz besonderes Qualitätsmerkmal für diesen Käsetyp. Sein Geschmack ist recht kräftig und nimmt mit zunehmendem Reifegrad zu. Der hier verwendete Edelschimmel heißt Penicillium roqueforti.
Sie können daher diesen Bavaria blu bedenkenlos genießen. Gerne schicken wir Ihnen in der Anlage weitere Informationen zu Bavaria blu „Der Würzige" und auch auf unserer Homepage können Sie Näheres erfahren (www.bergader.de).

Wir hoffen, Ihnen mit unseren Informationen weitergeholfen zu haben und möchten Ihnen gerne als treuen Bergader Kunden ein Käsepacket mit den verschiedenen Sorten der Marke Bavaria blu schicken.

Telefon (08681) 404-0 • Telefax (08681) 404-100 • e-mail: info@bergader.de
Banken: HypoVereinsbank UniCredit Bank AG Traunstein
Swift-Code/BIC: HYVEDEMM453 • IBAN: DE69 7102 2182 0003 6015 28
Kreissparkasse Traunstein Swift-Code/BIC: BYLADEM1TST • IBAN: DE58 7105 2050 0000 3255 55
UST-ID Nr: DE131551697 • **HRB** Traunstein 4971 • **Geschäftsführer:** Hans Burger, Beatrice Kress, Bernhard Niedermaier

www.bergader.de

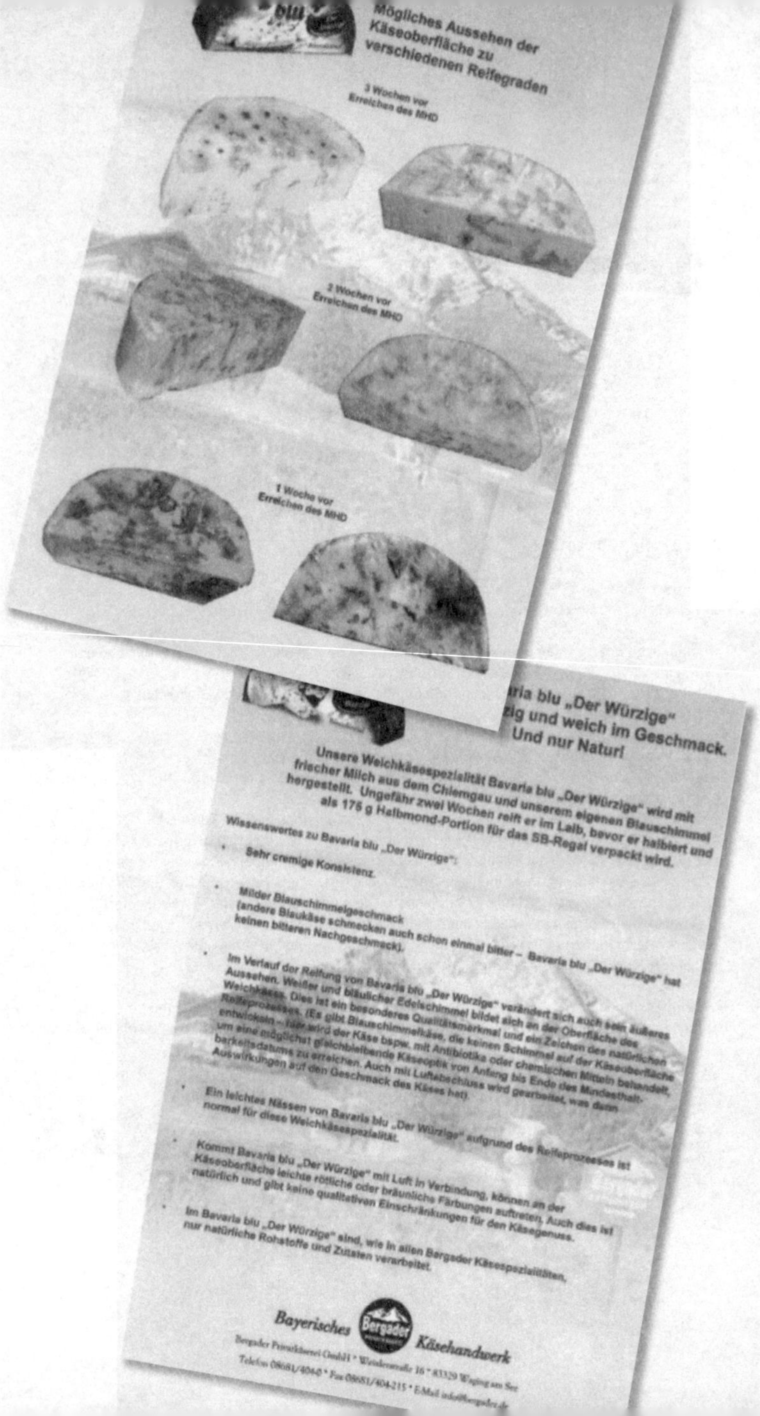

Mögliches Aussehen der Käseoberfläche zu verschiedenen Reifegraden

3 Wochen vor
Erreichen des MHD

2 Wochen vor
Erreichen des MHD

1 Woche vor
Erreichen des MHD

...aria blu „Der Würzige"
...ig und weich im Geschmack.
Und nur Natur!

Unsere Weichkäsespezialität Bavaria blu „Der Würzige" wird mit frischer Milch aus dem Chiemgau und unserem eigenen Blauschimmel hergestellt. Ungefähr zwei Wochen reift er im Laib, bevor er halbiert und als 175 g Halbmond-Portion für das SB-Regal verpackt wird.

Wissenswertes zu Bavaria blu „Der Würzige":

- Sehr cremige Konsistenz.

- Milder Blauschimmelgeschmack
  (andere Blaukäse schmecken auch schon einmal bitter – Bavaria blu „Der Würzige" hat keinen bitteren Nachgeschmack).

- Im Verlauf der Reifung von Bavaria blu „Der Würzige" verändert sich auch sein äußeres Aussehen. Weißer und bläulicher Edelschimmel bildet sich an der Oberfläche des Weichkäses. Dies ist ein besonderes Qualitätsmerkmal und ein Zeichen des natürlichen Reifeprozesses. (Es gibt Blauschimmelkäse, die keinen Schimmel auf der Käseoberfläche entwickeln – hier wird der Käse bspw. mit Antibiotika oder chemischen Mitteln behandelt, um eine möglichst gleichbleibende Käseoptik von Anfang bis Ende des Mindesthaltbarkeitsdatums zu erreichen. Auch mit Luftabschluss wird gearbeitet, was dann Auswirkungen auf den Geschmack des Käses hat).

- Ein leichtes Nässen von Bavaria blu „Der Würzige" aufgrund des Reifeprozesses ist normal für diese Weichkäsespezialität.

- Kommt Bavaria blu „Der Würzige" mit Luft in Verbindung, können an der Käseoberfläche leichte rötliche oder bräunliche Färbungen auftreten. Auch dies ist natürlich und gibt keine qualitativen Einschränkungen für den Käsegenuss.

- In Bavaria blu „Der Würzige" sind, wie in allen Bergader Käsespezialitäten, nur natürliche Rohstoffe und Zutaten verarbeitet.

Bayerisches ● Käsehandwerk

Bergader Privatkäserei GmbH ● Weixlerstraße 16 ● 83329 Waging am See
Telefon 08681/4040 ● Fax 08681/404215 ● E-Mail info@bergader.de

Die Bergader Privatkäserei schickte großzügig zwei Packungen »Bavaria Blu« inklusive Kühlaggregat mitsamt ihrem Antwortschreiben. Blöd nur, dass das Paket per UPS etwa sechs Tage brauchte, bis wir es schließlich in Empfang nehmen konnten. Der Käse roch stark und hatte schon die Verpackung durchfeuchtet, als ich ihn im Innenhof im Mülleimer entsorgte. Und verschimmelt war er höchstwahrscheinlich auch.

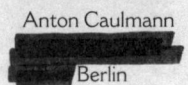

Anton Caulmann

██████████
███████ Berlin

Berlin, den 29.05.2014

Deutscher Basketball Bund e. V.
Schwanenstraße 6–10
58089 Hagen

DISKRIMINIEREND: IHRE KÖRBE HÄNGEN ZU HOCH!

Sehr geehrtes Team des Deutschen Basketball Bunds,

mit meinen 1,64 Meter bin ich zugegebenermaßen nicht gerade groß geraten.
Sagen wir es so: Ich werde eher selten mit Dirk Nowitzki verwechselt. Grundsätzlich fällt meine Körpergröße aber auch nicht sonderlich häufig auf – außer
eben beim Basketball. Aus diesem Grund richte ich nun diese Beschwerde an
Sie.

ES KANN DOCH NICHT SEIN, DASS SIE IN DEUTSCHLAND NACH WIE
VOR EIN SPIEL BETREIBEN DÜRFEN, BEI DEM MAN REGULÄR ALS
EHER KLEINERER MENSCH DERMASSEN BENACHTEILIGT WIRD!

Dass Sie Ihre Basketballkörbe VORSÄTZLICH auf eine Höhe von 3,05 Meter(!)
hängen, ist eine ABSOLUTE DISKRIMINIERUNG! Ich kenne NIEMANDEN,
der auch nur ansatzweise 3 Meter groß wäre. Und es wäre ja nun ÜBERHAUPT
KEIN Problem, den Korb auf einer allgemeinverträglichen Höhe anzubringen –
bspw. auf 1,05 Meter. Auf diese Weise wäre das Spiel endlich halbwegs fair und
politisch korrekt.

Wobei große Menschen natürlich auch größere Schritte machen können. Deswegen sollten darüber hinaus Spielern ab einer gewissen Größe die Beine zusam-
mengebunden werden, sodass sie nur noch zu kleineren Schritten in der Lage
wären. Und würde ihre Kleidung nun zusätzlich mit Gewichten beschwert, damit sie eine fest definierte Sprunghöhe nicht mehr überschreiten würden, gäbe
es auch im Basketballsport ENDLICH Gerechtigkeit. Eventuell sollte man zu
große Spieler gänzlich von der Sportart ausschließen.

Werden Sie das Regelwerk meinen Vorschlägen entsprechend ändern?

Ich bitte Sie in dieser Angelegenheit um Stellungnahme.

Vielen Dank.

Mit freundlichen Grüßen

Anton Caulmann

Schwanenstraße 6–10
D-58089 Hagen

T +49 2331 106-0
F +49 2331 106-179

info@basketball-bund.de
www.basketball-bund.de

Leitung Öffentlichkeitsarbeit
T +49 2331 106-
M +49 171 53 55 812
@basketball-bund.de

Datum: 2.6.2014

Anton Caulmann

Berlin

Ihr Schreiben vom 29. Mai 2014

Sehr geehrter Herr Caulmann,

haben Sie vielen Dank für Ihr Schreiben. Ich muss Ihnen gestehen, dass ich nicht wirklich weiß, wie ich am besten darauf reagieren soll, denn der Inhalt ist derart ungewöhnlich, dass er mir bisher noch nicht im entferntesten begegnet ist.

Die Regeln unserer schönen Sportart und damit auch die Höhe des Korbes wurden vor weit über 100 Jahren festgelegt und seitdem in grundsätzlicher Art nicht verändert. Zuständig für eine derart spieländernde Regeländerung wie die Reduzierung der Korbhöhe wäre der Basketball-Weltverband im schweizerischen Mies. Ob der allerdings auf Ihren Vorwurf der Diskriminierung reagieren wird, muss ich leider bezweifeln.

Auf der Welt spielen geschätzt mehr als 600 Mio Menschen Basketball. Darunter werden auch einige hunderttausend mit einer Ihnen ähnlichen Körpergröße sein. Denn es ist ja gerade einer der großen Reize des Basketballspiels, dass es auch für eher kleinere Personen sehr attraktiv sein kann.

Ihre Vorschläge (1,05 m Korbhöhe, Beine zusammenbinden etc.) lassen mich leise vermuten - und ein bisschen hoffen - , dass es sich doch um einen Scherz handeln könnte. Sei es, wie es sei, ich schicke Ihnen hiermit

Freundliche Grüße

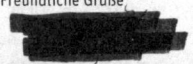

DEUTSCHER BASKETBALL BUND E.V.
i.A.
Leitung Öffentlichkeitsarbeit

Lieber Mitarbeiter des Deutschen Basketball Bunds, ich muss Sie leider enttäuschen: Dies ist der einzige Brief im gesamten Buch, den ich absolut ernst meine. Ich bitte Sie also, schnellstmöglich den Weltverband zu kontaktieren, um die von mir vorgeschlagenen Änderungen durchzusetzen. Darüber hinaus sollte die Höhe sämtlicher Eingangstüren zu Basketballplätzen künftig baulich auf 1,65 Meter reduziert werden. Ich zähle auf Sie. Vielen Dank.

Werner Caulmann Berlin, den 30.08.2013

▬▬▬▬▬▬ Berlin

Der Regierende Bürgermeister
Senatskanzlei
10178 Berlin

Überall Touristen

Sehr geehrter Herr Wowereit,

ich bin absolut schockiert von der gigantischen Touristenflut, die Berlin überschwemmt. Statt in ihren eigenen verarmten Ländern die Wirtschaft anzukurbeln, kommen diese Menschen her, essen uns die Currywürste weg und atmen unsere schöne Berliner Luft. Sie beschädigen mit ihren Rollkoffern unsere Bürgersteige und unterhalten sich laut in Fremdsprachen. Und wenn man sie beschimpft, verstehen sie es noch nicht mal. Denn meistens sprechen sie nur Englisch, Französisch oder Spanisch – oder Englisch, das sich wie Französisch oder Spanisch anhört.

Während wir uns in unseren Büros abrackern, um mit unseren Steuergeldern ihre Sehenswürdigkeiten zu finanzieren, spazieren sie braungebrannt durch die Gegend und lachen (wahrscheinlich über ihre Schuldenberge). Und wenn wir nach einem harten Tag auf ein Feierabendbier in unsere Stammkneipe gehen wollen, bekommen wir keinen Tisch mehr. Genau, wie es Frauenparkplätze gibt, sollte es zukünftig auch Tische ausschließlich für Berliner geben. Und Warteschlangen. Oder Taxen. SO JEDENFALLS GEHT ES NICHT WEITER, HERR WOWEREIT!

Unser Flughafen ist auch schon völlig überlastet. Außerdem wird alles fotografiert, begafft und angetatscht – und so eine Stadt nutzt sich ja auch irgendwann ab. Nicht, dass der Berliner Bär irgendwann so endet wie die Sphinx.

Nur, dass Sie mich nicht falsch verstehen: Ich habe nichts gegen Touristen. Solange sie zu Hause bleiben.

Mir ist durchaus bewusst, dass der Vorschlag politisch umstritten wäre – aber vielleicht sollte man darüber nachdenken, die Mauer wieder aufzubauen.

Mit freundlichen Grüßen,

Werner Caulmann

Der Regierende Bürgermeister von Berlin

Senatskanzlei

GeschZ. (bei Antwort bitte angeben)
III CB

Bearbeiter: █████

Dienstgebäude: Berlin-Mitte
Berliner Rathaus, 10178 Berlin
Eingang Rathausstraße

Tel. Durchwahl (030) 90 26-2363
Zentrale (030) 90 26-0
Intern 926

Fax Durchwahl (030) 90 26-2370
Zentrale (030) 90 26-2013

Email:
buergerberatung@senatskanzlei.berlin.de

www.berlin.de/senatskanzlei

Datum 6. September 2013

Der Regierende Bürgermeister von Berlin
Senatskanzlei – Jüdenstraße 1, 10178 Berlin (Postanschrift)

Herrn
Werner Caulmann
█████████████
█████ Berlin

Sehr geehrter Herr Caulmann,

der Regierende Bürgermeister von Berlin, Herr Klaus Wowereit, hat mich gebeten, Ihnen für Ihr Schreiben vom 30. August 2013 zu danken und Ihnen zu antworten.

Ihre Kritik an der – wie Sie es ausdrücken – gigantischen Touristenflut wurde zur Kenntnis genommen, wird jedoch nicht geteilt. Gestatten Sie mir, Ihnen dies kurz zu begründen.

Die Entwicklung des Berlin-Tourismus ist eine Erfolgsgeschichte für die deutsche Hauptstadt ist. Im Jahr 2000 wurde erstmals die 10-Millionen-Marke bei den Übernachtungen überschritten, nur zehn Jahre später hat sich die Zahl bereits verdoppelt; in diesem Jahr rechnet man mit rd. 25 Millionen Übernachtungen. Nach London und Paris steht Berlin damit auf Platz 3 der europäischen Reiseziele. Die Stadt ist eine der attraktivsten europäischen Metropolen, die mit rasantem Tempo in die Spitzenliga des internationalen Tourismus aufgestiegen ist. Inzwischen ist der Tourismus fest als Schlüsselbranche der deutschen Hauptstadt etabliert. Mehr als neun Milliarden Euro beträgt der jährlich erwirtschaftete Umsatz, womit ein Beschäftigungseffekt für mehr als 230.000 Personen verbunden ist. Berlin hat weltweit ein unbezahlbares Image entwickelt und zählt derzeit zu den gefragtesten Reisezielen. Deshalb hält der Regierende Bürgermeister es auch für richtig, dass in Berlin auch weiterhin eine Willkommenskultur gegenüber Touristen dokumentiert wird. Natürlich ist es auch unbestreitbar, dass mit dem Tourismus auch Begleiterscheinungen verbunden sind, die nicht an allen Stellen auf Begeisterung stoßen. Stellvertretend seien hier die regelmäßig stattfindenden Partys an der Admiralbrücke zu nächtlicher Zeit genannt. Dass sich die Anwohner von den damit einherge-

Der Regierende Bürgermeister
Senatskanzlei
Jüdenstraße 1
10178 Berlin

Verkehrsverbindungen:
U- und S-Bahn Alexanderplatz,
Regionalbahn, Tram M 2, M 5, M 6
Bus M 48, 100, 200, 248, TXL

Besucher/-innen und Telefon:
Mo./Di. von 9.00 - 15.00 Uhr,
Mi. (nur telefonisch)
Do. von 9.00 - 18.00 Uhr
Fr. von 9.00 - 14.00 Uhr

enden Lärm- und Schmutzbelästigungen gestört fühlen, ist wohl unbestritten. Allerdings darf das nicht in einen tourismusfeindlichen Tonfall umkippen. Diese Konflikte müssen vor Ort gelöst werden, was nicht immer einfach ist, aber der Grundsatz ist das Gespräch und ein längerer Prozess der Moderation.

Der Senat von Berlin begrüßt den wachsenden Tourismus in Berlin, der letztendlich auch den Ruf Berlins als eine weltoffene und liberale Stadt bestätigt, denn gerade Toleranz, Akzeptanz und ein friedliches Zusammenleben schaffen den Raum für die Vielfalt der Lebensweisen in Berlin. Berlin ist offen für alle Menschen. Sie sind willkommen, um ihrer selbst willen, aber auch, weil Vielfalt eine Bereicherung für diese Stadt ist. Und die Mehrheit der Berlinerinnen und Berliner sind dieser Auffassung.

Mit freundlichen Grüßen
Im Auftrag

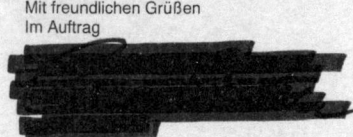

Es ist schön, dass der Senat den wachsenden Tourismus in Berlin begrüßt. Ich frage mich nur, ob es bald überhaupt noch einen Flughafen in der Hauptstadt geben wird, an dem die Touristen begrüßt werden können. Die Mehrheit der Berlinerinnen und Berliner ist ganz sicher ebenfalls dieser Auffassung. Und das ist auch gut so.

Werner Caulmann   Berlin, den 14.04.2014
▓▓▓▓▓▓▓ Berlin

Deutsches Patentamt
Gitschiner Straße 97
10969 Berlin

Ihr Mitarbeiter hat mein Lebenswerk zerstört

Sehr geehrte/r Mitarbeiter/in des Patentamts,

ich habe einem Ihrer Mitarbeiter vor einigen Tagen eine Erfindung von mir präsentiert, die ich patentieren lassen wollte. Es
handelt sich hierbei um ein Gerät, mit dem sowohl Nahrungsmittel als auch Getränke kühl gehalten werden können – gerade im Sommer ja ausgesprochen praktisch. Das Gerät ist
ähnlich aufgebaut wie ein Schrank und unterteilt in zwei verschiedene Kühlzonen. Eine hält die Produkte ganz besonders
kühl, eine andere kühlt sie etwas sanfter für den sofortigen
Gebrauch.

Nun entgegnete mir Ihr Mitarbeiter, dass es nicht möglich sei,
etwas zu patentieren, »das es schon gebe«. WAS FÜR EINE
UNVERSCHÄMTHEIT! DAS MÜSSEN SIE MIR ERST MAL BEWEISEN!
WAHRSCHEINLICH HAT SICH IHR MITARBEITER MEINE ERFINDUNG
MITTLERWEILE SELBST PATENTIEREN LASSEN UND WIRD MIT MEINER
IDEE BALD MILLIONÄR! DAS GANZE PROZEDERE IN IHREM HAUS
WIRKTE AUSGESPROCHEN UNSERIÖS! ES WÜRDE MICH NICHT
WUNDERN, WENN SICH DER HERR AUCH NOCH DAS TELEFON,
DIE DAMPFMASCHINE UND DAS RAD HAT PATENTIEREN LASSEN!
UND ER SAH NICHT GERADE AUS WIE ALBERT EINSTEIN! WENN MIR
WIEDER MAL ETWAS EINFÄLLT, KOMME ICH DAMIT KEINESFALLS ZU
IHNEN! DA KANN ICH AUCH GLEICH ZU DEN CHINESEN, DAS
KOMMT AUFS GLEICHE RAUS!

Ich bitte Sie in dieser Angelegenheit um Stellungnahme.

Mit freundlichen Grüßen

Werner Caulmann

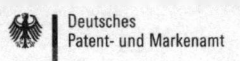

Deutsches
Patent- und Markenamt

Deutsches Patent- und Markenamt • 80297 München

Herr
Werner Caulmann
████████ Berlin

2.1.2.b - Auskunftsstelle

HAUSANSCHRIFT
Zweibrückenstraße 12
80331 München

POSTANSCHRIFT
80297 München

TEL +49 89 2195-3402
FAX +49 89 2195-2221

info@dpma.de
www.dpma.de

AKTENZEICHEN
Auskunftsstelle

DATUM
München, 17.04.2014

Betreff: **Ihre Bestellung von Unterlagen**

Bezug: 1. Ihr Schreiben vom 14.04.2014

Anlage(n): 00, 02, Broschüren Patent und Gebrauchsmuster, PIZ-Flyer,
              Flyer DEPATISnet, Schutzrechte im Überblick

Sehr geehrter Herr Caulmann,

es tut mir außerordentlich Leid, dass Sie nach einem ersten Informationsgespräch
über Ihre technische Erfindung offenbar den Eindruck bekommen haben, Ihre
Erfindung, an der Sie sicher lange gearbeitet haben, sei von dem Mitarbeiter als nicht
neu eingestuft worden.

Ihr Besuch beim Patentamt soll Sie grundsätzlich nicht entmutigen. In den
Auskunftsstellen und in den beiden Recherchesälen sind wir stets bemüht, Sie richtig
und kompetent darüber zu informieren, wie Sie eine technische Erfindung zum
Patent oder auch Gebrauchsmuster anmelden können. Wir empfehlen dann in der
Regel auch eine Recherche zum **Stand der Technik** in unserer Datenbank
DEPATISnet zu machen.

Hatten Sie bei Ihrem Besuch im Patentamt bereits die Unterstützung der
Mitarbeiterinnen und Mitarbeiter im Recherchesaal in Anspruch genommen?
Vielleicht haben Sie auch zu Hause einen Online-Zugang zur Datenbank
DEPATISnet (http://depatisnet.dpma.de).

Grundsätzlich ist es so, das nur die technischen Dinge und Verfahren patentfähig
sind, die am Tag der Anmeldung beim Patentamt gewerblich anwendbar sind, auf
einer erfinderischen Tätigkeit beruhen und insbesondere **weltweit neu** sind. Das
heißt Ihre Erfindung wurde so oder ähnlich nicht bereits vorher von jemandem
anderen zum Patent angemeldet oder auf den Markt gebracht oder anderweitig,
beispielsweise in einem Zeitungs- oder Zeitschriftenartikel beschrieben und
veröffentlicht.

GO-5.2-e
7.12

154
155

Deutsches
Patent- und Markenamt

Die Patentfähigkeit einer technischen Erfindung wird erst geprüft, wenn Sie eine wirksame Patentanmeldung eingereicht haben und die Patentprüfung extra beantragt haben. Die Kosten hierfür betragen mindestens 410 Euro.
Außerhalb eines Patentprüfungsverfahrens ist es Mitarbeitern des Deutschen Patent- und Markenamtes <u>nicht gestattet, zur Patentfähigkeit rechtlich Stellung</u> zu nehmen. Insofern lag hier in Ihrem Gespräch mit dem Mitarbeiter im DPMA, als Sie ihm Ihr Kühlgerät vorgeführt haben, sicher ein Missverständnis vor.

Das Personal im DPMA ist selbstverständlich zur Verschwiegenheit verpflichtet. Sie können also beruhigt sein: nach Ihrem Besuch im DPMA wird Ihre Erfindung sicher nicht durch einen Mitarbeiter des Amtes patentiert und verwertet werden.

Ich füge diesem Schreiben Unterlagen zur Anmeldung eines Patents sowie Gebrauchsmusters und weiteres Informationsmaterial bei.

Durch eine Schutzrechtsanmeldung wird Ihnen eine Prioritätsfrist von 12 Monaten eingeräumt, um z.B. im Ausland (Europäisches Patentamt, PCT-Anmeldung oder einem anderen nationalen Amt) das Schutzrecht anzumelden.

In der für Sie zuständigen Industrie- und Handelskammer, in Patentinformations- zentren oder im DPMA TIZ Berlin werden Termine für eine kostenlose Erfinder- Erstberatung angeboten. Sie haben dort Gelegenheit eine Strategie für die weitere Vorgehensweise zu entwickeln.

Ich hoffe, ich konnte Ihnen mit meinen Ausführungen wieder Mut zu sprechen und Klarheit verschaffen.

Für Rückfragen stehen wir Ihnen gerne zur Verfügung.

Mit freundlichen Grüßen

Verwertungsinitiativen und Beratungsnetzwerke

Diese Beratungsnetzwerke sind eventuell nützlich bei der Verwertung Ihres
gewerblichen Rechtsschutzes / Ihrer technischen Erfindung:

- PIZnet – Patentinformationszentren http://www.piznet.de/

- Signo Deutschland (früher: INSTI) http://www.signo-deutschland.de

- Patentserver des Bundesministeriums für Wirtschaft und Technologie (BMWi)
  http://www.patentserver.de/

- TechnologieAllianz (bundesweites Netzwerk von Patent-, Verwertungs- und
  Technologietransfer-Agenturen) http://www.technologieallianz.de

- Existenzgründungsportal des BMWi
  http://www.existenzgruenderinnen.de/DE/Beratung/beratung_node.html

- Förderberatung "Forschung und Innovation" des Bundes
  http://www.foerderinfo.bund.de/

- Deutscher Erfinder-Verband e.V. http://www.deutscher-erfinder-verband.de/

- Deutscher Industrie- und Handelskammertag (DIHK) – IHK Technologiebörse
  http://www.technologieboerse.ihk.de/cgi-bin/techboerse.pl?job=start

Es beruhigt mich sehr, dass sich der Mitarbeiter des DPMA meine Erfindung noch nicht hat patentieren lassen. Zwischenzeitlich hatte ich sogar einige weitere Ideen:

1. eine mit Wasser betriebene Maschine, in der man Kleidungsstücke
   reinigen kann
2. eine Tablette, die Frauen vor einer ungewollten Schwangerschaft
   schützt
3. eine mechanische Vorrichtung, mit Hilfe derer sich die Uhrzeit
   ablesen lässt

Und – bei aller Bescheidenheit: Es ist wohl nicht anmaßend zu behaup-
ten, dass mich die Menschheit für diese Innovationen noch sehr
lang in bester Erinnerung behalten wird.

Charlotte Caulmann 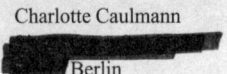 Berlin, den 26.08.2013

▓▓▓▓▓▓ Berlin

rbb
Dagmar Reim
Masurenallee 8–14
14057 Berlin

Jugendgefährdende Songtexte bei Radio Fritz

Sehr geehrte Frau Reim,

ich wundere mich doch sehr darüber, dass bei einem öffentlich-rechtlichen Radiosender Songs wie »Paradise« von Cassie ohne jegliche Zensur gespielt werden – ganz besonders unter Anbetracht Ihrer definierten Kernzielgruppe von 14–29 Jahren.

Meine 15-jährige Tochter hört bei Radio Fritz also nun Zeilen wie »Don't know what to do, cuz I'm so shy – I'm fucking with you«.

Vielleicht ist Ihre Redaktion des Englischen einfach nicht mächtig – meine Tochter versteht nur leider schon eine ganze Menge. Und ich zahle dementsprechend GEZ-Gebühren dafür, dass Sie ihr ein Weltbild mit Leitsätzen vermitteln wie »Ich weiß nicht, was ich machen soll, weil ich so schüchtern bin – ich ficke mit dir«. Im Refrain heißt es dann wiederholt »Ich ficke mit ihm jede Nacht«. Das arme Mädchen scheint seine Schüchternheit nicht überwinden zu können – und fickt und fickt und fickt und fickt.

Mysteriös, dass es kurz darauf mit plötzlich gar nicht mehr so schüchternen Botschaften wie »Your girl can't say shit«. weitergeht – einem Aufruf zum Fremdgehen, gepaart mit dem Wort »Scheiße«. Und der Zeile »Just let me do whatever with you.«, einer Aufforderung zur sexuellen Tabufreiheit. Scheinbar ist die Schüchternheit in der zweiten Strophe dann doch endlich überwunden, wozu ich der Künstlerin an dieser Stelle gratulieren möchte.

Ein paar Sätze später steigt ihr debil lachender Duettpartner ein: »She was givin' me brains while I was rollin' one up«, was übersetzt bedeutet: »Sie hat mir einen geblasen, während ich einen Joint rollte«. Und zum krönenden Abschluss macht er noch eine Andeutung auf Cunnilingus: »Then I'm going in for a taste – especially below your waist«.

Ich muss schon sagen: Es erschließt sich mir nicht vollkommen, auf welche Weise Sie hier Ihren Bildungsauftrag erfüllen. Denn statt Radio Fritz könnten die Kinder doch dann auch einfach einen x-beliebigen Porno einschalten.

Mit freundlichen Grüßen,

Charlotte Caulmann

RBB MASURENALLEE 8-14 14057 BERLIN

Frau
Charlotte Caulmann
███████████████
████████Berlin

PROGRAMMDIREKTORIN
09. September 2013

TELEFON   (030) 97 99 ██████
TELEFAX   (030) 97 99 ██████
E-MAIL   programmdirektion@rbb-online.de

Sehr geehrte Frau Caulmann,

haben Sie Dank für Ihr Schreiben vom 26. August 2013 an die Intendantin des **rbb**. Frau Reim hat mich als zuständige Programmdirektorin gebeten, Ihnen zu antworten.

Sie kritisieren den Inhalt des englischsprachigen Lieds „Paradise" von
Cassie feat. Wiz Khalifa, das Sie in unserem Jugendprogramm **Fritz**
gehört haben. Über Ihre Kritik habe ich auch mit der Programmchefin
von **Fritz**, Karen Schmied, gesprochen, die von Ihnen ein ähnliches
Schreiben bekommen hatte.

Grundsätzlich kann ich Ihnen versichern, dass wir als **rbb** in all unseren Programmen und ganz besonders die Kolleginnen und Kollegen
von **Fritz** auf die Sprachwahl und die Aussagen der gespielten Lieder
achten. Dabei ist es uns besonders wichtig, dass die Texte Menschen
nicht erniedrigen und dass sie weder Drogen noch Gewalt verherrli-
chen. Solche Elemente sehen die **Fritz**-Kollegen in dem von Ihnen kritisierten Song „Paradise" nicht. Auch ich habe mir aufgrund Ihres
Schreibens den Text noch einmal angeschaut. Über den Inhalt lässt
sich sicher streiten, jedoch komme auch ich zu dem Schluss, dass die
Protagonistin in dem Song selbstbestimmt agiert und nicht erniedrigt
wird.

RUNDFUNK
BERLIN-BRANDENBURG

MASURENALLEE 8-14
14057 BERLIN
TELEFON (030) 97 99 3-0
TELEFAX (030) 97 99 3-19
WWW.RBB-ONLINE.DE

Die Diskussion, welcher Songtext akzeptabel ist und welcher nicht, führen die Kolleginnen und Kollegen von **Fritz** regelmäßig innerhalb der Redaktion. Grundsätzlich gehen sie davon aus, dass ein solcher Text auf Englisch eher milder wirkt als ein entsprechender Text auf Deutsch. Zudem betrachten wir Popsongs und ihre Texte nicht unter der Perspektive des Bildungsauftrags, sondern die Musik in unseren Radioprogrammen ist generell eher ein unterhaltendes Element. Genrespezifisch Im zeitgenössischen Hip Hop, Soul und R&B sind solche Formulierungen keine Seltenheit, sondern eher die Regel und ein über die Jahre etabliertes Stilmittel. Dass sich weibliche Künstler dieser Sprache bedienen, ließe sich auch als Akt der Ermächtigung über die eigene Sexualität und Gleichberechtigung interpretieren.

Prinzipiell jedoch könnte man den Inhalt solcher Songs auch als Anlass nutzen, um über die angesprochenen Themen zu diskutieren. Schließlich handelt es sich bei der Künstlern Cassie (27 Jahre) und Wiz Khalifa (25 Jahre) um erfolgreiche Stars, die nicht nur in der **Fritz**-Zielgruppe sehr bekannt sind, sondern auch qua ihres Alters noch zu dieser Gruppe gehören. Wir sind sicher, dass die Auseinandersetzung mit dieser Thematik nicht nur in den Medien, sondern auf anderen Ebenen (Freunde, Eltern, Schule, Beruf) stattfindet und stattfinden sollte. Aus diesem Grund haben die **Fritz**-Kollegen Ihre Kritik zum Anlass genommen, um möglicherweise das Thema erneut in einer Talk-Sendung zu behandeln.

Freundliche Grüße

Dr. Claudia Nothelle
rbb Programmdirektorin

Es freut mich sehr, dass mein Brief eine Intendantin, eine Programmdirektorin und eine Programmchefin beschäftigt hat. Ich bin allerdings
etwas enttäuscht darüber, dass nicht auch noch die Bundeskanzlerin
hinzugezogen wurde. Ich bin mir sicher, dass auch sie ein großer Fan
von Cassie und Wiz Khalifa ist – allein schon als »Akt der Ermächtigung über die eigene Sexualität und Gleichberechtigung«.

Werner Caulmann 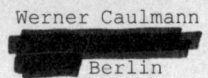 Berlin, den 05.05.2014

▬▬▬ Berlin

Bundesarbeitsgemeinschaft Kinder- und Jugendschutz
Mühlendamm 3
10178 Berlin

Die Firma DOMINO'S PIZZA gefährdet Kinder und Jugendliche!

Sehr geehrtes Team der Bundesarbeitsgemeinschaft Kinder- und Jugendschutz,

leider reagierte DOMINO'S PIZZA trotz mehrfacher Erinnerung nicht auf meine Beschwerde, weswegen ich mich nun direkt an Sie wende.

Die Firma konfrontiert unseren Nachwuchs bei der Pizza-Bestellung auf absolut fahrlässige und unnötige Weise mit pornografischen Inhalten.

Zum Sachverhalt: Wenn man sich beim Besuch der Homepage www.dominos.de nur geringfügig vertippt, landet man auf der Seite www.dominas.de. Und dort wird man unfreiwillig Zeuge der abscheulichsten sexuellen Abgründe. Je länger man sich umschaut, desto fürchterlichere Dinge bekommt man zu sehen. Gleichzeitig wird man immer hungriger, weil man sich ja nach wie vor keine Pizza bestellt hat. Ein schreckliches Gefühl. Sie können sich sicher vorstellen, dass ein derartiges Erlebnis Jugendliche traumatisieren kann.

Auf der besagten Homepage findet man neben »Dominas & Herrinnen«, »Sklaven & Sklavinnen« und »BDSM & SM Partner« (was auch immer das ist, aber ich vermute nichts Gutes) auch noch etwas viel Schlimmeres: »Tierhalter & Haustiere«. Und spätestens an diesem Punkt ist einem vollends der Appetit vergangen.

Deswegen bitte ich Sie: Setzen Sie sich dafür ein, dass sich die Firma umbenennen muss! Dabei sollten diesmal Namen wie »Bordoll«, »Fotisch« oder »Schwonzliebhaber« unbedingt vermieden werden.

Ich bitte Sie in dieser Angelegenheit um Stellungnahme.

Mit freundlichen Grüßen

Werner Caulmann

BAJ Bundesarbeitsgemeinschaft
Kinder- und Jugendschutz

Bundesarbeitsgemeinschaft Kinder- und Jugendschutz e.V.   Mühlendamm 3 · 10178 Berlin

Herrn
Werner Caulmann
▓▓▓▓▓▓▓▓
▓▓▓▓ Berlin

Berlin, 21. Mai 2014
2.7 Allgem. SV/kr
info@bag-jugendschutz.de
www.bag-jugendschutz.de

Firma DOMINOS Pizza

Sehr geehrter Herr Caulmann,

herzlichen Dank für Ihr Schreiben vom 20. Mai 2014 und Ihre Sorge für das Wohl von Kindern und Jugendlichen. Leider sehe ich allerdings keine Möglichkeit in der von Ihnen beschriebenen Situation tätig zu werden. Zwar vermag ich mir sehr gut vorzustellen, dass bei dem Eintippen von einigen Buchstaben auch einmal ein Fehler vorkommen kann, aber zum einen halte ich es für vergleichsweise unwahrscheinlich, dass Kinder online Nahrungsmittel bestellen dürfen und zum anderen beschreiben ja auch Sie selbst, dass man sich auf der Seite umsehen muss, um zu den von Ihnen als Abscheulichkeiten dargestellten Darstellungen zu kommen.

Ich bedauere Ihnen in Ihrem Anliegen nicht weiterhelfen zu können und verbleibe

mit freundlichen Grüßen

Geschäftsführer

Ich halte die dargestellte Darstellung, dass die dargestellten Darstellungen von mir als schwer zugänglich dargestellt wurden, für eine Fehldarstellung. Offensichtlich scheint der Mitarbeiter der Bundesarbeitsgemeinschaft Kinder- und Jugendschutz nur die perfekte Gelegenheit versäumt zu haben, sich aus rein beruflichen Gründen ausführlich auf dominas.de zu, äh, informieren.

162
163

Werner Caulmann

Berlin, den 06. 06. 2014

████████████
████ Berlin

Coca-Cola GmbH
Stralauer Allee 4
10245 Berlin

Meine Meinung

Sehr geehrtes Coca-Cola-Team,

leider habe ich auf mein Schreiben vom 25. 04. 2014 bisher noch
keine Antwort erhalten.

Zur Erinnerung: Ich finde Ihre Firma scheiße.

Mit freundlichen Grüßen

 Germany
Deutschland

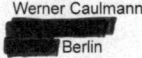
Werner Caulmann
Berlin

16. Juni 2014

Guten Tag Herr Caulmann,

vielen Dank für Ihre beiden Briefe vom 25. April und 6. Juni 2014. Gern nehmen wir
uns heute die Zeit, Ihnen zu antworten.

Schön, dass Sie sich vertrauensvoll mit so offenen Worten an uns wenden. Wir haben Ihre
beiden Schreiben sowie Ihre Meinung zur Kenntnis genommen.

Sollten Sie ein weiteres Anliegen haben, sind wir gern für Sie da und nehmen uns Zeit für
Sie.

Mit freundlichen Grüßen
Ihr Serviceline Team Coca-Cola Deutschland

Für weitere Fragen sind wir gern für Sie da unter www.coca-cola-deutschland.de .

Im Gegensatz zu Coca-Cola haben mir Mc Donald's und die Deutsche
Bank überhaupt nicht geantwortet. Dabei hatte ich mir so sehr folgende Reaktion gewünscht:

Sehr geehrter Herr Caulmann,

aha.

Mit freundlichen Grüßen
Ihr Team von Mc Donald's

Anton Caulmann

Berlin, den 10.03.2014

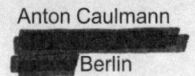 Berlin

ZOO PALAST Berlin
Hardenbergstraße 29a
10623 Berlin

Mein mangelhaftes Kino-Erlebnis

Sehr geehrtes ZOO PALAST-Team,

ich habe vor Kurzem Ihr Kino besucht, um mir dort den Film » American
Hustle « anzusehen. Leider war ich von dem Abend maßlos enttäuscht. Und
zwar aus folgenden Gründen:

1. Der Weg ins Kino ist viel länger als der zu meinem Fernseher.

2. Es befanden sich sehr viele andere Leute im Saal. Bei mir zu Hause
   im Wohnzimmer hat man dann doch mehr Privatsphäre. Außerdem ist
   mein Sessel gemütlicher.

3. Eine Frau neben mir hat häufig laut aufgelacht, was ich als störend
   empfand.
   Oft auch an Stellen, die ich persönlich nicht als lustig einordnete.

4. Das Popcorn war sehr krümelig. Zudem waren meine Hände danach
   ziemlich klebrig.

5. Die Cola war extrem süß. Ich wollte dann nichts mehr davon trinken
   und war den gesamten Film über durstig.

6. Es ist absolut nicht zeitgemäß, einen Film nicht anhalten zu können,
   wenn man die Toilette aufsuchen möchte. So verpasst man unter Umständen wichtige Szenen
   (zu Hause mit Videokassette auch besser).

7. Im Saal war es außerdem sehr dunkel, und der Lichtschalter war nicht
   auffindbar. Nachdem ich von der Toilette wiederkam, hatte ich deswegen Schwierigkeiten, meinen Sitzplatz wiederzufinden. Allerdings
   lachte meine Sitznachbarin wieder laut auf, sodass ich mich orientieren konnte. Bitte entweder Lichtschalter kenntlich machen oder
   Nachtsichtgeräte am Sitz platzieren!

8. Die Wahl des Films gefiel mir ebenfalls nicht.

Es gibt dementsprechend eine ganze Reihe von Kritikpunkten. Bitte überarbeiten Sie dahingehend Ihr Geschäftskonzept. Auf Wunsch können Sie
mich mit meiner Expertise gern zu Rate ziehen.

Mit freundlichen Grüßen

Anton Caulmann

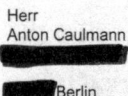

ZOO PALAST

PREMIUM Entertainment GmbH Hardenbergstraße 29 A 10623 Berlin

Herr
Anton Caulmann

██████████

████████ Berlin

Berlin, 15.03.2014

Ihr Schreiben _ Mein mangelhaftes Kinoerlebnis

Sehr geehrter Herr Caulmann

vielen Dank für Ihr Schreiben und die offenen Worte zu Ihrem Besuch von „American Hustle" in unserem Haus.

Wir bedauern sehr, dass Sie mit dem Kinobesuch im Zoo Palast nicht zufrieden waren und möchten uns hierfür in aller Form entschuldigen. Wir sind dankbar für kritische Anmerkungen um unser Konzept und den Service für die Kinogäste weiter zu verbessern.

Gestatten Sie uns dennoch, dass wir kurz auf die von Ihnen vorgebrachten Kritikpunkte eingehen:

Dem Wesen nach ist der Kinobesuch ein Gemeinschaftserlebnis, bei dem nicht nur die Filminhalte selbst auf die Gäste wirken, sondern auch die gemeinsamen Emotionen. Insofern schaffen wir mit unserer Ausstattung und unserem Service eigentlich nur die optimale Bühne für das Gemeinschaftserlebnis Film. Hierzu gehört auch eine optimale Vorführung bei der allerdings der Film in einem dunklen Saal gezeigt wird, dadurch unterscheiden sich die Farben, die Bildschärfe und die Kontraste deutlich von der Qualität des derzeit im Handel befindlichen Home Entertainments. Gleiches gilt, auch wenn von Ihnen nicht angesprochen für die Qualität des Tons.

Der Inhalt eines Films wird natürlich nicht von uns bestimmt, wohl aber die Filmauswahl. Hier ist es sicher nicht einfach den Geschmack aller Gäste zu treffen, aber mit „American Hustle" haben wir einen Film ausgewählt der sehr gute Besucherzahlen hatte, von der Kritik gelobt wurde und außerdem für mehrere Oscars nominiert war. Letztlich treffen Sie die Filmauswahl aber selbst an der Kasse, dort haben Sie die Wahl zwischen den ca. 15 Filmen die jeden Tag bei uns gezeigt werden. Auch die Entfernung zu Ihrem Wohnort ist von uns leider nicht zu beeinflussen, wir bitten um Verständnis.

Wir führen ein sehr umfassendes Speisen- und Getränkeangebot, das weit über Popcorn und Cola hinausgeht. Gern bieten wir Ihnen auch Kaffee, Wein, kleine mediterrane Snacks oder Eis an. Wenn Sie sich allerdings für Popcorn und Cola entschieden haben, müssen Sie davon ausgehen, das es sich um Erzeugnisse handelt die einen höheren Zuckeranteil haben. Unsere Mitarbeiter beraten Sie gern bei der Auswahl. Sollte Ihnen einmal ein Artikel nicht zusagen, können Sie diesen (unverzehrt) auch gern zurückgeben, selbstverständlich erhalten Sie dann Ihr Geld zurück.

Kino	Zoo Palast	Hardenbergstraße 29 A	10623 Berlin	T. 030/ 63 22 59 300	F. 030/ 63 22 59 310	www.ZooPalast-Berlin.de
Verwaltung	PREMIUM Entertainment GmbH	c/o C:1	Osterbekstraße 90 C	22083 Hamburg	T. 040.523 88-309	F. 040.523 88-310
Geschäftsführer: Hans-Joachim Flebbe		HRB 105 111	Sitz der Gesellschaft: Hamburg	St.-Nr. 43/751/00520	USt.IdNr. DE 261 193 596
Commerzbank AG Hamburg	Kto. Nr.: 621 747 502	BLZ: 200 400 00	IBAN: DE79 2004 0000 0621 7475 01	BIC: COBADEFFXXX

Alle Mitarbeiter in unserem Haus sind mit einer Taschenlampe ausgestattet und geleiten Sie gern an Ihren Platz, in jedem Fall zum Start der Vorstellung, aber auf Nachfrage gern auch während der Vorstellung. Natürlich können wir nicht während der gesamten Vorstellung im Saal anwesend sein, dass würde den Filmgenuss beeinträchtigen und wäre sicher nicht im Sinne unsere Gäste.

Wir hoffen, dass Sie trotz Ihrer Kritik vielleicht auch die positiven Seiten eines Kinobesuchs in unserem Hause sehen und vielleicht einen weiteren Beuch planen.

Wir freuen uns auf Ihren Besuch.

Mit freundlichen Grüßen
Ihr Zoo Palast Team

Kino	Zoo Palast	Hardenbergstraße 29 A		10623 Berlin	T. 030/ 63 22 59 300		F. 030/ 63 22 59 310		www.ZooPalast-Berlin.de
Verwaltung	PREMIUM Entertainment GmbH		c/o C:1	Osterbekstraße 90 C		22083 Hamburg	T. 040.523 88-309		F. 040.523 88-310
Geschäftsführer: Hans-Joachim Flebbe		HRB 105 111		Sitz der Gesellschaft: Hamburg		St-Nr. 43/751/00520		USt.IdNr. DE 261 193 596	
Commerzbank AG Hamburg		Kto. Nr.: 621 747 502		BLZ: 200 400 00	IBAN: DE79 2004 0000 0621 7475 01			BIC: COBADEFFXXX	

Es überrascht mich einigermaßen, dass der ZOO PALAST meine kritischen Anmerkungen zu schätzen weiß. Ich selbst halte sie nämlich für ziemlich bescheuert. Aber zumindest bin ich schon sehr gespannt, welche Verbesserungen das Kino demnächst verkündet.

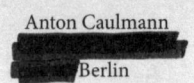

Anton Caulmann

███████ Berlin

Berlin, den 02.06.2014

Langenscheidt GmbH & Co. KG
Mies-van-der-Rohe-Straße 5
80807 München

Perverse Ziffern, Buchstaben und Sonderzeichen bedrohen unsere Kultur!

Sehr geehrtes Langenscheidt-Team,

leider habe ich bisher keine Antwort auf mein Schreiben vom 25.04.2014 erhalten. Zur Erinnerung: Ihnen als treue Hüter der deutschen Sprache ist es sicherlich nicht entgangen, welch ekelhafte Perversionen die germanischen Lustmolche gemeinsam mit den Arabern in unserem Alphabet und dem Zahlensystem versteckt haben. Trotzdem wird das Thema in der Öffentlichkeit totgeschwiegen und die jugendverrohenden Zeichen nach wie vor toleriert. Schlimmer noch: Sie tauchen sogar in unseren Gesetzestexten auf, in Schulbüchern, in sämtlichen literarischen Werken.

DAS MUSS EIN ENDE HABEN!

So ist es beispielsweise vollkommen offensichtlich, dass diverse Ziffern und Buchstaben die weibliche Brust oder andere Körperteile darstellen. Folgende von mir recherchierte Zeichen haben einen eindeutigen sexistischen Hintergrund:

3 (Brust oder Po von oben)
8 (sehr volle Silikonbrust von vorn)
B (Ausschnitt von oben in engem Kleid, bspw. einem Dirndl)
E (für Fetischliebhaber: Ausschnitt von oben in engem Korsett)
W (besonders diskriminierend: ältere Hängebrust)

Aber es kommt noch schlimmer. Die größte Abscheulichkeit entfalten die Zeichen, wenn man sie miteinander kombiniert.

So sehen wir hier den vollständigen Körper einer Frau, die den anderen Zeichen wehrlos ausgeliefert ist:
o3<

Und wie bitte erklären Sie sich dieses Phallussymbol hier?
C=3

Für mich ist klar, dass die Pornoindustrie hinter den Kulissen gemeinsam mit Politikern wie Rainer Brüderle und Bill Clinton Lobbyarbeit gegen ein Verbot betreibt. Bitte unterstützen Sie mich dabei, dass sämtliche oben aufgeführten Zeichen endlich als jugendgefährdend eingestuft werden.

Es muss endlich Schluss sein mit diesen Zeichenpornos! Ich bitte Sie um Stellungnahme.

Mit ausgesprochen besorgten Grüßen,

Anton Caulmann

Langenscheidt

Langenscheidt GmbH & Co. KG · Postfach 40 11 20 · 80711 München

Anton Caulmann

███████ Berlin

███████   5. Juni 2014

Ihr Schreiben vom 02.06.2014

Sehr geehrter Herr Caulmann,

vielen Dank für Ihren Brief vom 02.06.2014, der uns sicher erreicht hat. Es tut
mir leid, dass Sie auf Ihr Schreiben vom 25.04.2014 keine Antwort erhalten
haben. Leider kommt es in der Hektik des Alltags immer wieder vor, dass
Briefe nicht sofort beantwortet werden und längere Zeit liegen bleiben. Dies
bitten wir zu entschuldigen.

Nun zu Ihrem Anliegen. Als Verlag können wir keine Wörter, Buchstaben oder
Zahlen aus dem Sprachgebrauch eliminieren. Wir sind nicht die Hüter der
deutschen Sprache, sondern wir bilden Sprache nur ab, wie sie im Alltag
gesprochen und geschrieben wird. Aus diesem Grund sind wir leider nicht die
richtige Anlaufstelle für Ihr Anliegen und können Ihnen nicht weiterhelfen.
Es tut mir leid, dass ich keine positiveren Nachrichten für Sie habe.

Mit freundlichen Grüßen

Langenscheidt Verlag
Presse- und Öffentlichkeitsarbeit

Langenscheidt GmbH & Co. KG
Mies-van-der-Rohe-Straße 5
80807 München
Telefon + 49 89 36096-0
Telefax + 49 89 36096-258
www.langenscheidt.de

Amtsgericht München HRA 100439
Bankverbindung: HSH Nordbank AG
BLZ 210 500 00 · Konto-Nr. 1001270230
BIC: HSHNDEHH
IBAN: DE54210500001001270230
USt-IdNr. DE286438676

Persönlich haftende Gesellschafterin:
Langenscheidt Management GmbH
Amtsgericht München HRB 203850
Geschäftsführer: Carsten Kurreik

Ich kann Ihre Haltung durchaus nachvollziehen, obei es allein in Ihrem
rmessen liegt, ob Sie die von mir aufgeführten uchstaben künftig noch
verwenden oder nicht. Ich hoffe jedenfalls, Sie treffen die richtige
ntscheidung.

Tobias Geigenmüller
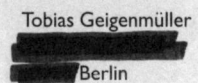 Berlin

Berlin, den 14.04.2014

Nestlé Deutschland AG
Lyoner Straße 23
60528 Frankfurt am Main

Ihr Schokohase hatte keine Eier!

Sehr geehrtes Nestlé-Team,

vor Kurzem habe ich den SMARTIES-Schokohasen von Ihnen käuflich erworben und bin aus diversen Gründen außerordentlich enttäuscht:

1. Ihr Schokohase hatte keine Eier! Damit meine ich keinen fehlenden Hodensack, sondern handelsübliche Eier, wie sie in Nestern von Hasen gelegt werden. Es ist irreführend, dass diese zwar auf der Verpackung aufgedruckt, mitnichten aber im Inneren enthalten sind. Dass kein Hodensack enthalten ist, kritisiere ich hingegen nicht, da der Aufdruck keinen abbildet und Hodensäcke außerhalb von Köln zudem nicht mit Ostern in Verbindung gebracht werden. Möglich wäre es aber, im rheinländischen Raum eine Sonderedition eines Hasen mit Hodensack als »Schoko-Rammler« anzubieten.

2. Der von Ihnen produzierte Hase hat auffällig große Zähne. Auf diese Weise könnten sich Menschen mit Hasenzähnen diskriminiert fühlen. Bitte ändern Sie die Gestaltung zukünftig so, dass die Zähne des Hasen weniger wie Hasenzähne aussehen.

3. Die Illustration auf der Verpackung erweckt den Eindruck, als trüge der Hase Fell. Mir ist zwar durchaus bewusst, dass die Zeichnung wahrscheinlich bereits in den 80er-Jahren angefertigt wurde, aber falls es sich dabei um echtes Fell handeln sollte, wäre dies heutzutage politisch absolut nicht mehr korrekt und DRINGEND zu überarbeiten.

4. Was den Tierschutz angeht, ist es sowieso überaus fragwürdig, Kindern beizubringen, zu einem christlichen Fest Hasen zu suchen und ihnen daraufhin genüsslich die Köpfe abzubeißen.

Übergreifend ist es für mich absolut nicht nachvollziehbar, dass Sie als namhaftes Unternehmen überhaupt ein derartig kritikwürdiges Produkt in den Handel bringen. Was erfinden Sie als Nächstes? Einen Schoko-Axtmörder zum Vatertag?

Ich bitte Sie in dieser Angelegenheit um Stellungnahme.

Mit freundlichen Grüßen

Herrn
Tobias Geigenmüller
██████ Berlin

IHRE ZEICHEN/ NACHRICHT VOM	UNSER ZEICHEN	DURCHWAHL (0 69) 66 71- TELEFON	TELEFAX	DATUM
	██████	8888	4785	08.05.2014

SMARTIES Klapper Hase

Sehr geehrter Herr Geigenmüller,

vielen Dank für Ihre offenen Worte. Bitte entschuldigen Sie, dass wir uns erst heute melden.

Schade, dass Ihnen die individuelle Gestaltung unseres SMARTIES Klapper Hasen - angelehnt an unsere Marke SMARTIES - nicht zusagt.

Ihren Hinweis zu unserem Produkt haben wir auch zur Information an unsere Marketing-Kollegen weitergeleitet.

Als kleine Aufmerksamkeit für Ihr Schreiben senden wir Ihnen direkt ab unserem Werk in Hamburg eine Auswahl frisch-produzierter Schokoladenprodukte zu. Innerhalb der nächsten zwei Wochen wird unsere Sendung bei Ihnen eintreffen.

Bitte setzen Sie sich bei Fragen oder Anregungen auch weiterhin direkt mit uns in Verbindung. Wir freuen uns auf einen offenen Austausch mit unseren Verbrauchern.

Freundliche Grüße aus Frankfurt nach Berlin
Ihr Nestlé Ernährungsstudio

i.A.

Liebes Nestlé-Team, es liegt durchaus im Bereich des Möglichen, dass mir die Gestaltung Ihres Schokohasen viel besser gefallen wird, wenn Sie mir von nun an jede Woche Pakete zukommen lassen – gern auch mal mit Yes-Törtchen, CHOCO CROSSIES oder einem Butterfinger. Vielen Dank.

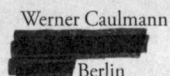

Werner Caulmann

Berlin, den 02.06.2014

████████ Berlin

Hirmer GROSSE GRÖSSEN
Schloßstraße 130
12163 Berlin

Übergewicht bedroht die Welt, wie wir sie kennen!

Sehr geehrtes Team von Hirmer GROSSE GRÖSSEN,

ich finde es falsch, dass Sie Ihr Geschäftsmodell darauf aufbauen, Menschen mit Übergewicht zu bestärken und sie auch noch mit Kleidung zu versorgen. Hätten diese Personen nämlich keinen Zugang zu Textilien, wäre es ein Ansporn für sie, abzunehmen. Denn gerade mit Übergewicht muss es wohl unangenehm sein, sich nackt in der Öffentlichkeit zu bewegen. Vorausgesetzt, man KANN sich überhaupt noch bewegen.

Dabei gibt es zahlreiche Gründe, warum wir dem Fett den Kampf ansagen müssen, wenn wir Menschen als Rasse überleben wollen.

Denn das steigende Gewicht der Menschheit ist mit verantwortlich für den Anstieg des Meeresspiegels (was von der Presse gern verschwiegen wird). Doch es liegt auf der Hand: Das Gewicht der Menschen drückt das Festland immer tiefer nach unten, wodurch der Meeresspiegel steigt.

Darüber hinaus wird die aktuelle Entwicklung auch immer mehr zu Platzproblemen führen. Brauchten die Menschen früher nur einen Sitz im Flugzeug, im Kino, in öffentlichen Verkehrsmitteln – brauchen heutzutage viele zwei. Das belastet beispielsweise die Umwelt und die Filmindustrie.

Außerdem werden die Waren irgendwann knapp. Denn mit dem Gewicht steigt auch der Hunger. Die Supermärkte werden wie leergefegt sein, weil uns die Übergewichtigen nichts mehr übrig lassen. Und dann steht man da – mit einer Stange Sellerie – und isst das letzte, was man noch finden konnte.

Ich sage: nein, danke. Und wenn Sie darüber nachdenken, kommen Sie sicherlich zum gleichen Schluss.

Deswegen bitte ich Sie: Schließen Sie Ihr Geschäft. Sie könnten doch stattdessen einen neuen Laden für Untergrößen aufmachen. Das gibt es kaum und ist somit eine echte Marktlücke.

Die Welt und ich werden es Ihnen danken.

Mit freundlichen Grüßen,

Werner Caulmann

Hirmer Grosse Grössen Werbung GmbH & Co. KG I Postfach 33 02 05 I D-80062 München

Herrn
Werner Caulmann
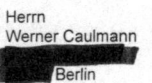 Berlin

München, den 6. Juni 2014

Ihren Brief vom 2. Juni 2014

Sehr geehrter Herr Caulmann,

vielen Dank für Ihren Brief vom 2. Juni 2014 zum Thema „Übergewicht bedroht die Welt, wie wir sie kennen!".
Gerne möchten wir uns hierzu äußern.
Ihre Argumentation ist in einigen Punkten richtig und es gibt mit Sicherheit auch eine Reihe von Wissenschaftlern, die Ihre Thesen bestätigen.
Dennoch werden wir unser Geschäft nicht schließen.
Außer Acht gelassen, dass von einer Schließung viele Arbeitsplätze betroffen wären, möchten wir in erster Linie Männern, die eine große Größe tragen, die Möglichkeit geben, sich geschmackvoll, gepflegt und ordentlich einzukleiden. Wäre diese Möglichkeit nicht mehr gegeben, würde sich vermutlich schnell ein gewisser Druck aufbauen. Wir sind der Meinung, dass sich mit Druck in keinem Lebensbereich Veränderungen erzielen lassen, denn wenn man mit Druck nicht richtig umgehen kann, kann die Wirkung nämlich schnell ins Gegenteil umkehren. Wir teilen deshalb Ihre Meinung leider nicht, dass die Schließung unseres Geschäfts ein Ansporn wäre, abzunehmen.
Zu unserer Zielgruppe gehören im Übrigen auch Männer, die überdurchschnittlich groß sind. Dass die Menschen immer größer und kräftiger werden, ist nicht allein das Resultat falscher oder übermäßig exzessiver Ernährung. Das hängt eher von vielen verschiedenen Faktoren ab und ist ein komplexes Zusammenspiel von individuellen biologischen und psychologischen Faktoren in Kombination mit persönlichen und allgemeinen Umwelteinflüssen.

Feststeht, dass niemand sämtliche Entwicklungen in der Zukunft realistisch voraussehen kann und es deshalb unmöglich ist, in der Jetztzeit für alle Eventualitäten Vorkehrungen zu treffen.

Wir verbleiben mit freundlichen Grüßen

HIRMER GROSSE GRÖSSEN
Geschäftsführer

Hirmer Grosse Grössen Werbung GmbH & Co. KG I Kaufingerstraße 28 I D-80331 München I T. +49 (0)89 2 36 83-0 I F. -234 I www.hirmer-grosse-groessen.de E. werbung@hirmer-grosse-groessen.de I HRA 79249, Sitz München I Postanschrift: Hirmer Grosse Grössen Werbung GmbH & Co. KG I Postfach 33 02 05 D-80062 München I Persönlich haftende Gesellschafter: Ulrich Hirmer, Andreas Bernkopf, Hirmer Ü-Mode GmbH (HRB 111540, Sitz München) Geschäftsführer: Andreas Bernkopf und Ulrich Hirmer I Banken: Deutsche Bank AG I BLZ 700 700 10 I Konto 9260720001 I IBAN DE11 7007 0010 0926 0720 00 I BIC DEUTDEMMXXX

Ich möchte gern mal die lange Reihe von Wissenschaftlern sehen, die meine Thesen bestätigen. Ach ja – und übrigens: Die Erde ist eine Scheibe, Kornkreise werden durch UFOs verursacht, und Philipp Lahm ist größer als die meisten Balljungen.

Werner Caulmann 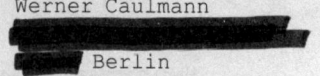   Berlin, den 27.08.2013

███████████
███████ Berlin

Unilever Deutschland GmbH
Henricus Brouwer
Strandkai 1
20457 Hamburg

Die »Zigeunersauce« von Knorr

Sehr geehrter Herr Brouwer,

es haben Sie in den letzten Wochen sicherlich bereits
zahlreiche Beschwerden wegen der sogenannten »Zigeunersauce« aus Ihrem Produktportfolio erreicht. Und
auch ich richte hiermit meine Beschwerde an Sie: Wieso
gibt es nicht viel mehr Produkte dieser Art, die auf
plakative Weise schon im Produktnamen beschreiben,
was den Konsumenten erwartet?

Ich habe einige Vorschläge für Sie:

  1. die »Ossi-Grütze« – eine Grillsauce mit Bananen-
     geschmack, die im Supermarkt nur an speziellen
     Kassen erhältlich ist, an denen man extralang
     anstehen muss.

  2. der »Homo-Dip« – eine etwas flüssigere Mayonnaise in
     einem phallusartigen Spender.

  3. die »Gastarbeiter-Plörre« – eine besonders günstige
     Knoblauchsoße. Das »Ü« im Wort »günstig« wird zum
     Kernelement der Werbekampagne.

  4. die »BWLer-Creme« – eine völlig überteuerte
     Honig-Senf-Sauce, die man mit der Scheckkarte aufs
     Fleisch aufträgt.

Ich würde mich sehr darüber freuen, wenn Sie meine Anregungen aufnehmen. Sie sind auf dem richtigen Weg.

Mit freundlichen Grüßen,

Werner Caulmann

Unilever

Unilever Deutschland GmbH
Strandkai 1
D-20457 Hamburg
Postfach 57 05 50
D-22774 Hamburg

Tel.: +49 (0)40 34 93-0
Fax: +49 (0)40 35 47 42
www.unilever.de

Herrn
Werner Caulmann

████████████████████

████ Berlin

Deutscher
Nachhaltigkeitspreis

Deutschlands nachhaltigste
Zukunftsstrategie (Konzern) 2012

Hamburg, 25.09.2013

Ihr Schreiben vom 27.08.13 zum Thema „Zigeunersauce"

Sehr geehrter Herr Caulmann,

vielen Dank für Ihr o.g. Schreiben und Ihre kreativen Ideen für neue Saucenbezeichnungen.

Uns ist bewusst, dass es sich hier um ein sensibles Thema handelt und der Begriff 'Zigeuner' aufgrund seiner Geschichte kontrovers diskutiert wird. Der Name KNORR Zigeunersauce ist jedoch von uns keineswegs diskriminierend gemeint.

Vielmehr wurde diese Bezeichnung gewählt in Anlehnung an die Zigeunersauce aus der klassischen Küche, die auf Basis von Tomaten, Paprika und Zwiebeln hergestellt wird und eine feurig-scharfe Note hat. Gerichte wie Zigeuner-Gulasch oder Zigeuner-Schnitzel sind schon seit langem allgemein bekannt und fester Bestandteil der 'Hausmannskost' sowie vieler Speisekarten in Restaurants.

Mit freundlichen Grüßen,

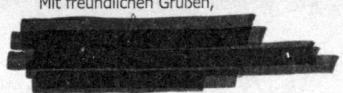

Brand Communications Manager Knorr

Unilever Deutschland Foods
Strandkai 1

20457 Hamburg

Geschäftsführer: Henricus Brouwer,
Monique Bourquin Arnold, Kai Könecke,
Stefan Leitz, Harald Melwisch, Klaus Ridderbusch.

Scheinbar hat Unilever meine Beschwerde falsch verstanden. Ich habe mich mit keinem Wort über den Namen »Zigeunersauce« beklagt, sondern eben darüber, dass es nicht viel mehr derartig eindeutig bezeichnete Produkte gibt. So oder so – ich gehe davon aus, dass das Antwortschreiben ironisch gemeint ist.

Tobias Geigenmüller

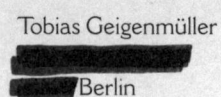
Berlin

Berlin, den 25.04.2014

Alfred Ritter GmbH & Co. KG
Verbraucherservice
Alfred-Ritter-Straße 25
71111 Waldenbruch

Ihre Sportart

Sehr geehrtes Team von Ritter SPORT,

ich habe Ihnen am 08.03.2014 einen Brief geschickt, den Sie bisher leider nicht beantwortet haben. Hier noch mal zur Erinnerung: Eine Freundin riet mir vor einiger Zeit dazu, mehr Sport zu treiben, um meinem steigenden Gewicht entgegenzuwirken und zugleich meinen Rücken zu stärken. Da ich nicht allzu sportbegeistert bin, winkte ich erst ab – doch dann fiel mir eine Sportart ein, die ich uneingeschränkt mag: Ritter SPORT.

Ich treibe seitdem täglich mindestens drei Tafeln Sport, und es fällt mir viel leichter als zuerst angenommen. Klar: Manchmal muss auch ich meinen inneren Schweinehund überwinden, aber mittlerweile bin ich ein echter Sportprofi. Um meine engagierten Ziele zu unterstreichen, wähle ich meistens Ihre Sorte »Olympia«.

Dennoch hat sich bisher leider kein nennenswerter Effekt eingestellt. Vielmehr habe ich sogar eher noch zugenommen. Auch unter Rückenschmerzen leide ich trotz meines strengen Sportprogramms.

Deswegen wende ich mich nun mit meinen Fragen an Ihre Trainer und Sportexperten: Was mache ich falsch? Sollte ich es vielleicht doch mal mit Fußball oder Tennis versuchen? Vielleicht ist Ritter SPORT für mich persönlich ja auch einfach nicht die richtige Sportart.

Ich freue mich auf Ihre Antwort.

Mit freundlichen Grüßen,

Alfred Ritter GmbH & Co. KG · Postfach 12 40 · D-71108 Waldenbuch

ALFRED RITTER GMBH & CO. KG
Alfred-Ritter-Straße 25
D-71111 Waldenbuch
Telefon +49.(0)71 57.97-0
Telefax +49.(0)71 57.97-399
E-Mail info@ritter-sport.de
www.ritter-sport.de

Herrn
Tobias Geigenmüller
 Berlin

Ihre Ansprechpartner	E-Mail-Adresse	Telefon-Durchwahl	Telefax-Durchwahl	Datum
	info@ritter-sport.de			13.05.2014

Ihre Zuschrift

Sehr geehrter Herr Geigenmüller,

herzlichen Dank für Ihre freundliche Zuschrift.
Offensichtlich ging Ihre erste Zuschrift nie bei uns ein, eine solch lange Bearbeitungsdauer ist äußerst untypisch. Unabhängig davon gehen wir hiermit gerne auf Ihr Anliegen ein.

Wir freuen uns sehr darüber, dass Sie großer Ritter Sport Fan sind und unsere Produkte genießen. Unser Markenname entstand übrigens, da sich unsere Tafeln optimal in Taschen (ebenfalls von Sportbekleidung) verstauen lassen. Auch wenn unsere Tafeln wie von Ihnen bemerkt vielleicht nicht in jedem Fall zum Sport animieren, sind sie praktisch zum mitnehmen, um als Energielieferant zu dienen. Vielleicht zukünftig während oder nach dem Fußball bzw. Tennis?
Den von Ihnen erwähnten inneren Schweinehund, muss man hingegen doch selbst überwinden um tatsächlich sportliche Effekte zu erzielen. Ritter Sport ist hingegen sicherlich eine tolle Belohnung, nach getaner Arbeit.

So viel von den Ritter Sport Experten. Wir wünschen Ihnen gutes Gelingen bei Ihrem Vorhaben.
Wir verbleiben mit freundlichen Grüßen aus Waldenbuch
Alfred Ritter GmbH & Co. KG - Qualitätsmanagement

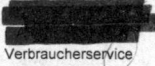

Verbraucherservice

Geschäftsführer	Handelsregister	Persönlich haftende Gesellschafterin	Banken
Alfred T. Ritter (Vorsitzender)	Kommanditgesellschaft in Waldenbuch	Ritter Verwaltungsgesellschaft mbH	Volksbank Stuttgart eG
Jürgen Herrmann	Registergericht Stuttgart HRA 242329	in Waldenbuch	IBAN DE30 6009 0100 0500 2430 00

Hand aufs Herz: Wer von Ihnen stopft sich vor dem Fitnesstraining nicht die Taschen mit Ritter Sport voll, um die Schokolade gleich im Anschluss halbgeschmolzen zu verschlingen? Ich persönlich nehme auch immer noch etwas Sport-Coca-Cola mit, esse im Studio ein Kilo Sport-Eis und gehe danach erst mal zu Sport-McDonald's.

Gisela Geigenmüller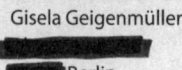
███████████
████ Berlin

Berlin, den 25.04.2014

Ravensburger AG
Robert-Bosch-Straße 1
88214 Ravensburg

Ihre Bücher zerstören die Zukunft unserer Kinder!

Sehr geehrtes Ravensburger-Team,

mir ist aufgefallen, dass in Ihrem Verlag gleich mehrere Bücher erschienen sind, die fahrlässig sowohl Frösche als auch Enten abbilden. FÜR UNS ELTERN IST DAS DER BLANKE HORROR!

Aus einem ganz einfachen Grund: Frösche machen »Quak«. Und Enten machen auch »Quak«. Es ist für durchschnittliche Menschen – wie mein Mann und ich es sind – fast unmöglich, den feinen Unterschied im Klang nachzuahmen. So sitzen wir zu Hause mit unserem völlig irritierten Kind, das diese Tiere nicht einordnen kann und deswegen an sich selbst zweifelt.

Wir können noch nicht abschätzen, was dieses Unvermögen mit der Psyche unseres Jungen langfristig anrichtet. Mittlerweile versuchen wir aber, ihn gänzlich von Enten und Fröschen fernzuhalten. In unserem Freundeskreis sind wir übrigens nicht die Einzigen mit diesem Problem. Es heißt sogar, die Thematik sei schon seit Langem bekannt, die Kinderbuchverlage würden die Schwierigkeit aber systematisch ignorieren. Einige Eltern schauen deswegen nur noch äußerst ungern überhaupt Bücher mit ihren Kindern an. Und wahrscheinlich gibt es zahlreiche Eltern, die noch nicht mal wissen, dass das fehlende Selbstbewusstsein ihrer Kinder auf das Quak-Trauma zurückzuführen ist.

Wir bitten Sie deswegen hiermit, in Ihren Geschichten künftig vollkommen auf die Einbindung von Enten und Fröschen zu verzichten. So könnte der Froschkönig bspw. stattdessen ein Nacktschneckenkönig sein. Das würde sich auch anbieten, da Nacktschnecken gar keine Geräusche machen und man als Eltern nicht in die Verlegenheit kommt, den Laut nicht zu kennen.

BITTE IGNORIEREN SIE DIE QUAK-THEMATIK NICHT WEITERHIN. Es ist schon kompliziert genug, dass sowohl Polizei- als auch Feuerwehr- und Notarztfahrzeuge »Tatütata« machen.

Mit freundlichen Grüßen

Gisela Geigenm—

Ravensburger▲

Frau
Gisela Geigenmüller
████████
████ Berlin

07.05.2014

Frosch oder Ente / Anhang   1441060

Sehr geehrte Frau Geigenmüller,

vielen Dank für Ihren Brief an uns.
Wir freuen uns immer über Zuschriften unserer Kunden und haben Ihr
Schreiben bereits an unsere Redaktion Kinderbuch weitergeleitet.
Wenn Frösche und Enten ein typisches Geräusch von sich geben ist es
ein Quaken.
Sie haben aber Recht es ist nicht ganz einfach die phonetischen
Unterschiede auch schriftsprachlich abzubilden.
Natürlich unterscheidet sich die Ente auch durch weitere Laute wie
einem "nak, nak" oder auch einem lustigen "Schnattern".
Bitte entschuldigen Sie, dass wir in dem Buch darauf nicht näher
eingegangen sind, aber leider gibt es auch redaktionelle Vorgaben für
den Umfang der Inhalte zu den einzelnen Tieren.
Wenn das Buch nicht Ihren Vorstellungen entspricht können Sie uns
dieses gerne einsenden und uns ein anderes Buch Ihrer Wahl nennen,
das wir Ihnen dann gerne zusenden werden.

-1-

Ravensburger ◢

Anbei finden Sie einen Retoureschein, mit diesem können Sie
uns Ihr Buch zurück schicken.

Mit freundlichen Grüßen

Ravensburger Serviceteam
█████████████████████
█████████████████████

Wir speichern Ihre Anschrift ausschließlich zur
Wiederverwendung bei neuen Vorgangsabwicklungen mit Ihnen.
Hiermit erfolgt Benachrichtigung gemäß § 33 BDSG.

Ich finde zwar nicht, dass der Antwortbrief auch nur ansatzweise die von mir aufgezeigte gesamtgesellschaftliche Dramatik widerspiegelt – aber immerhin ist Ravensburger nun für das Thema sensibilisiert. Und vielleicht erscheint ja schon bald das Buch »Die Ente & der Frosch«, das sich in aller Ausführlichkeit der Quak-Problematik widmet.

Werner Caulmann   Berlin, den 29. 05. 2014

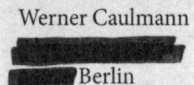 Berlin

SAROTTI GmbH
Motzener Straße 32
12277 Berlin

Ihre »Schwarze Herrenschokolade« ist rassistisch!!!

Sehr geehrtes SAROTTI-Team,

ich halte es für ein absolutes UNDING, dass Sie im Jahre 2014 immer noch
»Schwarze Herrenschokolade« verkaufen!!! Die Wörter »Schwarz« und
»Herr« als seriöse Firma für Verkaufszwecke zu nutzen ist geradezu pervers.
Schließlich ist die Apartheid – Gott sei Dank – seit nunmehr 24 Jahren
vorbei! NELSON MANDELA WÜRDE SICH IM GRABE UMDREHEN!

Es ist mir ein absolutes Rätsel, wieso Ihr Produkt nicht längst auf den Index
gesetzt wurde. Wenn überhaupt es noch weiterhin angeboten werden sollte,
dann doch höchstens als »Afroamerikanische Kolonialistenschokolade«.
Das wäre zumindest halbwegs politisch korrekt!

Ihr Logo mit dem Afroamerikaner in Diener-Haltung setzt dem Ganzen
dann noch die Krone auf. Fehlt nur noch, dass die Kassierer im Supermarkt
Ku-Klux-Mützen tragen und Sie als Promotion-Aktion Haussklaven verlo-
sen. Oder eine Erlebnis-Reise auf eine Baumwollplantage. EINE ECHTE
SCHANDE!

Sollten Sie in dieser Angelegenheit nichts unternehmen, werde ich mich
auch an Barack Obama wenden.

Ich bitte Sie um Stellungnahme.

Mit freundlichen Grüßen

Werner Caulmann

Stollwerck GmbH · Postfach 90 02 49 · 51112 Köln

Herr
Werner Caulmann
████████
████ Berlin

Stollwerck GmbH
Stollwerckstraße 27-31, 51149 Köln

Telefon +49 22 03 43 –0
Telefax +49 22 03 43 – 319

Service Telefon 0800 20 20 201
Internet: http://www.stollwerck.de
E-mail: info@stollwerck.de

Ihre Nachricht vom	Abteilung	Datum
29.05.2014	Qualitätssicherung	Köln, 11.06.2014

Ihre Rückmeldung zur Schwarzen Herren Schokolade

Sehr geehrter Herr Caulmann,

anbei erhalten Sie Ihr Schreiben vom 29.05.2014 unkommentiert zurück.

Freundliche Grüße

Stollwerck GmbH

Bankverbindung: ING Bank N.V., Niederlassung Frankfurt ·
IBAN DE 14 5002 1000 0010 1408 53 · BIC INGBDEFF
Beirat (Vorsitzender): Fons Walder, Aufsichtsrat (Vorsitzender): Onno Bleeker

Ich möchte die unkommentierte Angelegenheit ebenfalls unkommentiert lassen. Und ich verbitte mir jeden Kommentar dazu.

P. S.: Barack Obama wurde informiert.

184
185

Werner Caulmann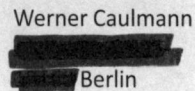
████████ Berlin

Berlin, den 25. 04. 2014

Deutsche Klassenlotterie Berlin (DKLB)
Rechtsfähige Anstalt des öffentlichen Rechts
Brandenburgische Straße 36
10707 Berlin

Beschwerde : Ich habe noch nie gewonnen !

Sehr geehrtes Team der Deutschen Klassenlotterie Berlin,

ich habe Ihnen zu diesem Thema bereits am 08. 03. 2014 geschrieben,
bisher aber leider keine Antwort erhalten.

Hier noch mal zur Erinnerung : Ich spiele seit nun bald 30 Jahren Lotto
und habe noch nie einen nennenswerten Geldbetrag gewonnen. Dabei
habe ich in dieser Zeit bestimmt MEHR ALS ZEHNMAL gespielt !

Sie können sich vorstellen, wie frustrierend es ist, wenn man nach
dieser langen Zeit immer noch kein Millionär ist. Ich muss nach wie vor
jeden Tag arbeiten gehen, statt all mein Geld sinnlos zum Fenster raus-
werfen zu können.

Ich bin zutiefst enttäuscht. Wäre es nicht möglich, dass Sie mir das
nächste Mal die Zahlen vorher verraten, sodass wir den Prozess abkür-
zen können ?

Ich hoffe, Sie gehen auf meinen Vorschlag ein. Ansonsten laufen Sie
Gefahr, einen guten Kunden zu verlieren.

Vielen Dank im Voraus.

Mit freundlichen Grüßen,

Werner Caulmann

P.S.: Wenn Sie mich gewinnen lassen, schicke ich Ihnen im Gegenzug
ein schönes Fresspaket.

Berlin

Herrn
Werner Caulmann
████ Berlin

02.05.2014
████

Sehr geehrter Herr Caulmann,

wir haben Ihre Schreiben vom 8. März und vom 25. April 2014 erhalten und aufmerksam gelesen.

Dabei haben wir den Eindruck gewonnen, dass die von Ihnen amüsant geschilderte persönliche Situation nicht wirklich einen ernsthaften Hintergrund hat. Wie wäre sonst Ihr Wunsch zu erklären, dass wir Ihnen die Gewinnzahlen „vorher verraten" sollen.

Grundsätzlich soll Glücksspiel – und somit auch das LOTTO spielen – ein unterhaltsames Freizeitvergnügen darstellen. Im Vordergrund sollte der Spaß stehen. Aber neben dem Spaß ist das Glücksspiel auch mit Risiken verbunden und kann zum Problem werden. Deshalb sollten Sie beispielsweise nur Geld zum Spielen einsetzen, das Ihnen selbst gehört und nicht für einen anderen Zweck bestimmt ist. Sie sollten nicht spielen, um auf eine Veränderung Ihrer persönlichen Situation zu hoffen.

Zu Ihrer Information haben wir unsere Informationsbroschüre „Jugendschutz und Spielsuchtprävention" beigefügt.

Wir bitten um Ihr Verständnis, dass für LOTTO Berlin - im Interesse aller Lottospieler - die Beantwortung seriöser Anfragen im Vordergrund steht.

Mit freundlichen Grüßen
DEUTSCHE KLASSENLOTTERIE BERLIN
i. A.   i. A.

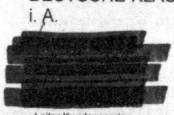   

- Leiter Kundenservice -

Die besonders wichtigen Briefe werden im Hause LOTTO Berlin gleich von zwei Leuten unterschrieben, um dem Empfänger geschlossene Einigkeit zu demonstrieren. Trotzdem: Mein Wunsch, die Lottozahlen vorab verraten zu bekommen hat durchaus einen ernsthaften Hintergrund. Ich spiele nämlich nicht zum Spaß, sondern zur Altersvorsorge. Und ich danke der DKLB zwar für den Hinweis, empfinde die Gefahr selbst aber als nicht gerade gigantisch, dass ich nach etwa zehn Lottospielen in 30 Jahren spielsüchtig bin.

Cornelia Caulmann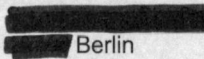

Berlin, den 15.07.2013

████████████████
██████ Berlin

Tischlerei LUDER
Westfälische Straße 63
10709 Berlin

Ihr Firmenname

Sehr geehrte Tischlerei LUDER,

mir würden zahlreiche Namen einfallen, die für eine Tischlerei
passend wären – sich aber einen derartig sexistischen Titel aus-
zusuchen, ist eine blanke Kriegserklärung an jede halbwegs
emanzipierte Frau. Abwertend, respektlos und chauvinistisch!

Scheinbar möchten Sie in wirtschaftlich schwierigen Zeiten mit
dieser billigen Masche auf Kundenfang gehen, aber das ist keine
Entschuldigung für diese sinnentleerte sexuelle Erniedrigung der
Frau.

Ihr Firmenwagen mit den Riesenlettern ist beleidigend und fördert
die seit Jahrhunderten andauernde Verachtung, Ausbeutung und
Vergewaltigung des weiblichen Geschlechts.
Sie sollten sich schämen.

Es fehlt gerade noch, dass Sie zusätzlich einen Slogan einsetzen
wie »Wir möbeln Sie durch«, »Tischlein, leck mich!« oder »Ihr Holz
vor der Hütte«.

Ich möchte mir gar nicht ausmalen, mit was für einer 0190er-Stimme
Sie ans Telefon gehen.

Ich fordere Sie hiermit auf, Ihren Firmennamen zu ändern und bitte
um eine Stellungnahme.

Vielen Dank.

Mit freundlichen Grüßen,

Cornelia Caulmann

CH-8200 Schaffhausen (Schweiz)
e-mail :

Schaffhausen, den 11.10.2013

Ihr Brief „Firmenname" vom 15.07.2013 an Tischlerei Luder

Hallo Frau Caulmann,

(bereits eine vernünftige Anrede fällt leider schwer, weil nach ihrem feministischen Angriff auf einen Schweizer Familiennamen weder „Liebe" noch „Sehr geehrte Frau" irgendwie passend erscheinen)

der Sohn meiner Partnerin und Inhaber der Tischlerei Luder, Christian Luder, hat mir kürzlich ihr oben genanntes Schreiben in Kopie zur Beurteilung übergeben. Gerne gebe ich ihnen daher nun an seiner Stelle (vielbeschäftigte Handwerksmeister haben andere Prioritäten) die erbetene Stellungnahme ab.

Dass ein Name wie Luder neben einer sexistischen auch noch ganz andere Bedeutungen haben, ja sogar ein Jahrhunderte alter Familienname sein kann, auf eine solche Idee kommen offenbar nur eindimensional denkende Feministinnen und fleissige „Emma-Leserinnen" leider nicht.

Aus den Beilagen ersehen sie jedoch u.a., dass Luder sogar in der Jägersprache Verwendung findet, dass dieser Name auch Martin Luthers Geburtsname war und dass ferner im Telefonbuch der Schweiz über 500 Adresseinträge unter Luder zu finden sind.

Im Familienbuch der Schweiz findet man schliesslich Christian Luders Familienstamm unter Aefligen (Kanton Bern). Dieser wurde dort vor 1800(!) eingebürgert.

Nach diesem Weiterbildungskurs für sie ist es nun wohl an ihnen, Frau Caulmann, sich möglichst rasch und umfassend bei Christian Luder und seiner Familie schriftlich zu entschuldigen.

Mit noch toleranten Grüssen

Beilagen:
- Ihr Brief vom 15.7.2013
- Begriffserklärung Luder
- Schweizer Telefonbuch Rubrik Luder
- Schweizer Telefonbuch Privatadressen Luder
- Familiennamenbuch der Schweiz, Resultate für Luder

188
189

Luder (Begriffsklärung)

Luder bezeichnet:

- Luder, Begriff in Jäger- und Umgangssprache

Luder ist der Vorname folgender Personen:

- Luder von Borch († 1251, selten auch Lothar von Berg oder Lüder von Borg), von 1231 bis 1251 Bischof von Verden

Luder ist der Familienname folgender Personen:

- Antoine Luder (1804–1873), Schweizer Politiker, Notar und Oberstleutnant
- Hans Luder (1913–1997), Schweizer Architekt
- Martin Luther wurde 1483 als „Martin Luder" geboren (Namenswechsel zu Luther 1517)
- Owen Luder (* 1928), britischer Architekt
- Peter Luder (*Petrus Luder*, um 1415–1472), deutscher Wanderredner, Humanist, Mediziner und Gelehrter
- Roland Luder (* 1964), Schweizer Journalist, Fernseredaktor und Moderator
- Simone Niggli-Luder (* 1978), Schweizer Orientierungsläuferin
- Stefan Luder, Schweizer Curler
- Ulrich Luder (1919–1987), Schweizer Journalist, Chefredaktor und Verwaltungsratspräsident sowie Politiker (FDP)

Namen oder Nummern finden

| Wer? | Luder | | Wo? | Schweiz |

Einschränken nach: Rubrik ▾   🖨 Drucken

601 Treffer   ● Alle Einträge ○ Private (554) ○ Firmen (47)

📍 **Luder Gere**
Physiotherapie

Telefon ▬▬▬▬▬ www.physio-burgernziel.ch   **Details**

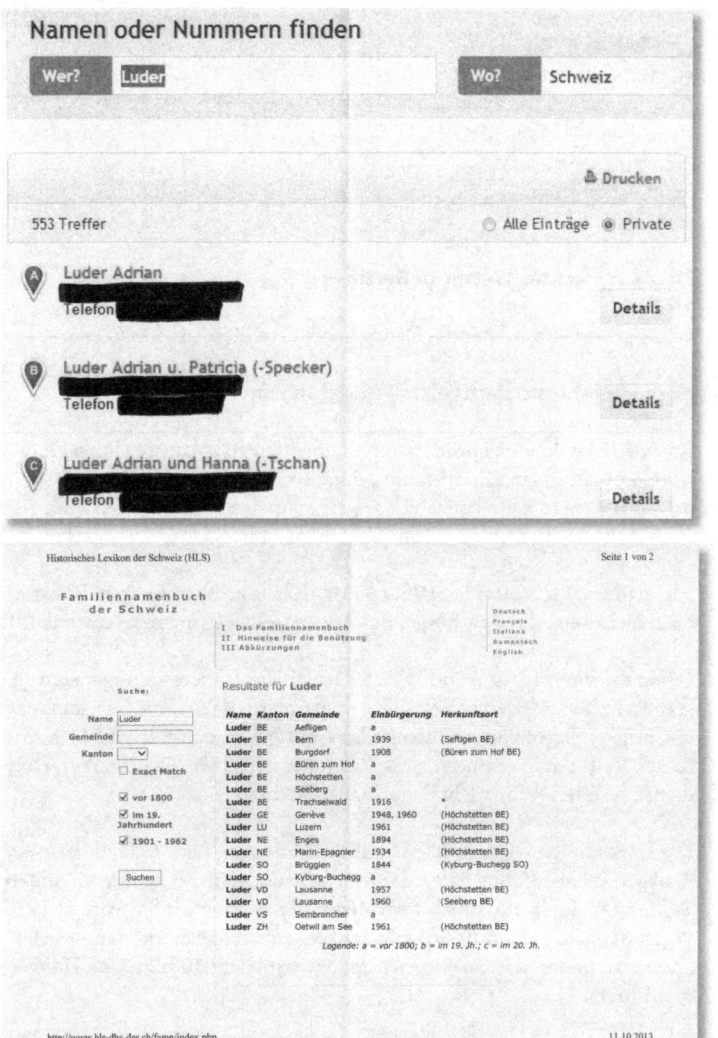

Namen oder Nummern finden

| Wer? | Luder | Wo? | Schweiz |

🖨 Drucken

553 Treffer   ○ Alle Einträge   ● Private

A   Luder Adrian
Telefon   Details

B   Luder Adrian u. Patricia (-Specker)
Telefon   Details

C   Luder Adrian und Hanna (-Tschan)
Telefon   Details

Historisches Lexikon der Schweiz (HLS)   Seite 1 von 2

Familiennamenbuch
der Schweiz

I   Das Familiennamenbuch
II   Hinweise für die Benützung
III   Abkürzungen

Deutsch
Français
Italiano
Rumantsch
English

Suche:

Name Luder
Gemeinde
Kanton ▢

☐ Exact Match

☑ vor 1800
☑ im 19. Jahrhundert
☑ 1901 - 1962

Suchen

Resultate für **Luder**

Name	Kanton	Gemeinde	Einbürgerung	Herkunftsort
Luder	BE	Aefligen	a	
Luder	BE	Bern	1939	(Seftigen BE)
Luder	BE	Burgdorf	1908	(Büren zum Hof BE)
Luder	BE	Büren zum Hof	a	
Luder	BE	Höchstetten	a	
Luder	BE	Seeberg	a	
Luder	BE	Trachselwald	1916	*
Luder	GE	Genève	1948, 1960	(Höchstetten BE)
Luder	LU	Luzern	1961	(Höchstetten BE)
Luder	NE	Enges	1894	(Höchstetten BE)
Luder	NE	Marin-Epagnier	1934	(Höchstetten BE)
Luder	SO	Brügglen	1844	(Kyburg-Buchegg SO)
Luder	SO	Kyburg-Buchegg	a	
Luder	VD	Lausanne	1957	(Höchstetten BE)
Luder	VD	Lausanne	1960	(Seeberg BE)
Luder	VS	Sembrancher	a	
Luder	ZH	Oetwil am See	1961	(Höchstetten BE)

Legende: a = vor 1800; b = im 19. Jh.; c = im 20. Jh.

http://www.hls-dss.ch/famn/index.php   11.10.2013

Da hat jemand ganz offensichtlich Humor. Trotzdem möchte ich mich hiermit rasch und umfassend bei Christian Luder und seiner Familie für meinen feministischen Angriff auf ihren jahrhundertealten Familiennamen schriftlich entschuldigen. Zumindest habe ich eins aus diesem Missverständnis gelernt: In der Schweiz scheint es wahnsinnig viele Luder zu geben.

Gisela Caulmann
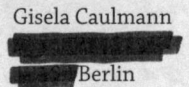
Berlin

Berlin, den 19.05.2014

Deutscher Wetterdienst
Frankfurter Straße 135
63067 Offenbach

Zu oft schlechtes Wetter in Berlin

Sehr geehrte Mitarbeiter des Deutschen Wetterdienstes,

hiermit möchte ich mich bei Ihnen beschweren.

Nachdem das Jahr eigentlich ganz gut angefangen hatte, möchte man jetzt kaum noch zum Briefkasten gehen, so windig ist es. Das ist ja fast orkanartig! Man kann von Glück sagen, wenn das Zuhause überhaupt noch steht, wenn man nach Hause gehen möchte.

Ich bitte Sie, Ihr Wetter SCHNELLSTMÖGLICH zu überarbeiten. Es kann doch nicht sein, dass wir Bürger derartigen Gefahren ausgesetzt werden!!!

Schon das vergangene Jahr haben Sie leider alles andere als angenehm gestaltet. Im Sommer war es geradezu unerträglich heiß – und mit der Luftfeuchtigkeit hatten Sie sich ebenfalls gewaltig verschätzt. Ich darf Sie an dieser Stelle daran erinnern, dass Sie immer noch beim Deutschen Wetterdienst arbeiten – und nicht beim Thailändischen.

Der Herbst hatte wiederum teilweise SEHR neblige Tage. Manchmal so neblig, dass man Mühe hatte, den Weg zum Supermarkt zu finden. Andere Tage waren durch und durch verregnet und nasskalt. Oft hatte ich so viele Wassertropfen auf der Brille, dass der Weg zum Supermarkt dann wieder schwer zu finden war. So hatte ich den Herbst über häufig großen Hunger und Durst.

Insgesamt wäre es wünschenswert, dass Sie uns eine gewisse Konstanz und einen fließenden Übergang zwischen den Jahreszeiten ermöglichen.

Ich hoffe jedenfalls, Sie arbeiten auf Hochtouren daran, uns einen schönen Sommer zu verschaffen.

Mit freundlichen Grüßen

Gisela Caulmann

Der **astronomische Sommer** beginnt auf der Nordhalbkugel am 21. Juni. Der Zeitpunkt wird auch Sommersonnenwende genannt, da die Tage durch den senkrechten Sonnenstand über dem nördlichen Wendekreis am längsten sind.

Vielen Dank für Ihr Schreiben.

Informationen anbei.

Mit freundlichen Grüßen

Wetter und Klima aus erster Hand

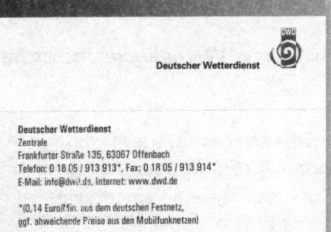

Deutscher Wetterdienst

Deutscher Wetterdienst
Zentrale
Frankfurter Straße 135, 63067 Offenbach
Telefon: 0 18 05 / 913 913*, Fax: 0 18 05 / 913 914*
E-Mail: info@dwd.de, Internet: www.dwd.de

*(0,14 Euro/Min. aus dem deutschen Festnetz,
ggf. abweichende Preise aus den Mobilfunknetzen)

Instrumente und Messnetze
der Meteorologie
Das Wetter im Visier

Messen-Berechnen-Interpretieren
*Wie entsteht
eine Wettervorhersage?*

Kurzporträt
Der Deutsche Wetterdienst

Für diesen Kommentar habe ich mir genauso viel Zeit genommen
wie der Deutsche Wetterdienst für seine Antwort.

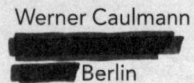

Werner Caulmann

Berlin, den 09.05.2014

███████ Berlin

Barilla Deutschland GmbH
Gustav-Heinemann-Ufer 72
50968 Köln

Ihre Werbefigur Steffi Graf

Sehr geehrtes Barilla-Team,

hiermit möchte ich mich über die Auswahl Ihrer Werbefiguren beschweren.

Man tut Frau Graf nun wirklich keinen Gefallen damit, sie vor einer Kamera Texte aufsagen zu lassen. In einem Ihrer Werbespots gibt sie »Freunden« einen kurzen Italienisch-Kurs, bevor sie an einem Glas Barilla-Pesto riecht und »Ah, Italien …« sagt.

Ihre größte schauspielerische Leistung besteht in dieser Szene darin, dass wohl niemals zuvor eine Person auf dem gesamten Planeten etwas gelangweilter ausgesprochen hat. Die Wörter »Ah, Italien …« klingen aus Frau Grafs Mund in etwa so aufregend wie die dritte Wiederholung eines achtstündigen Schwarzweiß-Stummfilms über einen 46 Kilometer langen Stau vor Castrop-Rauxel, der mit Musik der Pet Shop Boys unterlegt ist. Um einen vergleichbaren Grad der Langeweile zu reproduzieren, müssten sämtliche Zuschauer vor dem Film darüber hinaus eine zweitägige Vortragsreihe zum Thema »Die Farbenlehre der Eintönigkeit am Beispiel eines Tones« besucht haben und seitdem ohne ihr Wissen permanent einen Medikamentencocktail aus Valium, Morphium und Ritalin erhalten. Zudem müsste der Film in Zeitlupe abgespielt und von Markus Lanz moderiert werden.

Abgesehen davon sollte es Ihnen zu denken geben, dass Steffi Graf als Schauspielerin ansonsten meines Wissens nur noch in dem Film »Otto – Der Außerfriesische« in Erscheinung treten durfte.

Oder ist ihre Verpflichtung ironisch gemeint?

Ich bitte Sie in dieser Angelegenheit um Stellungnahme.

Mit freundlichen Grüßen

Werner Caulmann

Barilla Deutschland GmbH
Katharina Schmitz
Gustav-Heinemann-Ufer 72 c
50968 Köln

Köln, 19. Mai 2014

Werner Caulmann
 Berlin

Ihr Schreiben vom 09.05.2014

Sehr geehrter Herr Caulmann,

vielen Dank für Ihren Brief und Ihr damit verbundenes Interesse an unserem Unternehmen.
Zuerst einmal möchte ich betonen, dass die Werbekooperation mit Frau Graf von 1991-1994 sowie zuletzt 2005 bestand. Dies ist bereits 9 Jahre her.
Geschmäcker sind bekanntlich verschieden, und der Mehrheit der Zuschauer gefiel der Werbespot sehr gut und auch Steffi Graf als unser Werbegesicht überzeugte, gerade weil Sie keine Schauspielerin ist. Als Sportlerin und zweifache Mutter, die daher viel Wert auf gesunde Ernährung legt, ist es ihr gelungen sehr glaubwürdig für unsere Pasta und Saucen zu werben.
Von März bis Mai wird unser neuer Werbespot ausgestrahlt, der ganz auf die Unterstützung prominenter Hilfe verzichtet. Vielleicht trifft dieser Ihren Geschmack ja besser!

Wir wünschen Ihnen für die weitere Zukunft alles Gute.

Mit herzlichen Grüßen aus Köln

Ich bin mir nicht sicher, ob es für mich oder für Barilla unangenehmer ist, dass ich bisher noch gar nicht mitbekommen habe, dass Steffi Graf längst nicht mehr die Werbefigur der Pasta-Marke ist. Wahrscheinlich war ich so dermaßen gelangweilt von dem Werbespot, dass ich daraufhin die letzten 9 Jahre geschlafen habe.

Werner Caulmann

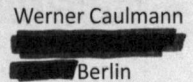
Berlin

Berlin, den 04. 04. 2014

Nikon GmbH
Tiefenbroicher Weg 25
40472 Düsseldorf

Ihre digitale Kompaktkamera Nikon Coolpix L27 macht mangelhafte Fotos !

Sehr geehrtes Nikon-Team,

ich habe vor ein paar Wochen eine Nikon Coolpix L27 erworben – und bin maßlos enttäuscht. Denn die Qualität der Fotos lässt doch stark zu wünschen übrig.

Ich sehe auf den Bildern viel älter aus als in Wirklichkeit. Zum Teil so alt, dass man sich wundert, dass ich überhaupt noch lebe. Meine Haut wirkt ebenfalls schlechter, ich mache insgesamt einen sehr ungesunden Eindruck. Zudem wirke ich auch dicker. Auf einigen Fotos habe ich ein richtiges Doppelkinn. Dazu kommen auf manchen Schüssen diese schrecklichen roten Augen. Mir ist durchaus bewusst, dass man Fotos grundsätzlich bearbeiten kann, aber um mit Ihren Bildern zu einem zufriedenstellenden Ergebnis zu gelangen, müsste man den kompletten Menschen austauschen.

Auch die Bildausschnitte sind oft ausgesprochen ungünstig gewählt. Es wäre schön, wenn die Kamera bei dem Preis dieses Problem automatisch korrigieren würde, indem sie die Hand an die bessere Position führt.

Aber das ist noch nicht alles : Die Fotos werden schnell unscharf oder verwackelt – besonders, wenn man die Hand beim Fotografieren schnell hin und her bewegt. Zudem ist der Blitz sehr grell.

Mein Fazit zur Nikon Coolpix L27 insgesamt : mangelhaft. Wenn man die Bilder bspw. mit denen Helmut Newtons vergleicht, schneiden Ihre ganz eindeutig schlechter ab.

Besteht die Möglichkeit, das Produkt bei derartigen Mängeln auch nach Ablauf der Umtauschfrist zurückzugeben ?

Ich bitte Sie in dieser Angelegenheit um Stellungnahme.

Mit freundlichen Grüßen

Werner Caulmann

Nikon

Nikon GmbH. Technical Support, 40472 Düsseldorf

Herrn
Werner Caulmann
██████████
████ Berlin

Mittwoch, 9. April 2014

Betr.: Nikon Coolpix L27

Sehr geehrter Herr Caulmann,

vielen Dank für Ihr Schreiben vom 04.04.2014. Wir bedauern zunächst natürlich sehr, dass Sie mit Ihrer Nikon Coolpix L27 nicht zufrieden sind. Doch da man die Hoffnung bekanntermaßen niemals aufgeben soll, wollen wir Ihnen hier und jetzt ein paar Möglichkeiten und Wege aufzeigen, mittels derer Sie zukünftig zu besseren Bildergebnissen kommen können.

Manchmal hilft es, die Einstellungen der Kamera zu verändern. Manchmal muss man aber auch andere fotografische Mittel anwenden, um zu schöneren Bildern zu gelangen. So kann man zum Beispiel bei faltenreicher Haut in der Kamera die „Hautweichzeichnung" einstellen. Die Haut wirkt dann wie glattgebügelt; Falten und Hautunreinheiten sind fast nicht mehr zu sehen.

Bei geblitzten Portraitaufnahmen mit Kompaktkameras kann es bei den Personen oft zu „Roten Augen" kommen. Dies liegt daran, dass sich die Pupille nicht ausreichend schließt und die Netzhaut das Blitzlicht reflektiert. Vor allem bei rauschenden Partys ist der Schließreflex der Pupillen infolge des höheren Alkoholkonsums stark beeinträchtigt. Entweder erhöht man die Raumhelligkeit, geht ins Tageslicht oder man verwendet die Kamera mit der Funktion zur „Reduzierung des Rote-Augen-Effekts" oder steigt auf Softdrinks um.

Eine automatische Bildausschnittskorrektur ist momentan leider nicht in der Kamera vorhanden. Aber wer weiß, was die Coolpix Ü50 zu bieten hat. Sie haben bei Ihrer L27 dennoch die Möglichkeit nach der Aufnahme das Bild zu verschieben und einen anderen Ausschnitt zu wählen.

Um Verwacklungs- oder Bewegungsunschärfe zu reduzieren arbeitet die Kamera standardmäßig mit „Motion Detection". Bei Erkennung von vorgenannten Unschärfen regelt die Kamera automatisch die ISO-Empfindlichkeit und die Belichtungszeit hoch. Da diese Funktion durch Gegebenheiten wie zu schnelle Bewegung des Motivs oder zu dunkle Umgebung ihre Grenzen erreicht, kann es sein, dass es in extremen Situationen zu unscharfen Bildern kommt.

Wem der Blitz zu grell ist, kann bei Aufnahmen eine Sonnenbrille tragen oder einfach nicht in die Kamera schauen. Dann muss man allerdings darauf achten, dass der „Lächelnauslöser" nicht aktiviert ist, da dieser nur dann funktioniert, wenn die Kamera tatsächlich ein lächelndes Gesicht erkennt.

Nikon GmbH - Technical Support
Tiefenbroicher Weg 25 - 40472 Düsseldorf - Germany
Telefon: 0211:9414600 Montag – Freitag, 9.00 – 17.00 Uhr
Homepage & technischer Support: www.nikon.de

Helmut Newton, der Schlawiner hat oft eine Mittelformatkamera verwendet, damit die langen Beine der Modelle noch ins Bild passen. Ebenso hat er oft Polaroids gemacht, um die Aufnahmesituation besser beurteilen zu können. Diese können Sie auch über Ihren Kameramonitor kontrollieren. Vor allem dann, wenn Sie à la Newton fotografieren.

Mit den richtigen Einstellungen und Motiven wird es Ihnen in Zukunft sicher gelingen auch zufriedenstellendere Bilder mit der Coolpix L27 aufzunehmen.

Einen Tipp wollen wir Ihnen abschließend aber noch mit auf den Weg geben:
Übung macht den (Fotografen)Meister.

Wir hoffen, dass wir Ihre Anfrage zufriedenstellend beantworten konnten und stehen Ihnen für weitere Rückfragen natürlich gerne zur Verfügung.

Mit freundlichen Grüßen

Nikon GmbH Support

www.nikon.de | www.europe-nikon.com/support

Nicht nur, dass Nikon mir faltenreiche Haut und erhöhten Alkoholkonsum unterstellt – unterschwellig deutet die Mitarbeiterin auch noch an, dass ich wahrscheinlich »Ü50« sei. EINE BODENLOSE FRECHHEIT!!! Zudem wird auf meine Frage bzgl. einer möglichen Rückgabe der Kamera MIT KEINEM WORT EINGEGANGEN! Zur Beruhigung habe ich gerade ca. 500 Mal meinen Mittelfinger fotografiert.

Anton Caulmann

 Berlin

Berlin, den 15.02.2014

KaDeWe
Tauentzienstraße 21–24
10772 Berlin

Diskriminierend: Joop-Kleidung

Sehr geehrtes KaDeWe-Team,

ich finde es eine absolute Schande, dass Sie in Ihrem Einkaufszentrum Kleidung von Joop anbieten. Dieser Name ist diskriminierend und eine Provokation all jener Menschen, die keinen Joop
haben.

Was meinen Sie, wie frustrierend es ist, ohne Joop zu Hause zu
sitzen? Gerade für uns ältere Menschen ist es oft kaum noch
möglich, jemals wieder einen Joop zu finden. Und wenn wir dann
Ihr Einkaufszentrum besuchen – desillusioniert, nach einem weiteren enttäuschenden Gang zum Joopcenter und eh schon knapp
bei Kasse – sehen wir dort diese arrogante Marke, die sich auch
noch Joop nennt. Schönen Dank!

Die Marke Boss ist übrigens ähnlich diskriminierend. Selbst für
die, die einen Joop haben, aber täglich unter ihrem Boss leiden
müssen. Hier ließe sich das Problem allerdings lösen: Könnten Sie
nicht unter der Marke »Arbeitnehmer« ähnliche Produkte verkaufen?

Meine Frau Angelika und ich (und viele andere normale Menschen) würden es Ihnen danken.

Mit freundlichen Grüßen

Anton Caulmann

P.S.: Angelika ist übrigens gerade auf der Suche nach einem
Joop. Vielleicht könnte sie bei Ihnen als Modeberaterin anfangen?

KaDeWe · Tauentzienstr. 21-24 · 10789 Berlin
Postanschrift: KaDeWe Berlin · 10772 Berlin

Herr
Anton Caulmann

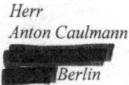
Berlin

Berlin, 21.Februar 2014

Sehr geehrter Herr Caulmann,

vielen Dank für Ihre Rückmeldung.
Es tut uns sehr leid, dass Sie an Ihrem Besuch in unserem Hause keine Freude
hatten. Wir wünschen uns für unsere Gäste und Kunden selbstverständlich
ausschließlich positive Erlebnisse und schöne Erinnerungen, die sie mit
dem KaDeWe verbinden.

Den Zusammenhang zwischen den internationalen Marken Joop / Hugo Boss und
einer Diskriminierung von Personengruppen können wir leider nur schwer
nachvollziehen.

Wir haben grundsätzlich viel Verständnis für persönliche Lebenssituationen.
Wenn Sie interessiert sind an einem Gespräch mit einem unserer Servicemitarbeiter,
um uns etwas mehr Aufschluss über Ihre Sichtweise zu geben, seien Sie herzlich dazu
eingeladen.

Wir freuen uns auf Ihren Besuch

Mit freundlichen Grüßen

Kundenservice
KaDeWe Berlin

Hiermit möchte ich mich über mich selbst beschweren. WIE IN ALLER
WELT KANN ES SEIN, DASS ICH DIESES DÄMLICHE WORTSPIEL
ALLEN ERNSTES ZUM BESCHWERDETHEMA MACHE UND DAMIT
SERIÖSE UNTERNEHMEN BELÄSTIGE? Ich schäme mich und hoffe,
das KaDeWe hat auch diesmal Verständnis für meine persönliche
Lebenssituation.

Werner Caulmann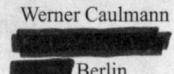
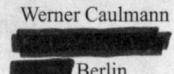 Berlin

Berlin, den 19.05.2014

Bundespräsidialamt
Joachim Gauck
Spreeweg 1
10557 Berlin

Immer noch kein Bundesverdienstkreuz

Sehr geehrter Herr Bundespräsident Gauck,

leider erhielt ich auf mein Schreiben vom 02.04.2014 bisher noch keine Antwort.

Noch mal zur Erinnerung: Ich bin ausgesprochen enttäuscht. Von Ihnen und Deutschland.

Nun bin ich bald 67 Jahre alt und war zeit meines Lebens ein hart arbeitender Schlosser. Zugegeben: Ich bin ein einfacher Mann, dabei aber stets ehrlich, fleißig und rechtschaffen. Selbst mit Fieber und während der Fußballweltmeisterschaft war ich in meinen 50 Berufsjahren immer für meine Kunden da. Ich habe in dieser Zeit geschätzte 37 800 Türschlösser montiert. Das bedeutet, ich bin maßgeblich mitverantwortlich dafür, dass die Bürgerinnen und Bürger dieses Landes in ihren Wohnungen und Häusern sicher sind. Ohne mich wäre wohl eine Vielzahl dieser Menschen Opfer polnischer oder drogensüchtiger Einbrecher geworden. Kurz: Dank mir kann Ihr Land ruhig schlafen.

Dennoch wurde ich in all den Jahren für mein Engagement niemals mit dem Bundesverdienstkreuz ausgezeichnet. Stattdessen musste ich dabei zusehen, wie Satiriker wie Vicco von Bülow und Rainer Brüderle geehrt wurden. Und keiner der beiden hat jemals irgendwo ein vernünftiges Schloss verbaut.

Ich denke, Sie können nachvollziehen, dass man da das Vertrauen in die Politiker verliert. Es kann nicht sein, dass man nur mit blauem Blut in den Adern oder dem entsprechenden Parteibuch für sein Lebenswerk ausgezeichnet wird. Ich bitte Sie, endlich mit dieser arbeiterfeindlichen Einstellung Schluss zu machen und dem ehrlichen Volk Respekt zu zollen.

Mit freundlichen Grüßen

Werner Caulmann

P.S.: Sollte ich dafür im Gegenzug ein Bundesverdienstkreuz erhalten, bin ich gern bereit, Ihnen zum Freundschaftspreis ein richtig gutes Stangenschloss der Marke ABUS einzubauen.

BUNDESPRÄSIDIALAMT

BERLIN, 22. Mai 2014
Spreeweg 1

Geschäftszeichen: 032 04-91-230/14
(bei Zuschriften bitte angeben)

Herrn
Werner Caulmann
████████████
████████Berlin

Sehr geehrter Herr Caulmann,

im Auftrag des Herrn Bundespräsidenten bedanke ich mich herzlich für Ihre Schreiben vom April und Mai dieses Jahres und antworte Ihnen gern.

Mit Interesse habe ich von der beeindruckenden Zahl von Türschlössern gelesen, mit denen Sie in 50 Arbeitsjahren vielen Menschen ein Gefühl von Sicherheit geben konnten. Ich kann gut verstehen, dass Sie mit Stolz darauf zurückblicken. Dennoch kann Ihr Wunsch, für diese Leistung mit dem Verdienstorden der Bundesrepublik Deutschland geehrt zu werden, nicht erfüllt werden. Die Verleihung der höchsten Auszeichnung, die unser Land zu vergeben hat, ist an „besondere Verdienste um die Bundesrepublik Deutschland" geknüpft (§ 1 des Gesetzes über Titel, Orden und Ehrenzeichen). Die tadellose Erfüllung von beruflichen Pflichten ist ohne jeden Zweifel wichtig und anerkennenswert, genügt gemäß den Ausführungsbestimmungen zum Statut des Verdienstordens der Bundesrepublik Deutschland jedoch nicht für dessen Verleihung.

Viele Menschen in Deutschland engagieren sich neben ihrem Beruf ehrenamtlich für andere. In der Regel handelt es sich um jahrzehntelang betriebenes, uneigennütziges Engagement. Die Ehrung dieser Verdienste steht im Mittelpunkt der Verleihungen des Verdienstordens der Bundesrepublik Deutschland.

...

Briefanschrift: Bundespräsidialamt 11010 Berlin, Internet: http://www.bundespraesident.de
E-Mail: poststelle@bpra.bund.de

Telefon: (030) 2000 - 0   Behördennetz: (030) 18 200 - 0   (Durchwahl:
Telefax: (030) 2000 - 1999   Behördennetz: (030) 18 200 - 1999   (Durchwahl:

Darüber hinaus kann derjenige, der seine eigene Auszeichnung anregt, nach den ordensrechtlichen Vorschriften nicht mit einer Verleihung des Verdienstordens rechnen.

Ich bedauere, Ihnen nicht die gewünschte Nachricht übermitteln zu können und hoffe aber, mit
meinen Ausführungen Ihr Verständnis für diese Entscheidung geweckt zu haben. In der
Annahme Ihres Interesses füge ich meinem Schreiben eine Ordensbroschüre bei, in der Sie die
von mir zitierten Bestimmungen sowie viele weitere Informationen rund um den Verdienstorden
der Bundesrepublik Deutschland nachlesen können.

Mit freundlichen Grüßen
Im Auftrag

Der Verdienstorden
der
Bundesrepublik Deutschland

Ich plädiere dafür, die ordensrechtlichen Vorschriften schnellstmöglich zu ändern, sodass nach und nach sämtliche Deutsche mit einem Bundesverdienstkreuz ausgezeichnet werden können. Falls dies nicht geschehen sollte, rufe ich hiermit alle Bürger dieses Landes dazu auf, umgehend weitere 81,89 Millionen Beschwerdebriefe an den Herrn Bundespräsidenten zu schicken.

HALO LG-TIEM,

ISCH HABE FOR ZWEI JAHRE EINE FERNSEHER IHRER MARKE GEKAUFT. UND ISCH BIN MIT GERET SEHR UNZUFRIEDEN WEIL:

1. SEIT ISCH FERNSEHER HABE, BEWEHGE ISCH MISCH VIEL WENIGER ALS FRÜER. SPORT MACH ISCH ABGESEHN VON SPORTFERNSEHEN GARNISCHT MEHR. ISCH SITZE NUR NOCH AUF KAUTSCH, SEHE FERN UND ESSE SCHIPS. MANSCHMAL SO LANG, DASS ISCH VON DIE VIELE SITZEN RÜKENSCHMERTZEN BEKOMME. UND ISCH HAB IN BEIDE JAHRE 10 KILO ZUGENOMMEN. FERNBEDIENUNG MACHT GANZE SACHE NOCH SCHLIMMER. ISCH BEWEGE NUR NOCH MEIN ARM.

2. ISCH SCHLAFE SEHR OFT VOR FERNSEHER EIN. DANN BIN ISCH GANZE NACHT MIT LAUTE GEREUSCH. UND ISCH KANN NICHT EINFLUSEN, WELSCHE SENDUNG ISCH SEHE. MORGENS ISCH WACHE VOLKOMEN FERTICH AUF.

3. AUF GERET IST IMMER STAUP. WENN ISCH NISCHT WISCHE DRÜBER ALLE 1-2 MONAHTE, KANN ISCH SEHEN GARNISCHTS. UND DAS IST NISCHT SINN VON FERNSEHER.

4. DAS FERNSEHPROGRAM IST SCHEISE. ISCH GLAUBE, MENSCHEN IN FERNSEHEN HABEN KEINE ALGEMAINBILDUNK BZW HABEN SIE JEMAHLS BILD-ZEITUNG GELESEN. BEI MANSCHEN WUNDERE ISCH MISCH, DAS SIE EIGENE NAMEN KENNEN.

ISCH BITTE SIE WEGEN GERETEMENGEL MIR NEUE HOSEN ZU BEZALEN. AWSERDEM WILL ISCH MONATSBEITRAG FÜR FITNESSTUDIO FÜR MINNDESTENS EIN JAHR. UND BITTE ÜBERARBEITEN SIE GERETE. VOR ALEM PROGRAM UND STAUPSAUBERKAIT SOWIE BESSER KEINE FERNBEDIENUNG MEHR.

GRÜSSE
MICHA CAULMANN

 , ███████ BERLIN

Ich verstehe zwar nicht so recht, inwiefern diese ausgesprochen ernstzunehmenden Forderungen unbegründet sein sollen – aber immerhin war ich froh, dass es LG überhaupt für nötig hielt, mir zu antworten. Ganz im Gegensatz zu SAMSUNG, MEDION, SHARP, SONY, GRUNDIG, PHILIPS, TOSHIBA und THOMSON. Trotz frankierter Rückantwortumschläge meldete sich keine der acht angeschriebenen Elektro-Firmen auf meine sympathische Anfrage.

NOMMEN. FERNBEDIENUNG MACHT GANZE SACHE NOCH SCHLIMMER. ISCH BEWEGE NURNOCH MEIN ARM.

2. ISCH SCHLAFE SEHR OFT VOR FERNSEHER EIN. DANN BIN ISCH GANZE NACHT MIT LAUTE GEREUSCH. UND ISCH KANN NICHT EINFLUSEN, WELSCHE SENDUNG ISCH SEHE. MORGENS ISCH WACHE VOLKOMEN FERTICH AUF.

3. AUF GERET IST IMMER STAUP. WENN ISCH NISCHT WISCHE DRÜBER ALLE 1-2 MONAHTE, KANN ISCH SEHEN GARNISCHTS. UND DAS IST NISCHT SINN VON FERNSEHER.

4. DAS FERNSEHPROGRAM IST SCHEISE. ISCH GLAUBE, MENSCHEN IN FERNSEHEN HABEN KEINE ALGEMAINBILDUNK BZW HABEN SIE JEMAHLS BILD-ZEITUNG GELESEN. BEI MANSCHEN WUNDERE ISCH MISCH, DAS SIE EIGENE NAMEN KENNEN.

ISCH BITTE SIE WEGEN GERETEMENGEL MIR NEUE HOSEN ZU BEZALEN. AUSERDEM WILL ISCH MONATSBEITRAG FÜR FITNESSTUDIO FÜR MINNDESTENS EIN JAHR. UND BITTE ÜBERARBEITEN SIE GERETE. VOR ALEM PROGRAM UND STAUPSAUBERKAIT SOWIE BESSER KEINE FERNBEDIENUNG MEHR.

GRÜSSE
MICHA CAULMANN

████████████████████, ██████ BERLIN

Vielen Dank für Ihre Informationen. Leider können wir auf Ihre Forderungen nicht eingehen. Sie sind unbegründet
mfG ████████

Werner Caulmann 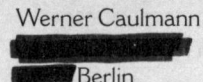 Berlin, den 11. 03. 2014

███████████ Berlin

H&M Kundenservice
Postfach 2318
36243 Niederaula

Perverse Verkäuferin

Sehr geehrtes Team von H&M,

mit diesem Schreiben möchte ich mich bei Ihnen beschweren. Ich
wurde gestern bei meinem Einkauf in Ihrer Niederlassung am Kurfürs-
tendamm 237 in Berlin von einer Ihrer Verkäuferinnen sexuell belästigt.
Die Person ist mir leider nicht namentlich bekannt, jedoch kann ich sie
beschreiben und würde sie bei einer Gegenüberstellung wiedererken-
nen. Die Verkäuferin ist Anfang 20, südländischer Typ, brünett und
schlank.

Der Vorfall gestaltete sich folgendermaßen: Als ich an der besagten
Dame vorbeilief, warf sie mir einen ekelhaft lüsternen Blick zu und
grüßte mich mit einem lasziven »Hallo«. Dann leckte sie sich sogar kurz
über die Lippen und fragte, ob sie mir behilflich sein könne – ein ganz
offensichtlich zweideutiges Angebot.

DAS IST EINE BODENLOSE UNVERSCHÄMTHEIT! Ich bin verheiratet! Noch dazu bin ich Katholik! Und mein Ehering war klar und
deutlich zu erkennen. Aber auch abgesehen von meinem Ring, sehe ich
ziemlich verheiratet aus! Es kann doch nicht in Ihrem Sinne sein, dass
rechtschaffene Bürger in Ihrem Geschäft derartigen Perversionen ausgesetzt werden. Sie sind doch kein Bordell! Diese Niederlassung gleicht
einer Hippie-Kommune! Auch andere Verkäuferinnen tragen bspw.
sehr knappe Oberteile und enge Hosen. Und die meisten sind ge-
schminkt.

Ich bitte Sie in dieser Angelegenheit um eine Stellungnahme.

Vielen Dank.

Mit freundlichen Grüßen,

Werner Caulmann

Werner Caulmann

Berlin

Hamburg, 27.03.2014

Sehr geehrter Herr Caulmann,

Ihr Schreiben vom 11.03.2014 haben wir zur Kenntnis genommen und nehmen wie folgt Stellung:

Wir bedauern, dass Sie sich bei Ihrem Besuch in unserem benannten Berliner Geschäft am 10.03.14 unfreundlich behandelt gefühlt haben.

Indes distanzieren wir uns in aller Form von der in Ihrem Schreiben dargestellten Schilderung.

Hochachtungsvoll

H & M Hennes & Mauritz B. V. & Co. KG

H & M Hennes & Mauritz B.V. & Co. KG   www.hm.com   info.de@hm.com

Head Office: Administrations- und Distributionscenter:
                          Postfach 80 04 29   Sitz der Gesellschaft: Hamburg, Amtsgericht Hamburg: HRA 107144   Bankverbindung:
                          21004 Hamburg   Steuer-Nr.: 27 606 00140, USt-ID-Nr.: DE 118569718   Deutsche Bank Hamburg
Spitalerstraße 12   Bugenddamm 38   Persönlich haftende Gesellschafterin: Kto.-Nr.: 483 552 600
                                                            H & M Hennes & Mauritz Management B.V. Amsterdam/NL   BLZ 200 700 00

An dieser Stelle möchte ich der Rechtsabteilung von H&M meine herz-
lichsten Grüße ausrichten. Nichtsdestotrotz distanziere ich mich von
Ihrem Antwortschreiben und den darin enthaltenen Formulierungen
ebenfalls in aller Form und nach sämtlichen erdenklichen
Paragraphen dieser Welt.

Werner Caulmann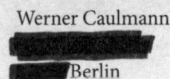

Berlin

Berlin, den 06. 06. 2014

Reemtsma Cigarettenfabriken GmbH
Max-Born-Straße 4
22761 Hamburg

Ihre Zigaretten sollten DRINGEND optimiert werden!

Sehr geehrtes Reemtsma-Team,

ich bin leidenschaftlicher Raucher, seitdem ich 9 Jahre alt war. In meinem 62-jährigen Leben habe ich meine Lunge mit geschätzten 400 000 Zigaretten verwöhnt. Ich vermute, neben dem Marlboro Man und Helmut Schmidt bin ich einer Ihrer besten Kunden. Dennoch gibt es einige Punkte, die mich nach wie vor an Zigaretten stören.

- Störfaktor 01: Wenn man nicht alle paar Tage das Fenster öffnet, riecht es in der Wohnung schon leicht nach Rauch.

- Störfaktor 02: Die Warnhinweise auf den Zigarettenschachteln sind übertrieben. Gut, vielleicht kann Rauchen tödlich sein. Über-die-Straße-Gehen aber auch. Trotzdem trägt die Straße keinen Warnhinweis.

- Störfaktor 03: die vielen Schnorrer. Ständig fragt einen jemand nach einer Zigarette. Und mit steigendem Alter ist es leider meistens keine Anmache.

- Störfaktor 04: Nichtraucher. Immer nerven sie einen mit ihrem Gerede über frische Luft und Gesundheit und diesem ganzen neumodischen Zeugs.

- Störfaktor 05: meine Krankenkasse. Sie verweigert mir schon seit Jahren den sogenannten »Verhaltensbonus«, obwohl ich bereits angegeben habe, dass ich selten wirklich tief inhaliere.

- Störfaktor 06: meine Enkel. Meine Tochter möchte nicht, dass ich in ihrer Gegenwart rauche bzw. ihnen das Rauchen beibringe.

- Störfaktor 07: Wenn mein Feuerzeug leer ist.

Ich bitte Sie, die von mir angesprochenen Punkte in Ihrer Produktentwicklung zu berücksichtigen und schon bald eine optimierte Version auf den Markt zu bringen.

Ich freue mich auf Ihre Rückmeldung. Vielen Dank.

Mit freundlichen Grüßen

Werner Caulmann

 **GAULOISES**

Gauloises Blondes - Postfach 57 05 18 - 22774 Hamburg
834285-1156559-A

Werner Caulmann

 Berlin

Ihr Anliegen vom 06.06.2014

09.06.2014

Sehr geehrter Herr Caulmann,

wir danken Ihnen für das unserem Unternehmen entgegengebrachte Vertrauen.
Ihr Vorschlag wurde von uns überprüft.

Leider müssen wir Ihnen aber heute mitteilen, dass wir aus rechtlichen und industriepolitischen
Gründen keine Möglichkeit sehen, die von Ihnen beschriebenen Störfaktoren zu beseitigen.

Dennoch danken wir Ihnen für Ihr Engagement für das Produkt Cigarette und wollen Ihnen gerne
mit einem Feuerzeug eine Freude machen. Dafür senden Sie das beigefügte Formular ausgefüllt
und unterschrieben - gerne auch unfrei - an uns zurück.

Mit freundlichen Grüßen

Ihr Gauloises Blondes -Team

Reemtsma
Cigarettenfabriken
GmbH
Service Center
Hamburg

Postfach 570518
22774 Hamburg

Sitz Hamburg
Amtsgericht Hamburg
HRB 5153

Vorsitzender
des Aufsichtsrates:
Walter Prinz

Vorstand:
Dr. Rainer Eberlein
Christian Frank
Luc Hyvernat (Sprecher)
Michael Wenzel

Geschäftsbereich
Deutschland:
Luc Hyvernat

www.gauloises.de
Service@Gauloises.de

0800-LIBERTÉ
0800-5423783
(gebührenfrei)

Eine Gesellschaft der Imperial Tobacco Group

834285-1156559-A / [70]__AS66/1__FF55/1

210
211

Gauloises Blondes
Postfach 57 05 18
22774 Hamburg

Herr O Frau O

Vorname+Name: _____

Strasse+Nr.: _____

PLZ+Ort: _____

Telefon/Mobil-Nr: _____ / _____

E-Mail-Adresse: _____

Geburtsdatum: _____ . _____ .19_____ (Tag/Monat/Jahr)

Raucher: Ja O Nein O   Ich rauche hauptsächlich: O Fertigcigaretten O Tabak O Sonstiges

Meine Marke: _____ Meine Sorte: _____
                                                                              (z.B. RED, BLUE, Halfzware, mit/ohne Filter etc.)

Packungseinheit (Inhalt): _____
                                               (z.B. 19er, BigBox, MaxiBox; 40g, 80g, 100g, 180g; Pouch, Dose, Zip-Bag; etc.)

Gewünschtes Give-Away: [ ] Gauloises Blondes   [ ] Gauloises Blondes
                                             Feuerzeug   Schiefertasse

                                             [ ] Gauloises Blondes   [ ] Gauloises Blondes
                                             Smartphone Hülle   Taschenascher

Datum + Unterschrift: _____

834285-1156559-A / [70]__AS66/1__FF55/1

Im Rahmen meines Engagements für das Produkt Cigarette habe ich ein paar weitere Fragen:

1. Darf bei Gauloises Blondes eigentlich noch innerhalb der Geschäftsräume geraucht werden?

2. Wie reagieren Kollegen, wenn jemand schon vor der Lungenkrebsdiagnose mit dem Rauchen aufhören will?

3. Widerspricht es nicht dem Motto »LIBERTÉ TOUJOURS«, dass ich das beigefügte Formular »gerne auch unfrei« zurücksenden soll?

Werner Caulmann   Berlin, den 14.04.2014
█████████████
███████ Berlin

Rahaus Atlantis Möbel & Media GmbH
Ringstraße 30–42
12105 Berlin

Unser Mülleimer stinkt!

Sehr geehrtes RAHAUS-Team,

meine Frau und ich haben vor Kurzem einen WESCO-Mülleimer bei Ihnen
erworben. Optisch ist das Gerät einwandfrei. Nur stinkt der Mülleimer leider fürchterlich – besonders, wenn man Fisch gegessen hat. Dann ist der
Geruch schon nach einer Woche unerträglich. Auch Obst sollte man nicht
länger als anderthalb Wochen im Eimer lagern, da es sonst zu einer Vielzahl
von Obstfliegen kommt. Und bestimmte Käsesorten stinken sogar vom
ersten Tag an. Auch tote Mäuse riechen schnell bestialisch. Jedenfalls weist
das Gerät insgesamt starke Mängel auf.

Bei dem Preis für Ihr Produkt hatten wir erwartet, dass der Müll eher
duftet als stinkt. Wir sind – offen gestanden – ziemlich enttäuscht. Die Geruchsbildung ist in etwa vergleichbar mit unserem letzten Mülleimer von
einer Billigmarke. Diesen mussten wir allerdings entsorgen, weil das Produkt stark mit Schimmel befallen war.

Nun fragen wir uns: Wie machen es denn andere Leute? Wenn beispielsweise die Mafia Leichenteile entsorgt oder in Bordellen benutzte Kondome
anfallen, leeren die Herrschaften doch bestimmt auch nicht immer alle fünf
Minuten die Tonne, oder? Verwenden wir Ihr Produkt falsch? Oder muss
man doch noch mehr investieren, um endlich gute Qualität zu erhalten?

Mit freundlichen Grüßen,

Werner Caulmann

RAHAUS EINRICHTUNGEN

RAHAUS Servicezentrale • Ringstraße 30 - 42 • 12105 Berlin   Servicetelefon (030) 280 380 - 0 • www.rahaus.de

Herr
Werner Caulmann
▓▓▓▓▓▓▓▓▓▓
▓▓▓▓ Berlin

Berlin, den 16.04.2014

Sehr geehrter Herr Caulmann,

vielen Dank für Ihr Schreiben vom 14.04.2014. Gern würden wir Ihnen bei „Ihrem Problem"
weiterhelfen. Andererseits haben wir selbst durch Ihr genanntes Schreiben ein „Problem".
Müssen wir Ihr Schreiben ernst nehmen oder aber in die Rubrik „schriftliche Scherzbolde"
einordnen.

Wir haben uns aber entschlossen Ihren Brief ernst zu nehmen und Ihnen einige hoffentlich
nützliche Hinweise zu geben.
Sie sollten den Müll in einer Tüte im Mülleimer sammeln und wenn möglich alle 2-4 Tage entsorgen.
Auch sind kleine Duftblätter für den Mülleimer (erhältlich in der Drogerie) hilfreich.
Leider haben wir keine Verbindung zur Mafia und können Ihnen auch deshalb nicht schreiben,
wo diese die Leichtenteile entsorgen.

Wir hatten zum Glück noch nie eine Beschwerde über die Qualität der WESCO Mülleimer
erhalten und denken, dass Sie sich bei weiteren Fragen gern an das Gesundheitsamt wenden können.

Mit freundlichen Grüßen

▓▓▓▓▓▓▓▓▓▓▓▓▓▓▓▓▓▓

Kundendienst

Ich habe ein ziemliches »Problem« damit, dass »RAHAUS« mit meinem
»Problem« ein »Problem« hat. Und es enttäuscht mich außerordentlich,
dass »RAHAUS« keinerlei »Verbindung« »zur« »Mafia« »hat« und
meine »Fragen« deswegen nur eingeschränkt beantworten »kann«.
Immerhin hat sich die Geruchsbildung aber schon grundlegend
verbessert, seitdem ich die sogenannten »Mülltüten« verwende.
»Vielen« »Dank« für den Tipp!

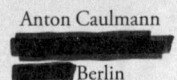

Anton Caulmann

████████████

██████/Berlin

Berlin, den 14. 04. 2014

Jung von Matt
Jean-Remy von Matt
Glashüttenstraße 79
20357 Hamburg

Ich kann das komplette ABC auswendig!!!

Sehr geehrter Herr von Matt,

ich habe mich vor Kurzem als Sloganschreiber in Ihrer Werbeagentur beworben. Leider wurde ich trotz meines überderben Talents mit einer Standardantwort abgelehnt. Hiermit möchte ich mich offiziell darüber beschweren und wende mich deswegen nun direkt an Sie.

Ich muss hierzu sagen, dass alle in meinem Umfeld schon immer gesagt haben, wie gut ich schreiben kann. Zum Beispiel handschriftlich. Und ich schreibe auch gute SMS. In der Kneipe freut sich der Wirt sogar, wenn ich anschreiben lasse.

Deswegen bin ich zutiefst enttäuscht darüber, dass mich Ihre Kollegen aus der Personalabteilung scheinbar als ungeeignet für die Stelle des Sloganschreibers erachten. Dabei bin ich im Alphabet der absolute Babo. Ich beherrsche alle Buchstaben von A bis Z und kenne einige gute Kombinationen. Sätze wie »Ich bin doch nicht blöd« oder »Find ich gut« sage ich im Alltag oft, ohne lang darüber nachdenken zu müssen. Neulich erst fragte mich meine Freundin in einem Geschäft: »Wie findest du das?« Und ich **absolut spontan:** »Find ich gut.« Bäm! Sehen Sie: ICH KANN ES! Vielleicht bin ich sogar der neue Sie.

Aus der Telenovela »Anna und die Liebe« weiß ich zudem genau, wie das Geschäft funktioniert. Ich kann zum Beispiel gut Kaffee trinken und kenne viele sexistische Witze. Außerdem trage ich eine große Brille und mag Schals (auch im Sommer oder wenn es brennt – dann allerdings leichtere).

Bitte geben Sie mir eine Chance. Ich weiß, Sie waren mal Kindersoldat. Sie müssen am besten wissen, dass man über sich hinauswachsen kann, wenn man nur die Möglichkeit dafür bekommt. Wenn Sie es wünschen, würde ich sogar selbst als Kindersoldat bei Ihnen anfangen.

Bitte laden Sie mich zu einem Bewerbungsgespräch ein – oder schicken Sie mir zumindest eine richtige Absage. Über beides würde ich mich sehr freuen.

Mit freundlichen Grüßen

Anton Caulmann

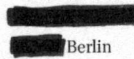

JUNG v. MATT

Jung von Matt/basis GmbH · Glashüttenstraße 79 · 20357 Hamburg

Anton Caulmann

█████████████

████ /Berlin

Hamburg, 15.04.2014

Deine Bewerbung

Lieber Anton Caulmann,

vielen Dank für Dein Schreiben, das hier bei uns im Talent Management gelandet ist.

Der Angelegenheit mit Deiner Absage für einen Job bei uns wollen wir natürlich auf den Grund gehen und dir ein detailliertes Feedback geben. Leider finden zu Dir und Deiner Bewerber keinerlei Infos in unseren Unterlagen.

Bitte schick uns deine Bewerbungsunterlagern gern noch mal zu, damit wir uns mit einem detaillierten Feedback melden können.

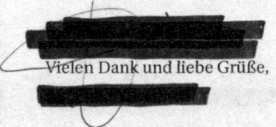

Vielen Dank und liebe Grüße,

Jung von Matt/basis GmbH, Glashüttenstraße 79, 20357 Hamburg, Telefon 040/43 21-0, Telefax 040/43 21-1113
Geschäftsführer: Dominik Fassl, Peter John Mahrenholz, Susanne Nagel, Ulrich Pallas · AG HH HRB 82 024, Ust-ID-Nr.: DE 218 611 219
Deutsche Bank PGK AG, IBAN DE 46 2007 0024 0393 1391 00, BIC (Swift Code) DEUTDEDBHAM
Hamburger Sparkasse, IBAN DE 78 2005 0550 1280 3687 52, BIC (Swift Code) HASPDEHHXXX

Anton Caulmann   Berlin, den 06. 05. 2014
████████
████ Berlin

Jung von Matt
████████████
Glashüttenstraße 79
20357 Hamburg

Noch mal zur Erinnerung: meine Bewerbungsunterlagen

Sehr geehrte Frau ████████

Sie baten mich darum, Ihnen noch mal meine Bewerbungsunterlagen zukommen zu lassen, nachdem ich mich bei Herrn von Matt darüber beschwert hatte, nur eine Standardabsage erhalten zu haben.

Beiliegend finden Sie einige Spot-Ideen von mir.

Ich bin gespannt auf Ihr Feedback.

Mit freundlichen Grüßen

Anton Caulmann

Der Spot »Wurst« für EDEKA.

Eine sexy Frau mit großen Brüsten und einem fantastischen Hinterteil steht an der Fleischtheke.
Sie begrüßt den muskulösen Fleischwarenfachverkäufer, leckt sich über die Lippen und sagt:
»Ich hätte mal wieder Lust auf eine richtig schöne, dicke, große Wurst.«.

Der Fleischwarenfachverkäufer antwortet mit einem Augenzwinkern:
»Die bekommen Sie. Allerdings würde ich sie nur ausgesprochen ungern in Scheiben schneiden.«

Chart:
EDEKA. Wir lieben Lebensmittel.

Der Spot »Rohr« für OBI.

Eine sexy Frau mit großen Brüsten und einem fantastischen Hinterteil liegt bei sich zu Hause und hört sanfte Musik, als es plötzlich an der Tür klingelt. Als die Sexbombe die Tür öffnet, zwinkert ihr ein Blaumann tragender, verschwitzter, dicklicher Typ mit Halbglatze zu und sagt lüstern:
»Ich würde hier gern mal ein Rohr verlegen.«

Die Sexbombe schaut den Handwerker angewidert an.

Sprecher:
»Wer ein Rohr braucht, sollte lieber zu OBI gehen.«

Chart:
OBI

Der Spot »Schaltknüppel« für Mercedes-Benz.

Eine sexy Frau mit großen Brüsten und einem fantastischen Hinterteil sitzt auf dem Beifahrersitz eines Mercedes-Benz, neben ihr ein smarter Geschäftsmann.

Die Frau leckt sich über die Lippen und sagt: **»Ich würde ihn ja wahnsinnig gern mal in die Hand nehmen.«**

Der Mann ist erst überrascht, parkt dann aber und stöhnt zufrieden, als er seinen Reißverschluss öffnet. Daraufhin erschrickt die Sexbombe und sagt: **»Nicht ihn! Ich meinte den Schaltknüppel!«**

Die Sexbombe streift mit ihrer Hand genüsslich über den Schaltknüppel.

Er zwinkert ihr zu und sagt: **»Hauptsache, du nimmst ihn nicht in den Mund.«**

Chart:
Mercedes-Benz. Das Beste oder nichts.

JUNG v. MATT

Jung von Matt/basis GmbH · Glashüttenstraße 79 · 20357 Hamburg

Anton Caulmann

 Berlin

Hamburg, 10.06.2014

Deine Bewerbung.

Lieber Anton Caulmann,

vielen Dank, dass Du uns noch einmal Deine Bewerbungsunterlagen zukommen lassen hast. Und vielen Dank für's geduldig sein, wir haben mit unserem Feedback ja doch ein bisschen auf uns warten lassen.

Leider kann ich Dir aber auch heute kein persönliches Kennenlernen anbieten. Deine Spot-Ideen konnten uns nicht komplett überzeugen, so dass wir Dir kein Angebot machen können. Deshalb bleibt es bei unserer Absage.

Anliegend senden wir dir deine Arbeitsproben mit.

Wir wünschen Dir weiterhin alles Gute!

Liebe Grüße,

Abgesehen von dem Wort »komplett« ist dieser Antwortbrief auf meine Balla-Balla-Bewerbung erschreckend humorlos formuliert. Aber vielleicht ist eine Standardabsage, nachdem ich mich über eine zuvor angeblich erhaltene Standardabsage beschwert hatte, ja auch schon wieder irgendwie ironisch gemeint.

220
221

Hertha BSC GmbH & Co. KGaA
Hanns-Braun-Straße, Friesenhaus 2
14053 Berlin

In unserer Ehe stehe ich im Abseits

Sehr geehrtes Team von Hertha BSC,

leider habe ich auf mein Schreiben vom 02.05.2014 bisher noch keine Antwort erhalten.
Zur Erinnerung: Ich möchte mich bei Ihnen über meinen Mann beschweren. Er ist glühender Fußballfan. Wir schlafen in Fußballbettwäsche, und solange die Temperatur 35 Grad nicht übersteigt, trägt er seinen Fan-Schal. Neulich wollte er ihn sogar zu einer Beerdigung mitnehmen.

Sobald irgendwo ein Stück Rasen im Fernsehen zu vermuten ist, lädt er seine Affenfreunde ein – (Glauben Sie mir: Das ist noch ein Kompliment) – und sie sitzen mit Bier und Tröten bewaffnet vor dem Fernseher. Nach den ersten Flaschen Bier »singen« sie dann ihre Fanlieder. Mich wundert wirklich, dass bisher noch niemand die Terrorabwehr gerufen hat. Aber wahrscheinlich halten die Nachbarn meinen Mann und seine Gäste für eine verdeckte Folteraktion der CIA und mischen sich lieber nicht ein. 90 Minuten lang brüllen die Kumpels immer wieder unvermittelt Kommentare, für die man selbst unter Neandertalern als minderbemittelt gegolten hätte. Ich glaube, der Lieblingsspieler der meisten unter ihnen ist nach wie vor George Best. Und das allein für seinen Ausspruch: »Ich habe viel Geld für Alkohol, Frauen und schnelle Autos ausgegeben, den Rest habe ich einfach verprasst«.

Diese Typen sind in etwa so sensibel wie Torpfosten. Deswegen bitte ich Sie: Ist es möglich, künftig zwischen den Spielzügen ein paar kulturelle Einlagen darzubringen? So könnte Änis Ben-Hatira ein Gedicht von Rainer Maria Rilke aufsagen. Oder Peter Niemeyer singt »Das Phantom der Oper«. Auf diese Weise wären mein Mann und seine Freunde dazu gezwungen, zwischendurch mal ihr Gehirn einzuschalten. Tausende Fanfrauen wären Ihnen für diese Neuerung überaus dankbar.

Ich freue mich auf Ihre Antwort.

Mit freundlichen Grüßen

Gisela Caulmann

Aus Berlin. Hertha BSC Für Berlin.

HERTHA BSC · Hanns-Braun-Straße · Friesenhaus 2 · 14053 Berlin

Frau
Gisela Caulmann

████ Berlin

Berlin, 24. Juni 2014

SCHREIBEN VOM 06. JUNI 2014

Liebe Frau Caulmann,

vielen Dank für ihr erneutes Schreiben.

Wir sind verwundert, dass Sie unser Antwortschreiben nicht erhalten haben. Wir hatten dieses nach dem Saisonabschluss an Sie versendet. Es tut uns leid, dass Sie dieses nicht erhalten haben.

Wir, gerade ich als Frau, verstehen ihre Position und ihr Leiden. Dennoch waren meine ersten Gedanken, dass Sie Ihren Mann doch bestimmt bereits so kennen und lieben gelernt haben. Was man liebt, und davon gehe ich jetzt mal aus, sollte man nicht zu ändern versuchen.

Freuen Sie sich doch darüber, dass ihr Mann nicht wie George Best ist und sich „nur" für den Fußball erfreut. Sicherlich sind dem Ganzen Grenzen zu setzen. Einen Fußballschal auf einer Beerdigung zu tragen, geht gar nicht.

Ihre Vorschläge lassen sich leider nicht umsetzen. Auf mögliche Spielunterbrechungen für solche Zwecke haben wir keinen Einfluss. Solche Entscheidungen kann leider nur die DFL treffen.

Wir wünschen Ihnen viel Kraft in ihrer Ehe und verbleiben

Mit freundlichen Grüßen, Hertha BSC

Fanbetreuung

DB Mobility Networks Logistics   Nike

HERTHA BSC GmbH & Co. KGaA
Hanns-Braun-Straße Friesenhaus 2
14053 Berlin
Telefon: (030) 30 09 28 - 0
Telefax: (030) 30 09 28 - 99

Aufsichtsrat
Vorsitzender Dr. K. Kauermann
USt-Ident-Nr. DE 217618855
Amtsgericht Charlottenburg
HRB. 84666

Hertha BSC Verwaltung GmbH
HRB. 80183
Amtsgericht Charlottenburg
Gerichtsstand: Berlin, Germany
diese vertreten durch die Geschäftsführer

Bei HERTHA BSC scheint extra eine Therapeutin nur zu dem Zweck eingestellt worden zu sein, all den frustrierten Fan-Frauen auf ihre verzweifelten Briefe zu antworten. Aber wir, gerade ich als Mann, möchten all den verzweifelten Damen Mut zur Veränderung machen: Nach der Ehe ist vor der Ehe.

222
223

Barbara Geigenmüller 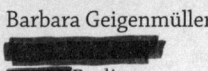 Berlin, den 04.04.2014

■■■■■■■ Berlin

Dirk Rossmann GmbH
Kundenservice
Isernhägener Straße 16
30938 Burgwedel

Ihr Produkt »babydream Premium Dry« schon nach einmaligem Gebrauch nicht mehr verwendbar!!!

Sehr geehrtes ROSSMANN-Team,

meine Familie und ich sind sehr enttäuscht von Ihrem Produkt »babydream Premium Dry«. Kaum hatte meine einen Monat alte Tochter es
auch nur zwei Stunden lang getragen, war es schon vollkommen durch-
nässt und schmutzig. DAS MATERIAL HAT SICH RICHTIGGEHEND
GELBLICH VERFÄRBT! Zudem entwickelte es einen ausgesprochen unan-
genehmen Geruch. Uns blieb nichts anderes übrig; als es wegzuschmeißen
(OBWOHL ES JA NOCH FAST NEU WAR).

Ich vermutete einen einmaligen Materialfehler dahinter, doch auch die
zweite »babydream Premium Dry« hatte gravierende Mangelerscheinun-
gen. Diesmal waren die Verfärbungen bräunlich und rochen sogar noch
übler als beim ersten Mal. Zum Beweis habe ich das Produkt diesmal auf-
gehoben. Allerdings ist der Geruch so stark, dass ich es Ihnen lieber nicht
mitgeschickt habe. Sollten Sie es aus Versicherungsgründen benötigen,
lasse ich es Ihnen aber gern zukommen. Wir lagern das Beweisstück auf
dem Balkon.

Wie kann es sein, dass ein Megakonzern wie der Ihre derartig mangelhafte
Qualität verkauft? Es ist ein absolutes Unding, dass man sich heutzutage
nicht mal mehr auf Markenware verlassen kann. Und das auch noch für
Babys, die fehlerhafte Produkte selbst noch gar nicht umtauschen können.
DAS IST MAL WIEDER EINE GANZ KLARE BENACHTEILIGUNG DES
KLEINEN MANNES!

Ich bitte Sie in dieser Angelegenheit um Stellungnahme.

Mit freundlichen Grüßen

Dirk Rossmann GmbH, Postfach 13 62, 30929 Burgwedel

Frau
Barbara Geigenmüller
████████ Berlin

Unser Aktenzeichen / bitte stets angeben:
B-1-K-geigenmüller-04-14

Name: ████████
Telefon: 0800-7677████
Telefax: 05139-898-4019
E-Mail: service@rossmann.de

Datum: 08.04.14

Ihr Schreiben vom 04.04.2014
Beanstandung „babydream" Windeln

Sehr geehrte Frau Geigenmüller,

für Ihr Schreiben sowie Ihre Reklamation möchten wir uns bei Ihnen bedanken.

Ihre Beanstandung nehmen wir selbstverständlich sehr ernst. Um Ihre Reklamation sachgerecht bearbeiten zu können, benötigen wir jedoch das Beanstandungsmuster (unbenutzte Windel) und falls vorhanden die Umverpackung.

Bitte schicken Sie uns dieses <u>frankiert</u> an die nachfolgende Adresse zu; die Portokosten werden wir Ihnen nach abgeschlossener Prüfung erstatten:

Dirk Rossmann GmbH
Kundenservice
Isernhägener Str. 16
30938 Burgwedel

Nach Erhalt des reklamierten Produktes werden wir sofort eine Prüfung veranlassen und Sie zu gegebener Zeit über die Ergebnisse unterrichten.

Da uns daran gelegen ist, Ihre Reklamation zeitnah zu bearbeiten, möchten wir Sie bitten, uns das Beanstandungsmuster <u>innerhalb von vier Wochen</u> zuzusenden.

Mit freundlichen Grüßen

Dirk Rossmann GmbH
- Kundenservice -

Selbstverständlich nimmt ROSSMANN meine Beanstandung sehr ernst. Ich kann es mir richtiggehend vorstellen, wie in der Zentrale sämtliche Mitarbeiter mit ernstem Blick um einen Tisch herumsitzen und in ernster Tonlage darüber sprechen, wie ernst die Lage ist. Wahrscheinlich heißen die meisten von ihnen sogar Ernst. Ich jedenfalls wünsche Ihnen an dieser Stelle viel Ernst mit dem nächsten Brief.

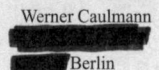

Werner Caulmann

Berlin

Berlin, den 14.07.2014

Tropical Islands
Jan Janssen
Tropical-Islands-Allee 1
15910 Krausnick

Anregungen für ein authentischeres Urlaubsgefühl

Sehr geehrtes Team von Tropical Islands,

erst mal möchte ich Ihnen zu Ihrem 10-jährigen Jubiläum gratulieren. Es ist schön zu sehen, dass Ihr Konzept, eine Halle in Brandenburg mit Sand aufzuschütten, damit dort arme Leute ihre Ferien verbringen können, so gut funktioniert.

Trotzdem gibt es Anlass zur Beschwerde. Um nämlich den realistischen Eindruck eines Urlaubsaufenthalts entstehen zu lassen, sollten Sie meiner Meinung nach zahlreiche Änderungen vornehmen:

- Installieren Sie auf dem gesamten Gelände UV-Strahler an der Decke, und stellen Sie diese auf die höchste Stärke, um authentische Sonnenbrand-Ergebnisse zu generieren.

- Servieren Sie vereinzelt verdorbene Mahlzeiten. So wäre es ähnlich spannend wie im echten Tropenurlaub, ob man den nächsten Tag auf der Toilette verbringen muss oder nicht.

- Stellen Sie ausschließlich unausgebildete Ärzte ein, die sämtliche Verletzungen primär mit Hilfe Schwarzer Magie behandeln.

- Legen Sie Seeigel in den Becken aus. Und wenn Ihr Budget es hergibt, würde der eine oder andere Hai bestimmt ebenfalls für Abwechslung sorgen.

- Platzieren Sie am Beckenrand Kleindealer, die den Reisenden gestreckte Drogen anbieten. Im Falle eines Kaufes würde sofort die Polizei erscheinen, sich dann aber großzügig mit einem Monatsgehalt bestechen lassen. Für Uneinsichtige sollte zudem ein Raum in ein tropisches Gefängnis umgewandelt werden, in dem echte Kriminelle mit den Reisenden anstellen können, was immer sie möchten.

- Um darüber hinaus den Sextourismus aufzugreifen, sollten sich im Resort vereinzelt Pärchen aufhalten, die auf eine eklige Weise absolut nicht zueinander passen.

- Veranstalten Sie von Zeit zu Zeit unangekündigt einen tropischen Wirbelsturm. Auf diese Weise würden Sie auch noch häufiger in Presseberichten erwähnt werden.

- Schleusen Sie die Reisenden bei der Abreise durch ein sogenanntes »Flughafengebäude«, in dem sie stundenlang bei ausgefallenen Ventilatoren am Check-in Schlange stehen müssen, während die Angestellten in fremden Sprachen Witze über sie machen.

Ich hoffe, Sie setzen meine Änderungsvorschläge um – und freue mich auf Ihre Antwort.

Mit freundlichen Grüßen

Werner Caulmann

Tropical Island Holding GmbH · Tropical-Islands-Allee 1 · D-15910 Krausnick-Groß Wasserburg

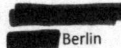

Werner Caulmann

▮▮▮ Berlin

Tropical Island Holding GmbH

Tropical-Islands-Allee 1
D-15910 Krausnick-Groß Wasserburg

Tel.: +49 (0) 354 77 / 60 50 50
Fax: +49 (0) 354 77 / 60 80 80

E-Mail: tih@tropical-islands.de
Internet: www.tropical-islands.de

Betreff: Anregungen für ein authentisches Urlaubsgefühl

Sehr geehrter Herr Caulmann,

wir danken Ihnen für den Besuch im Tropical Islands und für die konstruktive Kritik. In gleichem Zuge bedauern wir, dass sich während Ihres Aufenthaltes einige Dinge nicht zu Ihrer Zufriedenheit dargestellt haben.

Dennoch müssen wir Ihnen leider mitteilen, dass Ihre Anregungen aus augenscheinlichen Gründen nicht umsetzbar sind.

Wir hoffen, Sie bald wieder einmal als Gast im Tropical Islands begrüßen zu dürfen.

Mit freundlichen Grüßen

Customer Relationship Management

Rechtsform   Bankverbindung   Geschäftsführer

Liebes Team von Tropical Islands, vielen Dank für diesen ausgesprochen humorvollen Brief. Ich empfinde ihn durchaus als angemessene Reaktion auf mein Schreiben. Nur die Passage mit den »augenscheinlichen Gründen« leuchtet mir nicht ganz ein.

226
227

Sabine Geigenmüller   Berlin, den 04.04.2014
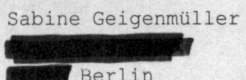 Berlin

Beiersdorf AG Kundenzentrum
Hopfenbruchweg 6
19059 Schwerin

Grausame Hautkrankheit durch Ihr Produkt

Sehr geehrtes Beiersdorf-Team,

nun benutze ich Ihre NIVEA-Creme schon seit 42 Jahren.
Mein ganzes Leben lang war ich hochzufrieden. Meine Haut
war stets weich wie ein Babypopo. Mein Freund nennt mich
deswegen sogar liebevoll »Arschgesicht«.

Doch plötzlich bekomme ich eine grausame Hautkrankheit:
FALTEN! Erst auf der Stirn, jetzt auch um die Augen
herum. Morgens bin ich ungefähr so faltig wie unsere
Bettdecke. WIE KANN DAS SEIN?

Ich bin völlig schockiert und traue mich kaum noch aus
dem Haus. Den halben Tag lang trage ich deswegen Gurken-
maske. Sie müssen Ihr Produkt UNBEDINGT optimieren! Es
kann nicht sein, dass die Verwendung derartige Auswirkungen hat. Ich nehme NIVEA schließlich GEGEN Falten, nicht
FÜR Falten. Wenn es so weitergeht, werde ich bald nicht
mehr aussehen wie Barbie, sondern wie Heiner Geißler. Ich
fühle mich ABSCHEULICH!

Um Ihnen einen Eindruck meiner Situation zu geben: Neulich erst habe ich das Faltrollo für den Spiegel gehalten.

Ich gehe davon aus, dass Sie die Zusammensetzung der
Creme verändert haben, sodass Ihr Produkt nun leider wir-
kungslos ist. Deswegen bitte ich Sie: Produzieren Sie
wieder die alte NIVEA-Creme. Tun Sie etwas gegen diese
katastrophale Entwicklung. Ich möchte wieder ich sein.

Mit freundlichen Grüßen

Sabine Geigenmüller

Beiersdorf

Beiersdorf Aktiengesellschaft, Postadresse: 20245 Hamburg

Hausadresse:
Unnastraße 48, 20253 Hamburg

Telefon +49 40 4909-0
Telefax +49 40 4909-34 34
Kontakt@Beiersdorf.com
www.Beiersdorf.de

Frau
Sabine Geigenmüller
▬▬▬▬▬
▬▬▬Berlin

Ihr Schreiben vom	Unsere Zeichen	Telefon	Datum
04.04.2014	01029959		14.04.2014

NIVEA Creme

Guten Tag Frau Geigenmüller,

vielen Dank für Ihren Brief. Bitte entschuldigen Sie die lange Wartezeit. Wir freuen uns, dass Sie sich direkt an uns gewendet haben, da uns alle Informationen zu unseren Produkten interessieren. Sie teilen uns mit, dass Sie von unserer NIVEA Creme Falten bekommen.

Wir müssen Ihnen mitteilen, dass die Creme keine Anti-Falten Wirkstoffe enthält. Es ist eine Allzweckcreme, die viel Pflege liefert.

Mit steigenden Lebensjahren wird die Haut faltiger, verliert durch komplexe Vorgänge im Körper an natürlicher Spannkraft und Elastizität. Ihre Feuchtigkeitsreserven verringern sich, die ersten Runzeln entstehen.

Falten entstehen, weil der Zenit der Jugend mit 30 Jahren bereits überschritten ist. Von diesem Zeitpunkt an altert der Mensch, zunächst langsam, später schneller. Auf der einen Seite sind äußere Faktoren, unsere Lebenshaltung und Umwelteinflüsse dafür verantwortlich. Andererseits ist aber auch unsere biologische Uhr so eingestellt, dass alle Bestandteile des Organismus altern müssen.

Wir können diesen Prozess nicht aufhalten, nur verlangsamen. Je früher wir damit beginnen, desto besser. Dafür bieten wir spezielle Anti-Falten Produkte an.

Hier empfehlen wir Ihnen unsere Pflegeserie NIVEA Cellular Anti-Age, die Ihre Zellen reaktiviert - für ein sichtbar jüngeres Aussehen Ihrer Haut. Die innovative Formel enthält eine Kombination aus zellaktivierenden Inhaltsstoffen: Hyaluronsäure verbessert

Registergericht Hamburg
HRB 1787
bbn 40058009
ILN 4005800000003
USt-IdNr. DE 118513961

Vorstand: Stefan F. Heidenreich (Vorsitzender),
Ralph Gusko, Dr. Ulrich Schmidt
Vorsitzender des Aufsichtsrats Prof. Dr. Reinhard Pöllath

Commerzbank AG Hamburg
(BLZ 200 800 00), Nr. 4 310 834 00
IBAN: DE58 2008 0000 0431 0834 00
BIC: DRESDEFF200

228
229

die Fähigkeit der Haut, Wasser zu binden. Magnolia-Extrakt erhöht die Widerstandskraft der Zellen gegen oxidativen Stress. So werden Falten gemildert und die Haut gestrafft.

Unsere Anti-Age Pflegeserie besteht aus vier hochwirksamen Produkten:

Die innovative Formel der Tagespflege mildert bei regelmäßiger Anwendung Falten, strafft die Haut und verbessert die Zellerneuerung. Die Creme enthält einen Lichtschutz von 15 und einen UVA-Filter.

Die reichhaltige Nachtpflege unterstützt die natürliche Hautregeneration während der Nacht. Die pflegende Formel ist sanft zur Haut, zieht rasch ein und hinterlässt ein weiches Hautgefühl.

Die leichte Augenpflege mit parfümfreier Formel verwöhnt die Haut, mildert feine Linien um die Augen und lässt die Haut sofort erfrischt aussehen.

Das Intensiv-Serum verfeinert umgehend das Hautbild. Spuren von Müdigkeit werden gemildert, die Haut fühlt sich seidig und glatt an und sieht sichtbar jünger aus.

Genießen Sie die verwöhnende Textur der Cremes und Ihren angenehmen Duft. Sie werden sofort ein unvergleichliches Hautgefühl spüren, Ihre Haut sieht jünger aus und fühlt sich seidig glatt an. Mehr über unsere Gesichtspflege-Innovation erfahren Sie unter www.NIVEA.de/cellular.

Zum Kennenlernen erhalten Sie mit separater Post unsere NIVEA Cellular Anti-Age Tagespflege. Wir wünschen Ihnen viel Freude beim Kennenlernen.

Frau Geigenmüller, wenn Sie noch mehr über die Marke NIVEA wissen möchten, schauen Sie unter www.nivea.de vorbei. Oder möchten Sie zusätzlich von vielen exklusiven Vorteilen profitieren, z.B. unser hochwertiges Magazin, Angebote zu NIVEA Botschafteraktionen (bei denen Sie neue Produkte kennenlernen können) oder attraktive Gutscheine bekommen? Dann melden Sie sich gleich an unter www.nivea.de/AnmeldungFuerMich.

Gerne beraten wir Sie auch persönlich. Sie erreichen unser Info Telefon montags bis freitags unter: 040-4909-7575 in der Zeit von 8:00 Uhr bis 19:00 Uhr.

Mit besten Grüßen

Ihr NIVEA Info-Team

PS: NIVEA wünscht Ihnen eine frohe Osterzeit!

Liebe Mama, ich habe für diesen Brief zwar deinen Namen verwendet – das bedeutet aber mitnichten, dass ich deine Haut faltig finde. Du hast sogar sehr gute Haut. Und damit das auch so bleibt, habe ich dir die Creme geschenkt, die mir NIVEA zur Wiedergutmachung geschickt hat.

LIEBER MECEDES,
MEIN PAPA IST LEIDER
KEIN MÜLJONÄR.
DESWEGEN KAN ER
SICH DICH NICH LAISTEN.
(SAGT ER) UND WIR HABEN
NUR EIN GOLF.
KANST DU PAPA NICH
EIN SONDERPREIS
MACHEN? VIELEICHT
100 EURO? DIE HAT ER
BESTIMT. BITE, BITE!
DANKE. SASCHA

SASCHA CAULMANN, ▓▓▓▓▓▓▓▓▓▓▓ BERLIN (15.7.2013)

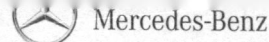

Mercedes-Benz Vertriebsgesellschaft mbH · 10901 Berlin

Niederlassung Berlin

Sascha Caulmann
▓▓▓▓▓▓▓▓▓
▓▓▓ Berlin

24. Juli 2013

Dein Wunsch nach einem Mercedes

Lieber Sascha,

vielen Dank für Deinen Brief. Wir haben uns sehr gefreut, dass Dein Papa gern einen Mercedes fahren möchte!

Leider können wir Dir Deinen Wunsch nicht erfüllen. Wir möchten Dir aber gern eine Freude machen und schenken Dir einen kleinen Mercedes, mit dem Du spielen kannst.

Schöne Grüße an deinen Papa und Dir wünschen wir noch schöne Sommerferien.

Liebe Grüße

Deine Daimler AG
Mercedes-Benz Niederlassung Berlin

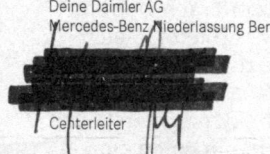

Centerleiter

Leiterin Customer Services

Insgeheim hegte ich, ehrlich gesagt, den Wunsch, Mercedes-Benz würde uns wirklich einen richtigen Wagen schenken. Ich malte mir schon aus, wie ich im Autohaus mit einer zwischenzeitlichen Hochzeit begründete, warum ich mich nicht als »Caulmann« ausweisen kann. Aber nichts da. Und zu allem Übel vergaß die Assistentin auch noch, uns den erwähnten »kleinen Mercedes« mitzuschicken – stattdessen bekamen wir nur ein Briefkuvert. Auf meinen diesbezüglichen Erinnerungsbrief erhielt ich dann schließlich überhaupt keine Antwort mehr. Vielen Dank, Mercedes. Der imaginäre Sascha spielt ab jetzt nur noch mit BMW.

232
233

Anton Caulmann

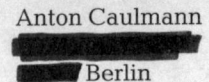 Berlin

Berlin, den 28.04.2014

SANTE Naturkosmetik GmbH
Zur Kräuterwiese
31020 Salzhemmendorf

**Ihre Haarfärbemittel gefährden den Fortbestand
der menschlichen Rasse!**

Sehr geehrtes Team von SANTE Naturkosmetik,

ich fordere Sie hiermit auf, die Produktion sämtlicher Haarfärbemittel mit sofortiger Wirkung einzustellen. Andernfalls laufen
viele Menschen Gefahr, sich unbewusst dermaßen zu verunstal-
ten, dass niemand mehr zur Paarung mit ihnen bereit ist. Und
da unsere Gesellschaft sowieso nicht genügend Kinder hervor-
bringt, wäre unsere Rasse auf diese Weise schon bald vom Aussterben bedroht.

Deswegen sollte schnellstmöglich ein Gesetz erlassen werden,
das es sämtlichen Einwohnern Deutschlands verbietet, gleichzeitig mehr als eine Haarfarbe auf dem Kopf zu tragen.

Bei manchen Jugendlichen erkennt man ja heutzutage erst auf
den zweiten Blick, dass es sich bei ihnen nicht um einen atoma-
ren Unfall handelt. Ihr Aussehen ginge selbst Boy George zu
weit! Vielleicht sogar Claudia Roth (wobei ich mir da nicht
sicher bin)! Aber es braucht doch niemand Kaufhaus-Kassie-
rerinnen mit verwaschenem Midlife-Crisis-Leopardenmuster.
Oder Frauen, die ihre wasserstoffblonde Kurzhaarfrisur mit
einem schwarzen Strähnenpony kombinieren. Manche Haar-
färbungen lassen sich bei aller Höflichkeit nur mit einem
Gesichtsausdruck betrachten, als hätte man die dazugehörigen
Haare gerade im Essen gefunden. Bei derartigen Frisuren
müssten sich sogar Indianer beim Skalpieren übergeben.

Mir ist vollkommen klar: Ihr ganzes Geschäftskonzept basiert
darauf, dass Sie Menschen Haarfärbemittel verkaufen. Aber ich
bitte Sie: Denken Sie nicht an sich. Denken Sie an Deutschland.

Mit freundlichen Grüßen

Anton Caulmann

LOGOCOS Naturkosmetik AG
Zur Kräuterwiese
31020 Salzhemmendorf
Germany
Telefon +49 (0)5153/8 09 00
Telefax +49 (0)5153/8 09 88
post@logocos.de
www.logocos.de

LOGOCOS Naturkosmetik AG · Zur Kräuterwiese · 31020 Salzhemmendorf

Herr
Anton Caulmann

███████ Berlin

Salzhemmendorf, 3. Juni 2014

Ihr Schreiben vom 28. April 2014

Sehr geehrter Herr Caulmann,

vielen Dank für Ihr Schreiben.

Sie haben sicher Verständnis dafür, dass wir unsere SANTE
Pflanzenhaarfarben weiter im Handel anbieten werden. Diese
verändern die natürliche Haarfarbe lediglich um wenige Nuancen.
Die von Ihnen beschriebenen starken Kontraste sind in der Regel
mit unseren Pflanzenhaarfarben nicht zu erzielen, da es sich nicht
um chemische Haarfarben handelt.
Unserer Ansicht nach sollte auch jeder selbst entscheiden,
welche Haarfarbe er tragen möchte. Die Geschmäcker sind
individuell und Ihnen persönlich gefallen anscheinend einfarbige
Haare besser, aber die sind von der Natur aus nicht immer
gegeben.
Bezüglich einer Gesetzesänderung sind wir nicht der richtige
Ansprechpartner. Bitte wenden Sie sich an die entsprechenden
Stellen.

Wir wissen, dass Sie länger auf die Bearbeitung gewartet haben,
als es üblicherweise bei uns der Fall ist. Dafür entschuldigen wir
uns bei Ihnen und sagen herzlichen Dank für Ihre Geduld und Ihr
Verständnis!

Mit freundlichen Grüßen aus Salzhemmendorf

████████

i.A. ████████
Kundenservice
LOGOCOS Naturkosmetik AG

Bankverbindung:
Commerzbank Hameln
Konto 760 71 46 00, BLZ 254 400 47
IBAN DE72 2544 0047 0760 7146 00
BIC COBA DEFF 254

DZ Bank Hannover
Konto 0000 087 935, BLZ 250 600 00
IBAN DE64 2506 0000 0000 0879 35
BIC GENO DEFF 250

Steuer-Nr. 22/200/62915
Finanzamt Hameln
Ust-Id-Nr: DE 261 101 465

UniCredit Bank AG
Konto 638 717 363, BLZ 200 300 00
IBAN DE71 2003 0000 0638 7173 63
BIC HYVE DEMM 300

Volksbank am Ith eG
Konto 245 704 00, BLZ 254 626 80
IBAN DE79 2546 2680 0024 5704 00
BIC GENO DEF1 COP

Vorsitzender des Aufsichtsrates:
Ulrich Franz
Vorstand: Ulrich Griesshaber (Vorsitzende

Lieber Leser, lassen Sie uns gemeinsam dafür sorgen, dass der Bundes-
gerichtshof schnellstmöglich das Eine-Haarfarbe-Gesetz zum Schutze
der menschlichen Rasse erlässt. Twittern Sie Fotos der gewagtesten
Colorationen aus Ihrem Umfeld unter #bringbackourauenlicht

Gisela Caulmann

Berlin

Berlin, den 11.03.2014

E Reichelt Verwaltungsgesellschaft mbH
Ulf-U. Plath
Spreeau/GVZ Freienbrink, Birkenstraße 4
15537 Grünheide (Mark)

Schrecklicher roter Fleck durch Ihr Produkt »Albertone Vino Rosso«

Sehr geehrter Herr Plath,

mein Mann und ich sind seit Jahren begeisterte Kunden von Reichelt. Wir
kaufen kaum noch bei anderen Supermärkten. Nun wurden wir aber erstmals
von einem Ihrer Produkte bitter enttäuscht. Denn vor Kurzem passierte mir
versehentlich ein kleines Missgeschick. Ich verschüttete ein paar Tropfen des
bei Ihnen erworbenen Getränks »Albertone Vino Rosso« auf unser Sofa –
eigentlich nicht weiter schlimm, möchte man meinen. Schließlich haben wir
uns für solche Fälle bei Ihnen mit ganz hervorragenden Lappen und Putzmit-
teln eingedeckt. Doch dieser Fleck erwies sich als ausgesprochen hartnäckig.
Keins der Mittelchen half. Es wurde durch das Herumreiben sogar eher noch
schlimmer. Und seitdem leben wir mit einem riesigen rosafarbenen Fleck auf
unserem Sofa. Er sieht ganz grausam aus, und wir laden nur noch ungern
Gäste zu uns ein. Aber es kann doch nicht angehen, dass Sie derartig ätzende
Getränke bei sich verkaufen. Wenn man da kurz mal nicht aufpasst, ruiniert
man sich das ganze Leben.

Bitte nehmen Sie den Artikel aus Ihrem Sortiment, und rufen Sie bereits ver-
kaufte Ware zurück. Wir möchten unser Schicksal anderen Menschen erspa-
ren.

Zudem fänden wir es angemessen, wenn Sie uns mit etwa 1000 € ein neues
Sofa finanzieren. Wir wussten schließlich nicht, was für ein Teufelsprodukt wir
uns da ins Haus holen. Es hätte mit einem deutlichen Warnhinweis versehen
werden müssen, wie es beispielsweise bei Zigaretten üblich ist. Wir hoffen, Sie
zeigen sich in dieser Angelegenheit kulant.

Wenn Sie einverstanden sind, teilen wir Ihnen gern unsere Kontoverbindung
mit.

Mit freundlichen Grüßen,

Gisela Caulmann

Wir   Lebensmittel.

EDEKA Minden-Hannover Stiftung & Co. KG · Postfach 2409 · 32381 Minden

Frau
Gisela Caulmann
██████████ Berlin

Kundenservice
Wir sind für Sie da

EDEKA Minden-Hannover
Stiftung & Co. KG
Kundenservice
E-Mail
info@minden.edeka.de
Internet
www.minden-edeka.de

Tel. (0571) 802-12 48
Fax (0571) 802-10 28

Minden, 17.03.2014

EDEKA Minden Kundenservice
Ihr Schreiben vom 11.03.2014

Sehr geehrte Frau Caulmann!

Vielen Dank für Ihr Schreiben vom 11.03.2014.

Die Welt des Weins ist eine unerschöpfliche, sich ständig veränderte Welt. Jeder
Jahrgang ist anders, weil jede Traube, jeder Boden, jedes Klima und jeder
Reifungsprozess jedes Jahr anders ist. Ganz zu schweigen von ständig neuen
Verordnungen, neuen Winzern, neuen Produktionsmethoden und Qualitäten im
Zeichen der Globalisierung. Die einfachste Form, Wein herzustellen, besteht darin,
Trauben auszupressen und abzuwarten, bis sich der Zucker in Alkohol verwandelt
hat. Diese Umwandlung im Alkohol nennt man Gärung. Danach muss man nur noch
Saft und Schalen voneinander trennen, was man Keltern nennt.
Die Kunst einen guten Wein zu produzieren, verlangt natürlich mehr. Sie besteht
darin, gute Trauben zu verwenden, sie sorgfältig zu behandeln, absolute Hygiene
walten zu lassen und den Rebensaft richtig zu lagern. Nach der Traubenernte werden
die Trauben in einer Mühle vorsichtig gequetscht, dabei entsteht eine Maische, die
man keltert, das heißt presst, um Most zu gewinnen. Aus gelben und grünen Trauben
wird Weißwein, aus roten und blauen Rotwein. Die Farbe ist einer der
Hauptunterschiede zwischen Rot- und Weißwein und verlangt daher auch
unterschiedliche Herstellungsmethoden. Während beim Rotwein Farbe und Aroma
aus den Beerenschalen gewonnen werden, sollen die hellen Beerenhäute keine
Farbe an den Saft abgeben und das natürliche frische Aroma der Trauben soll
erhalten bleiben. Wer schon mal eine Rotweintraube mit der Hand zerquetscht hat,
dem wird aufgefallen sein, dass der austretende Saft hell ist. Interessierte
Weinliebhaber wissen vielleicht, dass der Farbstoff eben nicht in der Traube, sondern
in den relativ harten Traubenschalen sitzt.

. . .

Kommanditgesellschaft, Sitz Minden, Handelsregister Amtsgericht Bad Oeynhausen HRA-Nr. 7534, USt-ID-Nr. DE 266067317
Persönlich haftende Gesellschafterin: EDEKA Minden-Hannover Holding Stiftung, Sitz Minden
Vorstand: Dipl.-Kfm. Wolfgang Mücher, Heike Rohlfing-Bolte, Dipl.-Kfm. Mark Rosenkranz (Sprecher), Dipl.-Kfm. Harm Schnibbe, Dipl.-Ing. Stephan Wohler

Hauptverwaltung	Telefon	Telefax	E-Mail	Internet	Commerzbank AG
Wittelsbacherallee 61	(0571)	(0571)	info@edeka-minden.de	www.edeka-minden.de	(BLZ 490 800 25) 341 169 200
32427 Minden	802-12 48	802-10 28			IBAN: DE06 490 800 250 341 169 20(
					BIC: DRESDEFF491

Ihren Ärger können wir verstehen, wenn auch der rote Rebensaft so lecker schmeckt, kann ein Malheur schnell passieren. Das ihr Sofa in Mitleidenschaft gezogen wurde, hat natürlich einen schalen Beigeschmack. So schnell, wie die unliebsamen Rotweinflecken entstehen, lassen sie sich auch wieder entfernen.

Teppichboden und Sofa – Die besten Tricks, um Rotweinflecken zu entfernen
Bei Rotweinflecken auf Teppichböden oder Sofas hat sich neben Salz Mineralwasser bewährt. Die Stelle sofort gründlich mit dem Mineralwasser ausreiben. Zur Unterstützung können Sie flüssiges Waschmittel verwenden. Ein weiteres wirksames Hausmittel ist Rasierschaum. Er wird auf die Stelle gesprüht, Sie lassen ihn kurz einwirken und waschen ihn dann gut ab.

Bei der Behandlung des Rotweinflecks muss nur unterschieden werden, ob es sich um einen frischen Fleck handelt, der gerade erst verursacht wurde, oder um einen alten, eingetrockneten Rotweinflecken.

Wir bitten um Verständnis, dass wir keine Haftung für den Ihnen entstandenen Schäden übernehmen können.

Wir hoffen Ihnen mit dieser Antwort weitergeholfen zu haben und würden uns freuen Sie weiterhin als Kundin in unseren Märkten begrüßen zu dürfen.

Mit freundlichen Grüßen

EDEKA Minden-Hannover Stiftung & Co. KG - Kundenservice

Ich gehe davon aus, dass der Verfasser dieses Briefes während dessen Fertigstellung selbst zwischen zwei und fünfzehn Rotweinflaschen geleert hat, um mit einer derartigen Hingabe das entsprechende Produkt beschreiben zu können. Da passt der Claim endlich mal voll und ganz zur Reaktion des Unternehmens: EDEKA. Wir lieben Lebensmittel.

Gisela Caulmann   Berlin, den 04.04.2014
███████████████
██████ Berlin

Apollo-Optik Holding GmbH & Co. KG
Veit Weiland
Wallenrodstraße 3
91126 Schwabach

Reklamation der Brille meines Mannes

Sehr geehrtes Apollo-Optik-Team,

mein Mann (72 Jahre) klagte bereits seit einiger Zeit darüber, dass mit seiner Brille irgendetwas nicht stimme.
Er sähe immer noch schlecht. Ehrlich gesagt, nahm ich das
nicht so ernst, da ich meinte, nicht die Brille, sondern
sein steigendes Alter sei dafür verantwortlich. Zudem
vermutete ich, er sähe vor allem die Dinge nicht, die er
nicht sehen wollte (schmutziges Geschirr, meine neue Frisur, die Beule, die er ins Auto gefahren hat usw.).

Doch nach seiner wiederholten Klage probierte ich seine
Brille selbst und war schockiert: MAN SIEHT DADURCH ALLES
VOLLKOMMEN VERSCHWOMMEN! Ich konnte kaum meine eigene
Hand erkennen. Zudem löst die Sicht schon nach kurzer
Zeit ein starkes Schwindelgefühl aus, dem unangenehme
Kopfschmerzen folgen. Ich kann mir kaum vorstellen,
wie mein Mann es überhaupt aushält, diese Brille tagein,
tagaus zu tragen. Es muss eine höllische Qual sein!

Dabei wurde vor dem Verkauf alles in Ihrer Filiale fachmännisch geprüft. Und durch meine eigene Brille (auch aus
Ihrem Hause) sehe ich alles gestochen scharf. Ich verstehe das einfach nicht.

Mir ist bewusst, dass Ihre Produkte wirklich sehr günstig
sind. Es darf jedoch nicht sein, dass an der Qualität
derartig gespart wird, dass man mit Brille eher schlechter sieht als ohne. Und dass manche Brillen funktionieren – und andere wiederum überhaupt nicht.

Ich bitte Sie in dieser Angelegenheit um Stellungnahme.

Mit freundlichen Grüßen

Gisela Caulmann

Apollo-Optik, Postfach 1109, 91101 Schwabach

Frau
Gisela Caulmann

Berlin

Apollo-Optik
Holding GmbH & Co. KG

Wallenrodstraße 3
91126 Schwabach

Telefon: 0800 5 72 63 67
Telefax: 09122 831 44 530
Mail: kundenbetreuung@apollo-optik.com

www.apollo.de

09. April 2014

Ihr Schreiben an Apollo-Optik

Sehr geehrte Frau Caulmann,

vielen Dank für Ihr Schreiben vom 04.04.2014, welches zur weiteren Bearbeitung von unserer Geschäftsführung an uns weitergereicht wurde.

Aufgrund Ihres Schreibens haben wir unsere Unterlagen sorgfältig geprüft, wir konnten jedoch auf den Nachnamen Caulmann keinerlei Aufträge ausfindig machen. Sie haben selbstverständlich Recht, eine Brille, gleich wie teuer diese auch in der Anschaffung war, muss einwandfrei funktionieren. Es tut uns leid, wenn das bei der Brille Ihres Ehemanns nicht der Fall ist und bitten hierfür vielmals um Entschuldigung!

Wir bitten Sie daher, dass Ihr Ehemann nochmals die Apollo-Optik Filiale aufsucht, in der die Brille gekauft wurde. Unsere Kollegen vor Ort werden die Brille erneut eingehend kontrollieren und sich darum bemühen, für Ihren Mann eine zufriedenstellende Lösung zu finden.

Es ist uns sehr wichtig, dass Sie uns über Ihre Erfahrungen mit Apollo-Optik informiert haben. Nur so können wir die entsprechenden Schritte einleiten, um für Sie und alle Apollo-Optik-Kunden eine optimale Betreuung - auch in Zukunft - zu gewährleisten.

Dafür danken wir Ihnen!

Wir freuen uns, Sie wieder in einer unserer Filialen begrüßen zu dürfen, um Sie von unserem Unternehmen zu überzeugen.

Mit freundlichen Grüßen

Aufgrund meiner schlechten Brille habe ich leider große Schwierigkeiten, den Antwortbrief zu entziffern. Deswegen kann ich leider keinen weiteren Kommentar zum Sachverhalt abgeben.

240
241

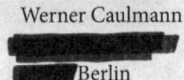

Werner Caulmann

Berlin, den 02.06.2014

██████ Berlin

Westwing Home & Living GmbH
Dingolfinger Straße 2
81673 München

**Ihr Werbebanner erschien absolut
unverlangt auf meinem Bildschirm!!!**

Sehr geehrtes Team von Westwing Home & Living,

am 22. April 2014 ploppte um 12.49 Uhr vollkommen unvermittelt ein Werbebanner Ihrer Firma auf dem Bildschirm meines PCs auf, als ich mir gerade ganz gemütlich den Artikel »PRINZ PROTZ | Sein Geld | Seine Puffs | Seine Frauen« über Marcus von Anhalt auf der Seite bild.de »durchlesen« wollte.

Auf dem Banner waren verschiedene Einrichtungsgegenstände zu sehen, es wurde für einen Rabatt geworben, und über einen Button wurde man zum sofortigen Shoppen aufgefordert.

Ich fühlte mich durch das Erscheinen der Bannerwerbung stark in meiner Freiheit gestört.

Nicht nur, dass vorübergehend eine hübsche Blondine im Dirndl teilweise durch Ihre Werbung verdeckt wurde – ich musste auch ungefragt Zeit und Energie dafür aufwenden, das Banner wieder wegzuklicken. Insgesamt schätzungsweise etwa zwei Sekunden.

DIESE GANZE BANNERWERBUNG IST EINE ABSOLUTE UNVERSCHÄMTHEIT!!! ES HANDELT SICH HIERBEI UM MEINEN COMPUTER! SIE HABEN NICHT DAS RECHT, EINFACH MIT IRGENDWAS DARAUF ZU ERSCHEINEN! ICH ERSCHEINE JA AUCH NICHT PLÖTZLICH IN IHREM AUTO ODER SONSTWO!

ICH FORDERE SIE HIERMIT MIT ALLEM NACHDRUCK DAZU AUF, NIE WIEDER AUF MEINEM BILDSCHIRM WERBUNG ZU MACHEN.

Ich bitte Sie in dieser Angelegenheit um Stellungnahme.

Mit freundlichen Grüßen

Werner Caulmann

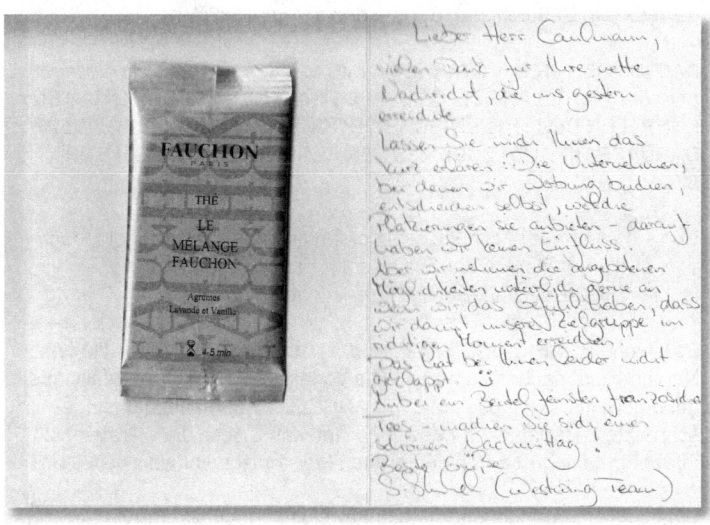

Interessant, dass Westwing davon ausgeht, seine Zielgruppe im richtigen Moment zu erreichen, wenn sie sich gerade auf bild.de den Artikel »PRINZ PROTZ | Sein Geld | Seine Puffs | Seine Frauen« über Marcus von Anhalt zu Gemüte führt. Stilvoller kann man vermutlich nur noch in einer Kloschüssel werben.

Werner Caulmann

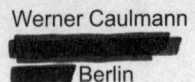

▬▬▬▬▬ Berlin

Berlin, den 13. 06. 2014

MICHELIN BESTECK- UND METALLWARENFABRIK GMBH
Friedrichsplatz 13
47798 Krefeld

Ihr Besteck von »MICHELANGELO«

Sehr geehrtes MICHELIN-Team,

ich aß neulich in einem Thai-Restaurant von einem Besteck, das die Gravur »MICHELANGELO« trug. Dabei ergaben meine anschließenden Recherchen, dass dieses Besteck MITNICHTEN vom großen Michelangelo gefertigt wurde.

Auf Ihrer Website heißt es dazu scheinbar vollkommen schamlos: »MICHELANGELO ist langjähriger Partner des Hotel- und Gaststättengewerbes in Deutschland, Europa und der ganzen Welt«.

DAS IST SCHON EIN STARKES STÜCK! Michelangelo? Ein Geschäftspartner? MICHELANGELO GILT ALS EINER DER BEDEUTENDSTEN KÜNSTLER DER ITALIENISCHEN HOCHRENAISSANCE UND WEIT DARÜBER HINAUS! ZUDEM IST ER BEREITS 1564 IN ROM VERSTORBEN!!!

Und – mit Verlaub: Als hätte sich der fantastische Michelangelo, nachdem er die Arbeiten an der Sixtinischen Kapelle beendet hatte, ein einfaches 18/10-Edelstahl-Besteck zur Aufgabe gemacht!

Es ist eine BODENLOSE Schande, auf eine solche Weise mit diesem Namen Geld machen zu wollen. Die Vorstellung fällt mir jedenfalls ausgesprochen schwer, dass MICHELANGELO eine »nahezu uneingeschränkte Lieferfähigkeit« gewährleisten kann. Auch die »Gravur mit Ihrem Firmenlogo« durch den großen Meister ist mehr als zweifelhaft!

Was kommt als Nächstes? Verkaufen Sie handgemalte Servietten von VAN GOGH? Oder Salzstreuer von ALBRECHT DÜRER?

Ich bitte Sie in dieser Angelegenheit um Stellungnahme.

Mit freundlichen Grüßen

Wern Caulmann

MICHELIN BESTECK- UND METALLWARENFABRIK GMBH · POSTFACH 101453 · 47714 KREFELD

Werner Caulmann

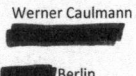 Berlin

Ihr Zeichen, Ihr Schreiben vom:	Unser Zeichen, unser Schreiben vom:	Telefon - Durchwahl:	Datum:
13.05.2014		02151-8595-0	30.06.2014

Verwaltung
47798 Krefeld
Friedrichsplatz 13
bis Nordwall 49

Fon
02151 8595-0

Fax National
02151 802454
02151 61 1040

Internet
www.michelin-
besteckfabrik.de

e-mail
info@michelin-
besteckfabrik.de

Bankverbindung
Volksbank Krefeld eG
BLZ: 320 603 62
Kto.: 1032888018
BIC: GENODED1HTK
IBAN: DE 97 3206
0362 1032 888018

Steuer-Nr.
117 / 5824 / 1524

USt-IdNr.
DE 220684768

bbn-Nr.
40065717

Handelsregister
HRB 7516 Krefeld

Geschäftsführerin
Marga Michels

Reklamation

Sehr geehrter Herr Caulmann,

besten Dank für Ihren Brief vom 13.06.2014, zu dessen Inhalten wir wie folgt Stellung nehmen möchten:

Es ist richtig, dass wir eine Besteckkollektion unter der Bezeichnung „Michelangelo" auf dem Markt anbieten.

Den Namen „Michelangelo" haben wir uns vorab bei dem Deutschen Patent- und Markenamt in München unter der Registernummer 30769368 u.a. für Bestecke markenrechtlich schützen lassen. Die widerspruchslose und damit rechtskräftige Eintragung in das Markenregister erfolgte dort am 17.07.2008.

Wir erlauben uns in diesem Zusammenhang den Hinweis, dass es sich bei dem Begriff „Michelangelo" nicht nur um den Namen des von Ihnen genannten Malers handelt, sondern darüber hinaus um einen gebräuchlichen italienischen Vornamen. Weiter erlauben wir uns den Hinweis, dass der Begriff „Michelangelo" bei dem Deutschen Patent- und Markenamt in München zu Gunsten von 74 (!) Personen für die unterschiedlichsten Produkte rechtskräftig markenrechtlich geschützt ist.

Wir hoffen, Ihnen mit diesen Angaben gedient zu haben und verbleiben

mit freundlichen Grüßen
Ihre Michelin Besteck - / Metallwarenfabrik GmbH

Verkaufsleiter

Ich möchte mich an dieser Stelle entschuldigen. Es ist absolut glaubwürdig begründet, dass hier rein zufällig der gebräuchliche italienische Vorname »Michelangelo« als Bezeichnung der Besteckkollektion gewählt wurde, ohne eine Verbindung zu dem Künstler »Michelangelo« herstellen zu wollen. Nur – hätte es nicht auch ein gebräuchlicher deutscher Vorname sein können? Zum Beispiel »Horst«? Oder »Ronny«?

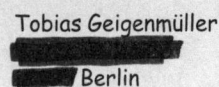

Tobias Geigenmüller

Berlin, den 04.04.2014

██████████
██████ Berlin

Philips GmbH
Unternehmensbereich Lighting
Lübeckertordamm 5
20099 Hamburg

Glühlampe zu grell

Sehr geehrtes Philips-Team,

ich habe vor Kurzem sechs 40-Watt-Glühlampen von Ihnen erworben,
mit deren Qualität ich sehr unzufrieden bin. Sie leuchten so grell,
dass man als Kunde leider nur noch folgende Möglichkeiten hat:

1. Man öffnet die Augen nicht. Allerdings sieht man in diesem Falle
leider überhaupt nichts und muss sich tastend durch die Wohnung
bewegen.

2. Man macht das Licht wieder aus. Allerdings ist es dann dunkel. Das
heißt: Auch in diesem Falle sieht man nichts und muss sich tastend
durch die Wohnung bewegen.

3. Man hofft darauf, dass die Nachbarn ebenfalls Philips-Glühbirnen
verwenden und bei sich das Licht anmachen. Der dadurch entste-
hende grelle Lichtschein reicht meist auch für die benachbarte
Wohnung aus.

4. Man kauft sich ein Nachtsichtgerät. So ist man vollkommen unabhängig von den eigenen Lampen und der Anwesenheit der Nachbarn.

5. Man hüllt die Wohnung ständig in dichten Trockeneisnebel. So er-
schwert man es dem Licht, sich dermaßen aggressiv auszubreiten.

6. Man tauscht die Glühbirnen um.

Ich empfehle Ihnen im Sinne Ihrer Kunden, diese nützlichen Tipps in
Form eines Beipackzettels beizulegen. Nun aber meine Frage: Wie
kann es sein, dass Sie derartig grelle Glühbirnen überhaupt in den
Handel bringen?

Mit freundlichen Grüßen

Philips Lighting EDW 033 P.O. Box 80020 5600 JM Eindhoven

Mr. Tobias Geigenmüller

████ Berlin
Germany

Tel: 00800-7445 4775
Fax: +31 53 4829751

Philips Lighting Contact Centre
Int. Werbeantwortnummer
I.B.R.S. / C.C.R.I. Numéro 10461
5600 VB Eindhoven
Pays-Bas / Holland

www.homelighting.philips.com

Thema: Versuch der telefonischen Kontaktaufnahme mit dem Kunden.

Ref: PHL-140411-0189
Datum: 14 April 2014

Sehr geehrte Frau, sehr geehrter Herr,

herzlichen Dank, dass Sie uns über die Erfahrungen mit Ihrer Lampe informiert haben.

Soeben habe ich versucht Ihre Frage tel. zu beantworten. Ich konnte Sie jedoch leider tel. nicht erreichen. Damit Ihre Frage doch beantwortet werden kann, schlage ich vor, dass Sie die gratis Tel.-Nr. 00800-7445 4775 anrufen. Die Kollegen vom Philips Lighting Helpdesk stehen jederzeit zur Verfügung und werden Ihre Frage dann beantworten bzw. Ihnen weiterhelfen.

Ich hoffe, dass ich Ihnen mit dieser Information weiterhelfen konnte.

Mit freundlichen Grüßen

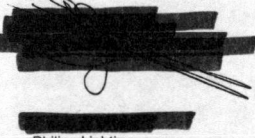

Philips Lighting

Philips Lighting EDW 033 P.O. Box 80020 5600 JM Eindhoven

Mr. Tobias Geigenmüller

▇▇▇▇ Berlin
Germany

Tel: 00800-7445 4775
Fax: +31 53 4829751

Philips Lighting Contact Centre
Int. Werbeantwortnummer
I.B.R.S. / C.C.R.I. Numéro 10461
5600 VB Eindhoven
Pays-Bas / Holland

www.homelighting.philips.com
Ref: PHL-140415-0116
Datum: 17 April 2014

Thema: Versuch der telefonischen Kontaktaufnahme mit dem Kunden.

Sehr geehrte Frau, sehr geehrter Herr,

herzlichen Dank, dass Sie uns über die Erfahrungen mit Ihrer Lampe informiert haben.

Soeben habe ich versucht Ihre Frage tel. zu beantworten. Ich konnte Sie jedoch leider tel. nicht erreichen. Damit Ihre Frage doch beantwortet werden kann, schlage ich vor, dass Sie die gratis Tel.-Nr. 00800-7445 4775 anrufen. Die Kollegen vom Philips Lighting Helpdesk stehen jederzeit zur Verfügung und werden Ihre Frage dann beantworten bzw. Ihnen weiterhelfen.

Ich hoffe, dass ich Ihnen mit dieser Information weiterhelfen konnte.

Mit freundlichen Grüßen

Philips Lighting

Der gute Philips-Mitarbeiter wurde von meiner Beschwerde scheinbar ziemlich durcheinandergebracht. Er schickte mir zweimal in Folge exakt die gleiche Antwort mit verändertem Datum und verwendete dabei diese etwas eigensinnige Anrede. Es wundert mich übrigens nicht, dass der Herr vergeblich versuchte, mich telefonisch zu erreichen – schließlich hatte ich gar keine Telefonnummer angegeben.

Tobias Geigenmüller 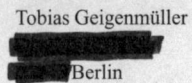 Berlin, den 02.05.2014

Berlin

Piper Verlag GmbH
Marcel Hartges
Georgenstraße 4
80799 München

ICH WILL UNTER GAR KEINEN UMSTÄNDEN WIEDER ARBEITEN GEHEN!!!

Sehr geehrter Herr Hartges,

erst einmal möchte ich mich herzlich bei Ihnen dafür bedanken, dass Sie mein Buch verlegen und dass es bei Ihnen im Verlag auf solch tolles Feedback stößt. Das freut mich über alle Maßen.

Allerdings muss ich trotzdem eine Beschwerde an Sie richten: WIE IN ALLER WELT KANN ES SEIN, DASS ICH BISHER NOCH NICHT FÜR EIN FOLGE-BUCH BEAUFTRAGT WURDE??? DAS WÜRDE JA BEDEUTEN, ICH MUSS ALLEN ERNSTES WIEDER ARBEITEN GEHEN, SOBALD ICH MIT DIESEM BUCH FERTIG BIN!!! Und jeder, der arbeitet, weiß, was das bedeutet: AUFSTE-HEN!!! MIT MENSCHEN SPRECHEN!!! In Ausnahmefällen sogar LÄCHELN!!!

Mich in so eine Lage zu bringen, ist ABSOLUT VERANTWORTUNGSLOS von Ihnen!

Zudem sind bisher nach der Veröffentlichung dieses Buches bei den weltweit erschienenen geschätzten 129 864 880 Büchern nur etwa 0,000001 % von mir. DAS KANN NICHT ANGEHEN, HERR HARTGES!

Glücklicherweise habe ich einen Lösungsvorschlag: Angenommen, ich schreibe drei Bücher pro Jahr und gehe mit 67 Jahren in Rente, könnte ich in den kommenden 30 Jahren noch ganze 90 Bücher fertigstellen. Damit hätte ich zwar insgesamt immer noch 633 Bücher weniger als beispielsweise Barbara Cartland geschrieben. Aber immerhin auch 91 Bücher mehr als Joey Heindle von DSDS.

Ich denke, diese stichhaltige Argumentation wird Sie überzeugen – und fordere Sie hiermit auf, mir schnellstmöglich weitere 90 Buchverträge zukommen zu lassen.

Vielen Dank.

Mit freundlichen Grüßen

P.S.: Sollten Sie in der Zwischenzeit rein zufällig bereits 90 Buchverträge an mich versandt haben, betrachten Sie dieses Schreiben bitte als gegenstandslos.

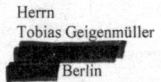

PIPER VERLAG GMBH *Georgenstraße 4 · 80799 München*

DIE VERLAGE
PIPER
PIPER TASCHENBUCH
PIPER FANTASY
PENDO
MALIK

Herrn
Tobias Geigenmüller
████████ Berlin

München, 5. September 2014

Nie wieder arbeiten gehen

Sehr geehrter Herr Geigenmüller,

haben Sie vielen Dank für Ihren offenen Brief. Es ist tatsächlich ein großes Problem, das Sie darin ansprechen. Die Tortur des morgendlichen Aufstehens, der Zwang zur Kommunikation und die anderen Schrecknisse des Arbeitsalltags sind vielen Menschen, von mir will ich jetzt nicht reden, wohlvertraut. Millionen leiden darunter, doch die meisten von ihnen fügen sich ins scheinbar Unvermeidliche und erdulden still das harte Schicksal. Doch Sie sind da anders, Sie sind Autor und haben Ideen.

Ich weiß allerdings nicht, ob Sie Ihren so genial anmutenden Vorschlag in all seinen Konsequenzen bedacht haben. Das Schreiben von Büchern ist nämlich auch mit Arbeit verbunden. Eines geht vielleicht noch flott von der Hand, aber drei im Jahr? Und das dreißig Jahre hintereinander? Das kann eine zähe und mühselige Angelegenheit werden. Der von mir sehr geschätzte Robert Gernhardt brachte das Schreiben mal auf die Formel: 5% Inspiration und 95% Transpiration. 95% Transpiration – es gibt Dinge, die mag man sich nicht vorstellen.

Ich habe daher einen anderen Vorschlag für Sie: Wir verkaufen einfach Ihr vorliegendes, bereits inspiriertes und durchtranspiriertes Buch sehr, sehr gut. Sagen wir: millionenfach, und Sie müssen fürderhin nichts weiter tun, als Ihr Geld zu zählen. Und wenn Ihnen dann langweilig wird, reden wir über ein zweites Buch, ein schmales Folgebändchen, das sich dann ebenfalls millionenfach verkauft ... Einverstanden? Wär das was? Dann verbleibe ich

mit den allerbesten Grüßen

Ihr

Marcel Hartges
Verleger / Publisher

Dies werden wohl die letzten Zeilen sein, die ich eigenhändig an einem herkömmlichen Laptop verfasse. Denn damit ich mich zukünftig voll und ganz aufs Geldzählen konzentrieren kann, werde ich wohl nur noch schreiben lassen – von gutgebauten Sekretärinnen mit diamantbesetzten Füllern, aus denen bei jedem Zug flüssiges Gold entweicht. Vielen Dank, Herr Hartges. Genauso habe ich mir das Schriftstellerdasein immer vorgestellt.

BESCHWERDEN,
auf die ich niemals eine Antwort erhielt

Für dieses Buch habe ich etwa 500 Briefe verschickt.

Wenn möglich, schrieb ich zu jedem Thema im ersten Schritt gleich mehrere Adressaten gleichzeitig an. Falls mir daraufhin nicht geantwortet wurde, erinnerte ich in einem neuen Brief an meine Beschwerde. Wenn dann immer noch niemand reagierte, richtete ich mich schließlich in einem dritten Brief an die jeweilige Geschäftsführung.

In einigen Fällen hat selbst das nichts genützt. Da ich Ihnen aber auch diese Anschreiben nicht vorenthalten möchte, finden Sie auf den folgenden Seiten die Beschwerden, auf die ich niemals eine Antwort erhielt.

Viel Spaß!

Anton Caulmann
~~████████████~~
~~████~~ Berlin

Berlin, den 25.04.2014

Griechische Botschaft
Jägerstraße 54 – 55
10117 Berlin

Warum haben alle Griechen so verdammt unpraktische Namen?

Sehr geehrte/r Mitarbeiter/in der Griechischen Botschaft,

es ist mir ein absolutes Rätsel, wie sich ein ganzes Volk freiwillig das Leben so schwermachen kann. Bei derartig komplizierten Namen muss man als Grieche ja schon Schwierigkeiten haben, sich seinen eigenen zu merken.

Klar, dass Ihre Wirtschaft da zum Erliegen kommt. Es vergeht vermutlich schon allein ein halber Tag, bis man sich gegenseitig am Telefon seinen Namen buchstabiert hat. Und was diese ganzen wahllos zusammengewürfelten Buchstaben alle an Druckerschwärze verbrauchen! Wahrscheinlich hätte Griechenland nur halb so viele Schulden, wenn die Namen kürzer wären.

Nehmen wir zum Beispiel mal Ihre Fußballnationalmannschaft. Da war der einzige halbwegs normale Name lange Zeit Otto Rehhagel. Heute heißen die Teammitglieder Sokratis Papastathopoulos, Lazaros Christodoulopoulos und Stefanos Athanasiadis. Als Fußballmoderator ist man da froh, wenn die Griechen an keinem internationalen Wettbewerb teilnehmen.

Ich kann es zwar nicht belegen – aber die einzige für mich nachvollziehbare Erklärung für die griechischen Nachnamen ist, dass damals bei der Namensvergabe der zuständige Beamte ein massives Stotterproblem hatte. Oder er war Komiker. Wobei es natürlich für die, die täglich darunter zu leiden haben, ganz und gar nicht komisch ist.

Vielmehr ist es geradezu unglaublich, dass Ihre Nachnamen die Kraft besitzen, ein komplettes Wirtschaftssystem zu lähmen. Nicht umsonst heißen wir Deutschen einfach „Schulze" und „Müller" – und nicht „Meinnameistschulzejadakannstemasehn" oder „Mülleraberdashatnixmitmüllzutun". Und nun vergleichen Sie mal unsere wirtschaftliche Lage mit der Ihren.

ICH RATE IHNEN DESWEGEN DRINGEND, SÄMTLICHE GRIECHISCHEN NAMEN MIT SOFORTIGER WIRKUNG ZU ÄNDERN!

Ich bitte Sie in dieser Angelegenheit um Stellungnahme.

Mit freundlichen Grüßen

Anton Caulmann

Es ist durchaus realistisch, dass die Griechen mir doch noch auf mein Schreiben antworten. Die Diskussion darüber zieht sich vermutlich nur sehr in die Länge, weil währenddessen hin und wieder mal jemand beim Namen genannt wird.

Anton Caulmann   Berlin, den 09.05.2014

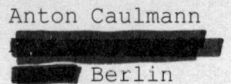 Berlin

Starbucks Coffee Deutschland GmbH
Arnulfstraße 19
80335 München

Krass mangelhaftes Sortiment

Liebes STARBUCKS-Team,

ich habe vor Kurzem euren Coffeeshop in der Berliner Schlossstraße besucht und bin überunzufrieden mit eurem Angebot. IHR HATTET WEDER SCHWARZEN AFGHANEN NOCH ROTEN LIBANESEN! Ich meine, ich habe hier nicht nach AK-47 oder White Widow gefragt, sondern nach den **absoluten** Basics, die jeder halbwegs gut aufgeräumte Coffeeshop im Sortiment haben MUSS!!! Jeder 15-jährige Bielefelder Kleindealer verkauft besseren Stoff als ihr.

Es kam mir schon gleich beim Reinkommen verdächtig vor, dass euer Laden so gar nicht nach Dope riecht. Als die Bedienung meinte, man **dürfe** drinnen gar nicht rauchen, dachte ich zuerst, das sei ein verdammter Witz. WER MACHT DENN BITTE EINEN COFFESHOP AUF, IN DEM MAN NUR DRAUSSEN RAUCHEN DARF?

Ich hab mir dann schließlich Kekse reingezogen, aber auch nach drei Stück nicht mal ein bisschen was gemerkt. Wer weiß, ob da überhaupt was drin war? DAS IST ECHTE ABZOCKE!!!

Ist das euer Ernst? Ich bin derbe gespannt auf eure Antwort.

Peace!

Anton Caulmann

Echt Gehirnfasching, dass diese Eckenkinder dem Babo nicht antworten – als sei ich irgendein Assizwerg. Oberfail! Aber genascht, Hakuna
matata. Beim nächsten Ghettocheck werde ich meinen Movinger
gediegen an den Amöbenhirnen vorbeimachen und mir irgendwo
richtiges Gras besorgen.

Anton Caulmann

Berlin, den 07.04.2014

 Berlin

Palmers Textil AG
Palmersstraße 6-8
2351 Wiener Neudorf
Österreich

Ihre Dessous sind nicht funktionsfähig

Sehr geehrtes Palmers-Team,

meine Frau Angelika hat vor einiger Zeit Dessous von Ihnen erworben. Leider sind sie von mangelhafter Qualität und machen mich überhaupt nicht an. Angelika sieht darin nämlich mitnichten aus wie die Damen aus Ihrem Prospekt. Sie wirkt viel älter und dicker, auch ihre Brüste sind weniger prall als die der Modelle. Und ihr Hintern hat in dem Schlüpfer in etwa so viel Volumen wie bei Ihnen das gesamte Mädchen. Selbst die größte Größe ist viel zu eng. Meiner Frau verleihen die Stücke jedenfalls alles andere als eine attraktive Wirkung. Auch nicht, wenn man ganz fest die Augen zumacht und sich vorstellt, sie sei jemand anders (was sonst immer gut funktioniert).

Die Bilder meiner Frau in Ihren Dessous haben sich seitdem in mein Gedächtnis gebrannt – ich habe Alpträume und leide stark darunter. Ich hätte nie gedacht, dass ein harmloser Einkauf so enden könnte.

Leider ist die Umtauschfrist für die von uns erworbenen Produkte bereits abgelaufen. Trotzdem würden wir die Produkte gern zurückgeben und wollen unser Geld wiederhaben. Wenn Sie uns das nicht gewähren, schicke ich Ihnen im nächsten Schritt Fotos meiner Frau – und zwar in Ihren Dessous. Spätestens dann werden Sie es sich überlegen.

Vielen Dank im Voraus.

Mit freundlichen Grüßen

Anton Caulmann

P. S.: Bitte behandeln Sie die Angelegenheit diskret. Ich habe meiner Frau gesagt, die Dessous stünden ihr wunderbar – sie sei mir darin nur zu sexy, sodass ich meinen Samenerguss nicht lang genug hinauszögern kann.

Ich bin zutiefst enttäuscht darüber, dass Palmers mir nicht mal mit einer Silbe geantwortet hat. Aus Rache werde ich einen eigenen Palmers-Prospekt produzieren lassen – und zwar ausschließlich mit Fotos von Frauen wie meiner Frau.

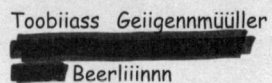

Toobiiass Geiigennmüüller   Bbeerlllinn, ddenn 25.04.200144

████████████
█████ Beerliiinnn

UHHUUU GgmbbbH &&& Cco. KKKG
Herrrrmaannssstraaßßße 7
77815 Büüühlll/Baadeeeenn

Fffffiinngggeeeerrrrrr immmmeerrr nnooochhh tooottttaaaaaalll kleeebriiiiigggggg!!!!

Seehhhr geeeehrteeess UUHHHHHUU-Teaaaaammm,,,,,

iiiichhh habbbee vooorrhiiinn mmittt Ihhhrrreemm Kkllebbstoffff „„„„UUHHHHU Aaalllleeesssklleebber""""" eeettwwaass repaaarriiiieertt uunnddd seitdeeemm eiiiinn Prroobbleeem.... Iiirrrgeeennddwiiiieee beffinndennn siiichhhh iiimmmerrr nnooocccchhh Kkllleeebbeerreess-sttee annn meeinennn Hännddden unndd allleeesss bbblleiiiibtt daarrraaannnn kkkllleebbeeennn....

Iiichh hhaabbbee ggrrooßßßßee Scchwieeriiigkkeiiiten,,,, üübberr-haauupt diiieesennn Brrriieeffff zuu sschreeibenn..... Dassss Illiieeggt zzum Eiiinenn ann deerr Tasstaatuur unnd zuumm annnderrren ann allllll denn Diinngeeenn,,,,, diie mittleerrrweiiillee zuuussättzliichh ann meinnennn Hääändenn haaffften:::: uuntterr annderrem eiiinnee Kaaffeeetttttaaassssee,, meinnn Hannddyy uunndd einnn bennnuttz-tesss Konnndoooom..

Iiiiccchhh hoofffeee,,,, Sssiiieee hhabbenn eiinnneen Llösuunngssvorr-schlagg füür diiiessses Pprooblemm.... Esss wäärreee einn abbsooluttes Unndinnng, wennnn mannn allss Ihhrr Kunnndee nurrr noochh derrrarttig einngeschhränkkt duurrchss Lebbeeennn gehheen kannn...

Iichh biitttee Siiee iinn diieserr Anggellegennheittt umm SSCHN-NEELLLEE Stellunnnggnaahhmee. Ichhh habbeeee großßeee Anngst, iirgennndwo feestzzuuklebbenn, wooo iichh michhh gaar nicht mehhrrr befreiiienn kann.. Soo lliießß sichh zzuumm Beeiissppieel vorrhiinn meinnn Fiinger nur unnterr großßenn Schhmerzenn nachh demm Popelln wiiederr auss derrr Nasee ziiehenn... HHEEEELLFFEEN SIIEE MIRRR!!!!

Vviiellen Dannk imm Vorrausss.

Mittt frreundliichennn Grüüßenn

LLLeeiddeerr haabbbe iichhh wwedderr vvooonn UUHUU nnooochh
voon tteessaa jjeeemaalss eiinnee AAnnntwwoort eerhhhaltten…
VVeerrmmutllicchh kkleebenn deennn SSaachbearrrbeiitterrrn
seelbbstt deerrmmaßßenn vviielle DDiingee ann denn HHäänddenn,
dasss ssiie üübbberrhaauuuptt niichttt mmehhhrr sschrreiibenn
kköönnnen.

Tobias Geigenmüller
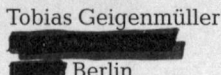 Berlin

Berlin, den 14. 04. 2014

Berliner Sparkasse
Niederlassung der Landesbank Berlin AG
Alexanderplatz 2
10178 Berlin

Kontostand zu niedrig

Sehr geehrtes Team der Berliner Sparkasse,

nun bin ich seit etwa 30 Jahren treuer Kunde Ihrer Bank und wende mich das erste Mal mit einer Beschwerde an Sie.

Und das aus folgendem Grund: Mir ist aufgefallen, dass mein Kontostand entschieden zu niedrig ist. Die Differenz beträgt etwa drei Millionen Euro. Zwar hatte ich meinen Kontostand schon etwas länger nicht geprüft und ich bin mir dementsprechend nicht zu 100 Prozent sicher – aber ich meine, das Geld noch gehabt zu haben. Und das ist natürlich schon etwas ärgerlich, wenn plötzlich drei Millionen fehlen.

Da ich es aber selbst nicht mehr ganz genau weiß und es auch mühsam ist, dies nachzuprüfen, schlage ich vor, wir treffen uns in der Mitte. Sie schreiben mir 1,5 Millionen Euro gut, und ich verzichte auf die anderen 1,5 Millionen.

Ich benötige das Geld übrigens recht dringend, um mir bspw. eine eigene Insel zuzulegen, deren Strand ich mit Goldstaub aufschütten möchte.

Ich denke, gegenüber mir als Ihrem langjährigen Kunden werden Sie so kulant sein, diesen Kleckerbetrag anstandslos zu begleichen. Ich will ja keine Milliarden zurück. Und für Sie sind es nur ein paar Nullen – für mich hingegen ist es schon eine etwas größere Summe Geld.

Bitte senden Sie mir eine Überweisungsbestätigung, sobald Sie den Betrag bereitgestellt haben. Ich werde im Gegenzug eine positive Bewertung meiner nächstgelegenen Niederlassung auf Google Maps verfassen.

Mit freundlichen Grüßen

Trotz mehrfacher Erinnerung habe ich von der Berliner Sparkasse bisher weder eine Stellungnahme erhalten, noch wurden mir die 1,5 Millionen Euro überwiesen. Die einzige mögliche Entschuldigung wäre, dass die Bank immer noch dabei ist, meinen Kontoauszug auszudrucken.

Werner Caulmann

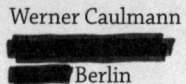

Berlin

Berlin, den 09. 05. 2014

Hilaster Bavilario Music AG
c/o Stephan Remmler
Unterer Rheinweg 46
4057 Basel

Ihr Lied »Alles hat ein Ende nur die Wurst hat zwei«

Sehr geehrter Herr Remmler,

es ist ein waschechter Skandal: Jahrzehntelang scheint niemand Ihren Songtext »Alles hat ein Ende nur die Wurst hat zwei« hinterfragt zu haben. Doch neulich mir es fiel wie Schuppen von den Augen: IHR TEXT IST EINE DREISTE LÜGE! ES STIMMT NÄMLICH MITNICHTEN, DASS NUR DIE WURST ZWEI ENDEN HAT! Was ist mit Seilen? Mit Rohren? Mit Nudelhölzern? Mit Gewichten? Mit Croissants? Mit Bonbonverpackungen? **Mir würden auf der Stelle noch zahlreiche weitere Dinge einfallen, die zwei Enden haben!!!**

WIE KANN ES SEIN, DASS SIE DERARTIGE UNWAHRHEITEN SEIT JAHR-ZEHNTEN UNGESTRAFT IN DIE WELT POSAUNEN DÜRFEN? Ich denke, Sie sind sich Ihrer Schuld durchaus bewusst und haben sich deswegen bereits in die Schweiz abgesetzt. Aber Ihr Plan wird nicht aufgehen. Ihnen ist wohl nicht bekannt, dass Deutschland ein Auslieferungsabkommen mit der Schweiz hat!!!

Verstehen Sie mich bitte nicht falsch. Ich habe nichts gegen Ihr Lied – solang Sie Ihren Text mit sofortiger Wirkung verändern, sodass künftig sämtliche andere Dinge mit zwei Enden ebenfalls erwähnt werden. Ansonsten sehe ich mich gezwungen, den Fall an die Justiz zu übergeben.

Korrekt müsste es mindestens heißen: »Alles hat ein Ende, nur die Wurst, das Seil, das Rohr, das Nudelholz, das Gewicht, das Croissant und die Bonbonverpackung haben zwei ...«.

Ich bitte Sie in dieser Angelegenheit um Stellungnahme.

Mit freundlichen Grüßen

Werner Caulmann

Lieber Leser, ich verbitte mir auch an dieser Stelle jegliche Wortspiele mit »Wurst sein«, »um die Wurst gehen«, »beleidigte Leberwurst«, »Extrawurst« und »dolle Wurst« – alle anderen Wurst-Wortspiele sind aber erlaubt.

Werner Caulmann

Berlin, den 08.03.2014

████ Berlin

Google Germany GmbH
Unter den Linden 14
10117 Berlin

Sie haben das Autohaus Russmeyer in die Insolvenz getrieben!

Sehr geehrtes Google-Team,

bis Ende November 2013 gab es in Trittau, Bargteheide und Schwarzenbek Niederlassungen des Familienbetriebs Autohaus Russmeyer mit 80 Mitarbeitern. Das Unternehmen musste nun nach rund 60 Jahren schließen. Wegen Google!

Ich bin der Meinung, dass Ihre Suchmaschine maßgeblich mitverantwortlich für diese dramatische Entwicklung ist. Denn wer bei Google den Namen »Russ Meyer« eingab, fand bis vor Kurzem zuerst einen Eintrag des US-amerikanischen Sexfilm-Regisseurs Russ Meyer und gleich danach einen Link zum Autohaus Russmeyer. DAS IST RUFMORD! Sie rückten das Unternehmen vollkommen wehrlos in eine Schmuddelecke. Und zwar in eine noch viel schmuddeligere Ecke als die, in der man sich als Autohändler eh schon befindet.

Hier ist der Beweis:

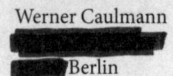

```
russ meyer

Ungefähr 864.000 Ergebnisse (0,13 Sekunden)

Russ Meyer – Wikipedia
Russell Albion "Russ" Meyer (* 21. März 1922 in Oakland, Kalifornien; † 18. September 2004
in Los Angeles) war ein US-amerikanischer Regisseur, ...
Biografie - Filmografie - Literatur - Weblinks
de.wikipedia.org/wiki/Russ_Meyer - Im Cache - Ähnliche

Willkommen bei Russmeyer - Volkswagen, Audi und VW-Nutzfahrzeuge
15. Mai 2010 ... +++ Der neue Audi A8 ab sofort im Autohaus Trittau Russmeyer ! +++ Der
neue VW Touareg ab sofort bei uns !+++ Der neue Audi A1 und der neue ...
www.autohaus-trittau.de/ - Im Cache
```

Welcher Mann möchte schon gern seiner Frau oder den Kindern erklären, warum auf seinem Computerbildschirm plötzlich nackte Frauen mit riesigen Brüsten in anzüglichen Posen erscheinen, wenn er bei der Autosuche versehentlich auf den falschen Link geklickt hat? Was, wenn ihm der Anblick dann auch noch unabsichtlich eine Erektion verursacht? Ihre Suchmaschine kann auf diese Weise ganze Familien zerstören!

Ist es Ihnen nicht möglich, beim Googeln einen Schutz einzubauen und die Menschen vor diesen perversen Inhalten zu bewahren? Schließlich gibt es wahrscheinlich noch mehr solche Fälle. Wer sich beispielsweise für Ferraris interessiert, landet wohl auch schnell bei Lolo Ferrari.

Ich bitte Sie in dieser Angelegenheit um eine Stellungnahme.

Mit freundlichen Grüßen,

Werner Caulmann

Verheerend, dass sich hier ein börsennotierter Weltkonzern zur Insolvenz eines mittelständischen Unternehmens nicht mal zu Wort meldet. Diese Ignoranz unterstreicht nur einmal mehr: Google sollte abgeschafft werden – ersetzt durch die Seite www.tobias-geigenmueller.de

Werner Caulmann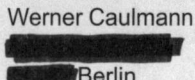
███████████
██████ Berlin

Berlin, den 19.05.2014

US-Botschaft Berlin
Abteilung für Öffentliche Angelegenheiten
Clayallee 170
14191 Berlin

SÄMTLICHE UHREN GINGEN FALSCH!!!

Sehr geehrtes Team der Amerikanischen Botschaft Berlin,

ich bin absolut schockiert über meine vergangene USA-Reise nach
New York. SÄMTLICHE UHREN IM GESAMTEN BUNDESSTAAT
GINGEN NACH! Und zwar nicht nur ein paar Minuten, sondern ganze
SECHS Stunden!!!

Als ich die Einheimischen darauf aufmerksam machte, taten sie so,
als sei dies vollkommen normal. Sie behaupteten sogar, MEINE
EIGENE UHR GINGE FALSCH! Doch meine Frau, die in Berlin ge-
blieben war, bestätigte mir telefonisch die Richtigkeit meiner Arm-
banduhr. Diese ging laut ihren Angaben höchstens eine Minute nach.

Wie kann es sein, dass ein so fortschrittliches Volk wie die Amerikaner scheinbar kollektiv nach der falschen Uhrzeit leben? Ich meine:
Sie haben den Mond bereist, da werden Sie ja wohl eine Uhr stellen
können!

Aber auch noch etwas ganz anderes hat mich in den USA wirklich
gestört. In New York wurde es ungewöhnlich früh dunkel, dafür aber
auch extrem früh wieder hell. Das hat mich in meinem Schlaf sehr
gestört.

Nächstes Jahr werde ich deswegen wieder nach Mallorca fahren.
Oder in den Harz.

Ich bitte Sie in dieser Angelegenheit um Stellungnahme. Und bitte
schauen Sie zur Sicherheit mal auf die Uhr. Bei mir ist es gerade
10.11 Uhr.

Mit freundlichen Grüßen

Werner Caulmann

Kein Wunder, dass die Amerikaner die Deutschen für ihre Pünktlichkeit und Zuverlässigkeit schätzen. In den USA gehen sämtliche Uhren falsch, und niemand scheint es für nötig zu halten, auf wichtige Briefe auch nur mit einer Silbe zu antworten.

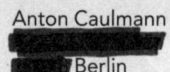

Anton Caulmann
█████████ Berlin

Berlin, den 25.04.2014

Kontor Records GmbH
Herr Scooter
Neumühlen 17
22763 Hamburg

Ihr Verdienst

Lieber Herr Scooter,

mir ist zwar nicht hundertprozentig klar, wie viel Sie genau verdienen – aber ich denke, Sie haben am Ende des Monats höchstwahrscheinlich mehr raus als ich.

Geht man davon aus, dass sich »Hyper Hyper« ca. 750 000 Mal verkauft hat und Sie allein dafür um die 750 000 € bekommen haben, sind das ja PRO WORT ETWA 375 000 €!!!

DAS IST EINE ABSOLUTE UNVERSCHÄMTHEIT FÜR ALLE DURCHSCHNITTS-VERDIENER!!!

Da wäre es doch nur gerecht, wenn Sie mir ebenfalls zu einer musikalischen Karriere verhelfen und mich als Ihren Nachfolger aufbauen. Ich würde mich anfangs auch durchaus mit weniger Geld zufriedengeben (vielleicht so 150 000 € pro Wort). Leider bin ich ebenfalls nicht sonderlich musikalisch, kann aber bspw. gut im Takt klatschen oder hinter den Plattentellern stehen (allerdings wirklich NUR stehen, ohne Songwechsel).

Dafür kann ich mir aber auch ziemlich gute Songtexte ausdenken.

Hier ein paar Beispiele:

- „Mega Mega"
- „Super Super"
- „Cool Cool"
- „Krass Krass"

Und das Beste: An diesen Einfällen muss ich gar nicht lang sitzen!!! DIESE TEXTE KOMMEN EINFACH SO, UND ICH KANN SIE AM LAUFENDEN BAND LIEFERN. ICH SAG'S IHNEN: ICH HABE DAS POTENZIAL ZU EINER ECHTEN GELDMASCHINE!!!

Bitte geben Sie mir eine Chance.

Ich erkläre mich auch bereit, mir die Haare ebenfalls komisch zu färben.

Ich freue mich auf Ihr Feedback. Vielen Dank im Voraus.

Mit freundlichen Grüßen

Anton Caulmann

How much is the fish?